주식하는
마음

주식투자의 운과 실력, 결국은 마음이다!

주식하는 마음

홍진채
지음

다산북스

책의 내용은 매우 섬세하고 친절하나 다소 어렵고 익숙하지 않을 수도 있다. 시장의 상식과 널리 알려진 정설 또는 투자의 통념에 일부 반하는 내용에 불편함을 느낄 수도 있다. 그럼에도 불구하고 과거 최고의 성과를 실현했던 한 펀드매니저의 깊은 고민과 성찰, 주식에 대한 끝없는 애정과 열정이 가득 담겨 있다. 저자의 '주식하는 마음'이 쓰여 있는 이 소중한 비밀일기장을 훔쳐볼 수 있는 묘미를 느낄 수 있기 바란다.

— 이채원 한국투자밸류자산운용 대표

경제서적을 고르는 나름의 기준이 있다. 첫째 저자의 직업이 그 책을 꼭 써야만 먹고살 수 있는 직업이 아닐 것. 둘째 다른 책에서도 흔히 나오는 뻔한 내용보다는 도발적이더라도 새로운 내용이 많이 담겨 있을 것. 홍진채 대표의 책은 이 두 조건을 모두 만족하는 드문 책이다. 투자 관련 책들이 홍수처럼 쏟아져서 뭘 고를지 고민일 텐데, 딱 한 권만 읽겠다면 모르지만 서너 권 정도 읽을 예정이라면 그중에 이 책을 꼭 끼워넣기를 강권한다.

— 이진우(이프로) 〈이진우의 손에 잡히는 경제〉, 〈삼프로TV_경제의 신과함께〉 진행자

자본이 주도하는 현대 사회를 안전하고, 현명하고, 또 풍요롭게 살아가기 위해서 금융 리터러시는 모든 사람이 필히 갖추어야 할 지적 능력이다. 안타깝게도 일반인이 이러한 금융 리터러시를 키우기가 쉽지 않은 세상이다. 이 책이 특히 반가운 이유다. 《주식하는 마음》은 일반인이 투자에 대해 건전하게 생각할 수 있는 틀을 제공한다. 왜 인간의 마음이 투자에 실패할 수밖에 없도록 되어 있는지, 그럼에도 불구하고 투자 실패의 확률을 낮출 수 있는 방법은 무엇인지, 《주식하는 마음》을 통해 많은 독자들이 실마리를 찾길 바란다.

— 윤수영 트레바리 대표

애널리스트로 기대와 긴장이 겹치는 시간이 홍진채 대표님과의 세미나다. 누구보다 깊은 혜안을 가진 분임을 익히 알고 있어서다. 책이 나온다는 소식에 누구보다 반가웠고 독자보다 먼저 글을 접할 수 있는 영광까지 그저 감사할 따름이다. 이 책은 주식을 대하는 태도에서 시작해 저자가 주식시장에서 축적한 경험과 내공을 고스란히 담아냈다. 주식투자자 모두에게 일독을 권할 충분한 가치를 가진다.

— 박석중 애널리스트, 《코로나 투자 전쟁》 저자

투자에 대한 가장 큰 영감을 주는 동료 중의 한 명이 라쿤자산운용의 홍진채 대표다. 그의 말과 글은 투자의 기본 원리를 이해하는 데 큰 도움이 되고, 투자 의사결정을 할 때도 새로운 관점에서 접근하여 행동할 수 있게 해준다. 이 책은 단순히 주식투자란 무엇인가를 설명하는 것이 아니라 독자 스스로가 지속 가능한 주식투자의 원칙과 방법을 개발할 수 있게 다양한 생각거리를 던져준다. 무엇보다도 그는 타고난 이야기꾼이다. 내용이 너무나 흥미로워서 책을 읽는 초반부터 끝까지 멈출 수가 없었다. 투자자로서 이 책을 읽은 것 자체가 너무나 큰 행운이었다고 공언한다.

— 송선재(와이민), 하나금융투자 리서치센터 기업분석실 팀장

"주식투자에 관심 없는 삶이 훨씬 더 윤택하긴 한데, 뭐 어쩔 수 없죠. 이왕 시작했으니 잘해봅시다"로 시작하는 홍진채 대표의 책은 시작부터 유쾌했다. 그런데 책을 더 읽어가면 읽어갈수록 이런 책을 쓴 것에 너무나 감사한 마음이 들었다. 이 책은 인간과 주식시장이라는 주제를 매 순간순간 교차편집을 하면서 접근하고 최종적으로는 인간의 약점을 보완하면서 결국 주식시장에서 보다 나은 성과를 낼 수 있는 방법을 도출하는 형태로

전개된다. 그래서 뒤로 갈수록 도파민이 분비되는 듯 짜릿했다! 주식투자를 하는 동학·서학 개인투자자들이 반드시 이 책을 보았으면 하는 바람이다.

— 채상욱 (주)포컴마스 대표, 《주식 부자 프로젝트》 저자

주식투자에 성공하기 위해서는 두 가지를 잘 알아야 하는데, 하나는 주식이고 다른 하나는 '자기 자신'입니다. 주식을 잘 분석하는 능력이 있더라도 본인이 어떤 투자 성향을 가지고 있고, 어떤 약점이 있는지를 모른다면 투자에서 성공할 확률은 크지 않기 때문입니다. 그런 의미에서 홍진채 대표의 《주식하는 마음》은 주식 자체뿐 아니라, 자기 자신을 알아가기 위해 어떤 것을 알아야 하는지를 알려주는 고마운 책입니다. 새롭게 투자를 시작하신 개인투자자들뿐만 아니라, 기관투자자들이 해야 할 고민까지 상세히 소개되어 있습니다. 좋은 의사결정을 하기 위해서 어떤 자세를 가져야 하는지를 알고 싶은 분들에게 강력 추천합니다.

— 이효석 애널리스트, SK증권 자산전략팀장

홍진채 대표님은 훌륭한 성과를 이룬 현직 펀드매니저입니다. 여전히 시장에서 치열하게 투자하고 있는 인물이, 이렇게까지 디테일한 노하우를 공개해도 괜찮나 싶을 정도입니다. 그만큼 섬세하고 치밀하게 쓰여진 책입니다. 투자의 깊이에 대한 갈증이 있었던 이들에게, 단연 추천할 책입니다.

— 김동주(김단테) 이루다투자일임 대표, 《절대수익 투자법칙》 저자

추천의 글

좋은 책은 무엇일까요? 보편적 기준도 있겠지만 우선 읽는 사람들이 저마다 감명을 받았고 좋은 생각을 해볼 기회를 얻었다면 충분히 좋은 책일 것입니다. 제 눈높이가 독자분들과 비슷하다면 홍진채 대표의《주식하는 마음》은 여러분들께도 분명 좋은 책일 것입니다.

홍진채 대표와 저는 고등학교부터 인연을 맺어, 대학교 동아리에 이어 자산운용업계까지 줄곧 같은 길을 걷고 있는 친구입니다. 추천의 글에서 책을 비판할 수는 없는 노릇이기에 부디 진심으로 추천할 수 있기를 바라며 원고를 받아 읽었는데, 저는 기대 이상으로 깊은 감명을 받았습니다. 만약 저자를 모른 채 읽었더라도 분명 주변에 추천했을 그런 책입니다.

'주식하는 마음'이 좋은 책이라고 생각하는 것은 첫째 재미있기 때문입니다. 지루하지 않습니다. 저 역시 펀드매니저로 현업에 종사하는 중이기에 시중의 어지간한 투자서적들에 대해 감명을 받지 못합니다. 자주 접하여 무디어진 면도 있지만 대다수가 국내외 명저서들의 아류 혹은 짜깁기 내용 같아 지루하기 때문입니다. 그런데 이 책은 마치 저자와 일대일로 토론하며 과외수업을 받는 것 같습니다. 그 구성과 문체 덕에 몰입이 매우 쉽습니다. 전반적인 내용도 흥미롭습니다. 민감할 수 있는 화두를 과감히 다루기에 대체 어쩌려는 것인지 흥미를 유발합니다. 깊이 생각하지 않으면 다 맞는 말 같은 주식시장의 통념, 격언들을 하나씩, 거침없이, 그러나 논리적으로 비판하면서 독자들을 저자의 핵심 메시지로 한 걸음 한 걸음 끌어갑니다. 우리가 〈100분 토론〉 등을 볼 때 반대 입장의 논객이 더욱 논리적이고 명쾌하게 설득하면 어느새 고개를 끄덕이게 되는 그 순간이 의외의 쾌감을 주는 경우가 있습니다. 이 책은 읽는 동안 자주 그런 느낌을 주어 상당히 즐거웠습니다.

좋은 책이라 말씀드리는 두 번째 이유는 담겨 있는 진심 어린 메시지 때문입니다. 시중에는 주식을 잘 고르는 비법이나 주식 매매의 묘수를 알려주겠다며 현혹하는 책들이 참 많습니다. 그러나 주식투자를 화두로 많은 고민을 해본 분들 그리고 장기간 주식투자를 통해 돈을 벌어온 분들이 그 성찰과 경험의 진수를 대중들에게 쉽게 내어줄 리가 없습니다. 실질적으로 따라 하기 불가능하여 도움이 되지 않거나 오히려 독이 되는 가벼운 조언들이 넘친다는 말입니다. 이 책은 주식으로 돈을 벌기 위한 기술, 노하우를 드리겠다며 현혹하지 않습니다. 구체적이지 않은 조언들로 우리의 시간을 낭비하지도 않습니다. 주식시장에서 장기간 수익을 낼 확률을 높이고 싶은 사람들에게 꼭 필요한 중요한 자세를 말해줍니다. 우리가 가진 한계를 주지시키고 통용되는 나쁜 습관들을 규명하면서 대안이 될 좋은 습관을 구체적으로 알려줍니다. 그 습관은 저자 본인이 지금까지 부단히 노력하며 다듬어온 근간 그 자체입니다. "어떻게 해야 잘할 수 있습니까?"라는 질문에 대해 피상적이거나 현란한 답변으로 눈속임하지 않고 본인이 성찰한 핵심을 가감없이 전해주려 애쓰는 선배의 마음이 담겨 있다고 생각됩니다.

이러한 이유로 《주식하는 마음》은 주식투자 경험이 많아 비슷한 결론에 어렴풋이 도달해본 분들에게도 생각을 가다듬을 틀을 재미있게 제공하고, 주식투자 경험이 적은 분들에게는 마치 실력 좋은 선배가 설명도 잘해주는 운 좋은 인연이 될 좋은 책이라고 생각합니다. 현직 펀드매니저로서 회사 후배들의 멘토 역할을 할 때가 있는데, 저는 이제 굳이 애쓸 필요 없이 이 책을 권하면 된다는 생각을 했습니다. 국내외 대선배들의 좋은 책들도 있지만 가장 효율적인 한 권을 꼽으라면 이 책일 것입니다.

주식투자에 입문하거나 이미 경험하고 계시는 분들의 머릿속에는 공통적으로 '어떻게 해야 다음에는 투자를 더 잘할 수 있을까'라는 고민이 가득할 것입니다. 그에 대한 대답이라고 주장하는 매우 다양한 '투자대가'들과 책, 영상매체들이 넘쳐납니다. 운 좋게도 《주식하는 마음》을 만나셨다면 저자의 메시지를 충분히 곱씹으시고 소화하시고 실천하시면 좋겠습니다. 여러분만의 성공 습관을 만들어 장기간에 걸쳐 확인하신다면 그때 여러분들의 후배들에게 이 책을 또 권해주시면 좋겠습니다. 그리하면 언젠가 대한민국 주식투자문화가 한 걸음 나아가는 데 기여하지 않을까요? 그게 제 친구 홍진채가 《주식하는 마음》을 저술하는 마음이 아닐까 합니다.

김주영 (스팍스자산운용 펀드매니저)

프롤로그

개인투자자분들이 주식시장에 이렇게나 관심이 많았던 게 얼마 만인가 싶습니다. 2017년이 강세장이긴 하였으나 주식을 하던 사람들만 하는 느낌이었고, 주식을 안 하던 사람들이 시장에 참여하는 대대적인 열기는 느끼지 못했었습니다. 비슷한 사례를 꼽자면 2017년의 암호화폐라던가 그 전후 시기의 부동산에 대한 뜨거운 관심 정도가 되어야 할 것 같습니다. 굳이 금융시장의 사례를 떠올려보자면 2007년 사상 최초로 코스피지수가 2,000포인트을 돌파하던 시기를 들 수 있을까요? (그 이후로 거의 매년 2,000포인트를 다시금 돌파하는 일이 벌어지고 있다는 점이 참 씁쓸합니다만.)

 2007년 당시에도 주식에 대한 관심이 많기는 했지만, 그때는 직접 주식을 하기보다는 주식형 펀드에 대한 관심도 많았던 것으로 기억합니다. 미래에셋자산운용을 위시한 대형 펀드들이 세상을 호령하던 2007년을 지나, 2010년에는 몇 군데 투자자문사들이 시장을 선도했습니다. 그들이 찍은 종목, 소위 '7공주'라고 불리던 종목들이 끝없이 주가가 올랐었지요. 2010년 이후 박스권 장세에 접어들면서 절대수익에 대한 관심이 높아지고, ARS라는 상품이 인기를 끌었습니다. 2011년 말부터는 '한국형 헤지펀드'라는 상품이 도입되었고, 2015년에는 규제가 더욱 완화되어 '헤지펀드'가 우후죽순으로 생겨났습니다. 애석하게도 그 대부분의 상품들은 저조한 성과를 내거나 불미스러운 사건을 일으키며 고객의 신뢰를 잃었습니다. 개인투자자들의 갈 곳 없는 돈이 눈을 돌린 곳이 결국 암호화폐와 부동산이었지 않나 싶습니다. 그 시장들 또한 시장으로서의 지위가 위태로워진 결과 투자자들은 결국, '내가 직접 주식투자를 하고야 말겠다'라는 마음을 먹기에 다다른 것 같습니다.

주식시장은 자본시장의 핵심 동력입니다. 주식시장에 참여한다 함은, 돈을 벌기 위한 수단이 첫 번째이지만, 자본시장의 동력을 이해하는 첫걸음이 되기도 합니다. 주식투자란 투자자들이 기업의 미래를 전망하여 자본을 투입하고 성장의 과실을 함께 나누는 일입니다. 얼핏 아름다워 보이지만, 여기에는 비정한 진실이 숨어 있습니다. 기업은 주식투자자에게 돈을 돌려줄 의무가 없습니다. 소위 '자본비용'이라는 추상적인 개념은 교과서에만 등장하는 '이론가'들의 이야기였고, 기업의 경영진과 대주주 입장에서 외부 주주의 돈은 '필요할 때마다 당겨 쓰는 공짜 돈'이라는 인식이었습니다. 이런 인식이 누적된 참담한 결과가 'IMF 사태'였습니다.

IMF 사태 이후 기업지배구조를 개선하고 주주중시성향을 도입하고자 하는 움직임이 다양하게 있었습니다. 그러나 그 움직임의 대부분은 정부의 주도로 이루어졌습니다. 민간에서 이 역할을 담당했어야 할 기관투자자들은 오히려 대주주의 움직임을 예측하고 거기에 편승하고자 하는 모습만을 보일 뿐이었습니다. 주식이란 도대체 무엇이며, 자본시장이 어떻게 굴러가야 올바른 자본시장의 모습을 보일 것인가에 대한 고민을 하는 사람은 손에 꼽을 정도였습니다. 그저 단기적인 수익만을 추구한 결과 기관투자자들은 아무런 신뢰를 얻지 못하고, 개인투자자들이 직접 발 벗고 나서서 주식투자에 임하는 사태가 도래했습니다.

　　주식시장은 모든 사람이 '자본가'가 될 수 있게 해주는 곳입니다. 은행이나 채권의 이자나 부동산 임대수익도 좋지만, 주식만큼의 '업사이드'를 보여주지 않습니다. 세상을 바꿔나가는 유망 기업들의 주주가 되어 그들이 성장하는 만큼 내 재산도 늘어나다니, 이만큼 흥분되는 일은 찾기 어려울 것입니다.

　　하지만 주식시장은 그렇게 호락호락한 곳이 아닙니다. 기실 지금의 주식투자에 대한 관심은, 아무리 미사여구를 덧붙인다 하더라도, 2020년 3월 말 이후의 짧은 강세장 때문일 가능성이 매우 높습니다. 옆자리에 앉아 있는 누구누구가 주식으로 순식간에 엄청난 돈을 벌어대니까 너도나도 시장에 뛰어들고, 새로운 사람이 계속 뛰어드니까 주가는 계속 올라갑니다. 일종의 '자기 실현적 예언'입니다. 기업의 성장 과실을 나눈다는 아름다운 믿음이 실현되었기 때문이 아니라, 단기간에 고수익을 내주었기 때문에 관심을 끄는 것입니다.

요즘 세상에는 '예언가'들이 넘쳐납니다. '비법'을 알려주겠다고 하는 사람들도 넘쳐납니다. 상당히 흥미로운 현상은 이런 예언가나 비법 등에 대해 비판적인 시각을 가진 사람들도 아주 많다는 점입니다. '이 사람이 정말 미래를 예측할 줄 안다면 왜 그걸 남에게 알려주겠어? 비법을 남에게 알려주는 것보다 혼자서 그 비법으로 돈을 버는 게 낫지 않아?'라는 의문을, 시장에 처음 입문하는 사람들이 던지고 있다는 점은 매우 흥미롭습니다.

유튜브의 영향인지, '멍청하게 호도당하는 대중'이라는 표현은 어느 정도 옛말이 되었습니다. 장기투자, 분산투자, 분할매수·분할매도 등은 기본적으로 알고 있고, 주식을 살 때에도 기업분석을 직접 시도하고 사는 사람들이 많습니다. 제가 주식투자를 처음 시작한 2003년에 비하면 경이적인 현상입니다. 당시에는 대학생이 주식투자를 한다는 것은, 심지어 기업분석을 해가며 주식투자를 한다는 것은 그 자체로 뉴스감이 될 일이었습니다. 이제는 개인투자자들도 상당히 똑똑합니다.

'똑똑함'과 '현명함'은 다릅니다. 지금 시대는 굳이 표현하자면, '거짓 예언가'의 시대를 지나서 '거짓 철학자'의 시대라고 부를 수도 있을 것 같습니다. 단편적으로 '주가가 이렇게 됩니다!' 혹은 '이 종목을 믿고 사십시오!'라고 하는 사람들을 걸러낼 정도의 시야는 얻었지만, 그 이후에 무엇을 해야 할지에 대해서는 길을 잃고 방황하고 있습니다.

기업분석을 열심히 하지만 기업분석을 안 한 사람이 돈을 더 잘 버는 일이 일어납니다. 장기투자, 분산투자를 하라고 하지만 한두 종목으로 단타치는 사람들이 돈을 더 많이 벌고는 합니다. 위의 격언들이 틀린 걸까요? 혹은 지나고 나면 저 사람들이 다 실패하게 될까요? 주식에 관심을 갖고 투자하는 '시간'은 점점 많아지는데 내가 잘하고 있는 건지에 대한 의문은 점점 커져갑니다.

이 책은 이런 분들을 위한 책입니다. 주식투자에 관심은 가지게 되었는데, 뭔가 열심히 해볼 의지는 있지만 뭘 잘해야 할지 모르겠다거나, 딱히 내 열정을 쏟아부을 생각은 없지만 이대로 가만히 있어도 되나 불안한 사람들을 위한 책입니다. (혹은 주식을 시작한 지 오래되었고 많은 경험이 쌓였지만, 그동안의 의사결정들을 한 번 되짚어보기에도 괜찮은 책이라 생각합니다.)

우리의 마음은 투자에 실패하도록 설계되어 있습니다. 안타깝지만요. 사실이 그렇습니다. 우리는 야수를 피해서 도망치고 공동의 유대를 형성하여 협업을 통해 생존하도록 진화했습니다. 오랜 진화의 역사에서 '돈'이라는 걸 다뤄본 시기는 아주아주 짧습니다. 우리는 얕은 경험으로 잘못된 학습을 하고, 잘못된 학습에 따른 잘못된 의사결정을 합니다. 그 의사결정의 결과를 놓고서도 잘못된 해석을 하고, 또다시 잘못된 학습으로 이어집니다. 끝없는 반복이지요. 이러한 우리 마음의 구조를 이해하지 못하고서는 장기적인 성공은 기대할 수 없습니다. 운 좋게 누군가는 달성할 수 있겠지만, 그 운 좋은 사람이 내가 될 거라고 기대할 수는 없지요. 이상이 1부 '우리의 마음은 투자에 실패하도록 설계되어 있다'의 내용입니다.

질문을 바꾸어야 대답도 달라집니다. 무의미한 질문을 해서 얻은 대답은 무의미한 의사결정으로 이어질 뿐입니다. 일상적으로 던지는 무의미한 질문들이 아주 많은데, 이 질문을 살짝 바꾸어보면 유익한 질문을 얻을 수 있습니다. 어떤 것도 완전히 무의미하지는 않습니다. 내가 어떻게 받아들이냐의 문제입니다. 격언들도 마찬가지입니다. '거짓 철학자'들이 이야기하는 격언들을 그대로 따랐다가는 굉장히 위험한 상황에 처하게 됩니다. 그렇다고 해서 그 격언이 모두 거짓이라는 뜻이 아닙니다. 각 격언이 어떤 상황에서 의미를 가지는지, 의미를 가지기 위해서는 내가 어떻게 해야 하는지를 질문해야 합니다. 2부 '질문만 바꿔도 길이 보인다'에서 일상적으로 듣는 무의미한 질문과 격언들을 의미 있는 경험으로 바꾸는 좋은 질문에 대해 생각해볼 수 있습니다.

가장 중요한 질문은 무엇일까요? 앞서 주식시장은 자본시장의 동력을 이해하는 첫걸음이라고 하였습니다. 그 동력이란 다름 아닌 '가격'입니다. 가격이 무엇인지를 이해하지 못하면 아무것도 할 수 없습니다. '가격'에 따라 거래를 일으키는 것이 투자자가 하는 일입니다. 투자자로서의 나는 남과 다른 성과를 내야 하겠지요. '수익'과 '초과수익'은 다릅니다. 남을 이기는 '초과수익'을 내야만 그만큼의 열정을 투입한 대가를 받았다고 볼 수 있습니다. 미리 말씀드리자면 초과수익을 내기란 어마어마하게 어렵습니다. 이쯤에서 정말 중요한 마지막 질문을 던질 수 있습니다. 굳이 남을 이겨야만 살아남을 수 있을까요? 사실 우리는 반드시 던져야 하는 이 질문을 놓친 채 투자를 시작합니다. 과연 나는 초과수익을 내야만 할까요? 남들이 하는 만큼만 따라가도 되지 않을까요? 이러한 '중요한 질문'들에 대해서 3부 '이기는 질문, 지지 않는 투자'에서 이야기해봅니다.

투자자로서 앞으로 우리는 어떻게 성장해나가야 할까요? '주식투자를 잘한다'라는 건 무엇일까요? 우리는 결정론적인 사고방식에 익숙해져 있습니다. 확률론적 사고를 모릅니다. 그러다 보니 '실력'에 대해서도 나이브한 상상을 합니다. 실력 좋은 축구선수가 화려한 드리블로 상대 수비를 제치고 골을 넣는 것처럼, 실력 좋은 펀드매니저가 화려한 매매를 통해 시장을 압도하는 그런 모습을 상상합니다. 입담이 좋은 '투자 전문가'들을 보며 그런 상상을 강화하기도 합니다. 투자의 세계에서 실력이란 전혀 다른 모습입니다. 순간순간을 쪼개서 보면, 어떤 순간에도 '실력 좋은 투자자'를 구분할 수 없습니다. 실력 좋은 투자자가 오늘 고른 주식이 내일 상한가를 가는 것도 아니고, 그런 일이 일어났다 해서 그 사람이 실력이 좋은 것도 아닙니다. 반면에, 남을 잘 설득하는 '달변가'라든가 지식만 많은 '헛똑똑이'는 많이 발견할 수 있지만요. 확률론적인 세계에서는 전체 의사결정 과정이 곧 실력입니다. 주사위의 눈금이 무엇이 나오건 간에, 주사위를 던진다는 선택을 하는 순간 실력은 이미 결정되어 있습니다. 축구선수의 비유로 돌아가보자면, 경기가 끝난 후 지난 경기를 분석하고, 매일매일의 훈련을 게을리하지 않는 모습이 곧 실력입니다. 내가 오늘 골을 넣을 확률은 어제까지 누적된 연습량에 가장 크게 영향을 받겠지요. 아직은 이게 대체 무슨 소리인가 와닿지 않을 수 있습니다. 4부 '지속 가능한 성장을 위하여'를 읽고 나면, 이러한 사고방식을 토대로 앞으로 누구로부터 무엇을 배우고, 나의 삶을 어떻게 설계해나갈 것인지를 고민할 수 있으실 겁니다.

　세상은 불확실성으로 가득차 있습니다. 불확실성을 그저 거부할 것인가, 나라는 횃불을 더욱더 타오르게 하는 바람으로 활용할 것인가는 내가 어떻게 하느냐에 달려 있습니다.
　시작해볼까요?

•

차례

PART 1 / 우리의 마음은
투자에 실패하도록 설계되어 있다

CHAPTER 1   나는 매일 왜 이럴까?

CHAPTER 2   진화를 탓하세요, 당신 잘못이 아닙니다

CHAPTER 3   감정에 휩쓸리지 않으려면?

PART 2 / 질문만 바꿔도 길이 보인다

PART 1

우리의 마음은
투자에 실패하도록
설계되어 있다

CHAPTER 1
나는 매일 왜 이럴까?

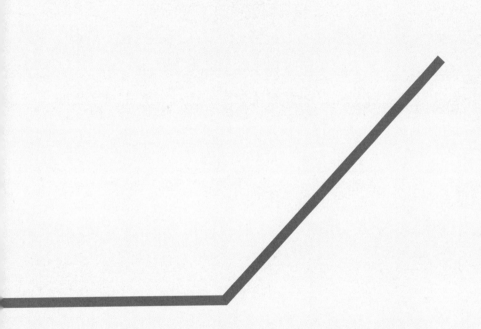

"주식 투자자의 최대 적은 비용과 감정이다."
— 워런 버핏[1]

"투자자 전체로 보면, 움직임이 늘어날수록 수익은 줄어든다."
— 워런 버핏[2]

"투자에 성공하기 위해서
어마어마한 지성이나 비범한 통찰력, 내부정보는 필요 없다.
필요한 것은 건전한 의사결정 원칙을 갖추고
감정이 그 원칙을 망가트리지 않도록 지키는 능력이다."
— 벤저민 그레이엄[3]

오늘도 괴로운 주식 투자자

주식투자를 처음 시작하셨나요? 좋습니다. 주식투자에 관심 없는 삶이 훨씬 더 윤택하긴 한데, 뭐 어쩔 수 없죠. 이왕 시작했으니 잘해봅시다.

주식을 보유하는 동안은 잠시도 마음 편할 날이 없습니다. 주가가 올라도 불안하고 내려도 불안합니다. 주가가 오르면, 왜 더 많이 못 샀을까 싶어집니다. 지금이라도 더 사야 하는지, 이쯤에서 팔아야 하는지 혼란스럽습니다. 주가가 내리면, 왜 미리 못 팔았을까 싶어지죠. 얼른 빠져나와야 하는지, 이 정도 하락했으니 이른바 '물타기'를 하는 게 나을지 헷갈립니다.

전문가라는 사람들의 의견도 참고하고, 나름대로 경제 기사와 사업보고서를 읽으며 기업 분석이라는 것도 해봤습니다. 깊이 고민한 끝에 좋은 기업이라고 판단해 샀는데 주가는 속절없이 내려갑니다. 경기가 나빠진다고 해서 주식을 다 팔았는데 주가는 왜 이리 거침없이 오르나요?

왜 내가 샀다 하면 고점이고, 팔았다 하면 저점인가요? 분할 매수를 하면 마음이 편하다 해서 분할 매수를 했더니, 사는 동안은 잘 오르다가 원하는 수량을 다 사자마자 내려갑니다. 손절가와 목표가를 정하고 철저히 지키라기에 그대로 따라 해봤습니다. 목표가에서 기분 좋게 수익을 실현한 주식은 더 올라가고, 손절가에 아슬아슬하게 다가가던 주식은 미처 주문을 내기 전에 폭락해버립니다. 원칙을 지키고자 눈물을 머금고 손절했더니 그때부터 다시 오르네요.

간혹 잘될 때도 있습니다. 내가 샀더니 그때부터 쭉쭉 올라가고, 팔았더니 얼마 안 가 고꾸라집니다. '이제 좀 주식을 알 것 같군' 하는 생각이 듭니다. 후후. 그때 그만두었어야 했습니다. 주가가 고점 대비 30%나 하락했기에 '이제는 바닥이다!' 하면서 자신 있게 다시 들어갔습니다. 그런데 거기서부터 또 반토막이 나네요. 하릴없이 손가락을 원망해봅니다. 대체 왜 그랬니….

나는 왜 늘 이럴까요? '다시는 부화뇌동 매매를 하지 말아야지' 단단히 마음먹지만, 왜 또다시 급등하는 주식을 덜컥 따라잡고 물려서 후회하는 걸까요? 나름대로 건전하게 열심히 노력했는데, 왜 내 계좌에는 상처만 남나요? 무엇이 나를 이토록 조급하게 몰아대고, 그래서 늘 후회하게 하나요? 주식시장이라는 곳은 그저 나쁜 사람들이 내 호주머니를 털어가기 위해 만든 공인 도박장인 건가요?

아마도 주식투자로 돈 버는 비법이 궁금할 테고, 이런저런 책도 찾아보고 모임도 가보고 유튜브 영상도 시청하다가 이 책을 집어 들었을 거라 생각합니다.

무엇이 진리인지 이야기하기는 어렵지만, 무엇이 진리가 아닌지 이야기하기는 상대적으로 쉽습니다. 라틴어로 '부정의 통로'를 의미하는 '비아 네가티바(Via Negativa)'는, 무엇이 진리가 아닌가를 밝힘으로써 결과적으로 진리에 조금씩 접근해나가는 방법입니다.[4] 쉽게 말해서, 보약을 먹는 것보다 담배를 끊는 게 좀더 확실하게 건강해지는 길이죠.

주식투자로 성공하는 비법에 대해서는 앞으로 차근차근 알아가 보기로 합시다(사실 그런 비법은 없다는 이야기를 할 예정이지만 일단 모른 척해주세요). 주식투자로 확실히 실패하는 방법 한 가지만큼은 지금 바로 이야기할 수 있습니다.

일단 이 주식시장이라는 곳이 실력으로 이길 수 있는 곳인지부터 살펴봅시다. 마이클 모부신이라는 훌륭한 투자자가 있습니다. 저보다 1,000배 정도는 훌륭합니다. 그분이 쓴《운과 실력의 성공 방정식》이라는 책에 운과 실력에 영향을 받는 다양한 시스템이 소개되어 있습니다. 시스템에 따라서 운에 영향을 받는 정도가 다르고, 실력이 눈에 띄게 드러나는 정도도 다릅니다.

운에 많은 영향을 받는 게임이라면 실력이 얼마나 영향을 미치는지 파악하기도 어렵습니다. 마이클 모부신은 어떤 시스템에 '실력'이 존재하는지 파악할 수 있는 간단한 질문 하나를 제시합니다. '일부러 질 수 있는가?'라는 질문입니다. 일부러 질 수 있는 게임이라면 노력해서 이길 수도 있다는 뜻이지요.

예를 들어 카지노에서 확실히 돈을 버는 쪽은 누구인가요? 네, 그렇죠. 카지노 주인입니다. 카지노의 게임에서는 다양한 형태로 딜러가 수수료를 가져갑니다. 몇몇 판에서 고객이 돈을 쓸어가기는 하지만, 고객 전체를 대상으로 하면 대수의 법칙(어떤 일을 반복할수록 이론적 확률에 가까워진다는 법칙)에 따라 결국 카지노 업주가 돈을 법니다.

그럼 주식시장은 어떨까요? 흔히들 도박판이라고 이야기하는데, 주식투자는 아무 생각 없이 해서는 이길 확률이 낮은 게임입니다. 아주 여유롭게 잡아서 50 대 50의 승률이라고 하더라도, 거래에는 수수료와 세금이 붙습니다. 가랑비에 옷 젖듯이, 1%도 안 되는 수수료와 세금이 누적되면 무시할 수 없는 손실 금액이 됩니다.

와닿지 않는다고요? 마이클 모부신이 쓴 또 다른 책《통섭과 투자》에 흥미로운 펀드 분석 결과가 나옵니다. 미국에서 2006년까지 10년간 운용된 펀드들을 비교한 결과, 전체 펀드의 회전율이 89%였습니다. 그런데 지수를 이긴 펀드, 즉 시장평균보다 높은 수익률을 기록한 펀드의 회전율은 35%에 불과했습니다. 승자 펀드매니저에게 "실적이 좋아서 회전율이 낮아진 거죠?"라고 물었더니, "아닙니다. 회전율이 낮아서 실적이 좋은 겁니다"라고 대답했다고 합니다. 일류 펀드매니저의 수익률도 회전율에 크게 좌우된다는 뜻이지요(펀드매니저들도 잦은 매매 탓에 수익률이 얼마나 낮아지는지 잘 눈치채지 못해요).

연 회전율 100%는 1년에 포트폴리오 전체를 한 번 갈아치운다는 뜻입니다. 연초에 1억 원어치의 주식을 가지고 있었다면, 연말까지 1억 원어치를 팔고 그만큼을 다시 샀다는 뜻입니다. 우리나라 주식시장에서는 2020년 현재 거래세(매도할 때 내는 세금)가 0.25%(농어촌특별세 포함)이고, 매매 수수료가 0.015%(매수, 매도 각각. 수수료율은 증권사마다 다름)입니다. 따라서 1회전을 할 때마다 세금과 수수료로 투자금의 0.28%를 내야 합니다. 한 번 매수해서 매도할 때마다 0.28%는 수익을 내야 본전이라는 뜻이지요. 여전히 별것 아닌 것 같나요?

하루에 매매를 몇 번 하시나요? 연간 포트폴리오 회전율을 계산해본 적 있으신가요? 일주일에 한 번 포트폴리오를 회전시킨다면, 투자금의 0.28%를 매주 수수료와 세금으로 낸다는 뜻입니다. 1년은 52주니까, 연간 14.56%를 낸다는 뜻이네요. 1년에 적어도 14.56%는 수익을 내야 본전이라는 건데요. 그만한 수익률을 꾸준히 달성할 수 있다면 당신에겐 이 책이 필요 없을지도 모릅니다. 세계 최고 펀드매니저에 견줄 수 있으니까요. 믿으세요, 진짜입니다.

HTS(Home Trading System, 컴퓨터나 스마트폰으로 주식 거래를 할 수 있는 프로그램)를 열어서 지금까지 지출한 수수료와 세금을 모두 더해보세요. 자신이 얼마나 애국자인지, 그리고 증권사에 얼마나 충실한 고객인지 깨달으실 겁니다.

아, 실제로 더해봤더니 그렇게 크지 않다고요? 수수료와 세금보다는 주가 하락에 따른 손실이 훨씬 더 크다고요? 아, 네. 사실 위로해드리려고 수수료와 세금 이야기를 먼저 꺼낸 건데, 안타깝네요.

주식을 거래할 때 숨어 있는 비용이 하나 더 있습니다. '슬리피지(slippage)'라는 건데요, 거래를 확실하게 체결하려고 할 때 추가로 물어야 할 비용입니다. 슬리피지는 자신이 원하는 매수(매도) 가격과 실제 체결된 매수(매도) 가격의 차이를 말합니다. 차근차근 살펴볼까요?

주식 거래를 한 번이라도 해봤다면 호가창을 본 적이 있겠지요? 호가 단위는 주가에 따라 달라지는데요. 정리하면 〈표 1-1〉과 같습니다. 예를 들어 4만 원대에 거래되던 주식이 상승하여 5만 원이 됐다면, 호가가 50원 단위에서 100원 단위로 바뀝니다.

기준가	호가 단위	
	코스피	코스닥
1,000원 미만	1원	1원
1,000~5,000원 미만	5원	5원
5,000~10,000원 미만	10원	10원
10,000~50,000원 미만	50원	50원
50,000~100,000원 미만	100원	100원
100,000~500,000원 미만	500원	
500,000원 이상	1,000원	

〈표 1-1〉 주식 호가 단위

우리가 흔히 '가격'이라고 표현하는 수치는 정확히 말하면 '가장 최근에 체결된 가격'을 의미합니다. 어떤 주식의 가격이 14,450원이라고 해서 내가 그 가격에 사거나 팔 수 있다는 뜻은 아닙니다. 매수 주문을 확실히 체결시키려면 '가장 낮은 매도 호가'에 주문을 내야 합니다. '가장 높은 매수 호가'에 주문을 내놓고 기다리는 것도 한 방법이지만, 내 주문이 체결되기 전에 주가가 확 올라가 버릴 수도 있지요.

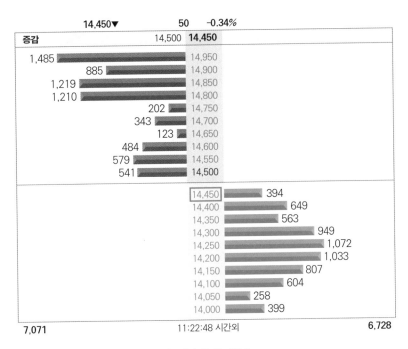

〈그림 1-1〉 호가창 1

〈그림 1-1〉은 어떤 주식의 실제 호가창입니다. 호가는 말 그대로 '부르는 가격'을 말하죠. 위쪽이 매도 호가, 즉 주식을 보유한 사람들이 매도하겠다고 부른 가격입니다. 아래쪽은 매수 호가, 즉 주식을 매수하려는 사람들이 부른 가격입니다. 현재 가격은 14,450원이지만 이 주식을 확실히 사려면 매도 호가에 맞춰 매수 주문을 내야 합니다.

매도 호가 중 제일 낮은 가격이 14,500원이니 이 가격에 주문을 내면 됩니다. 자, 여기서 50원의 슬리피지가 발생했네요. 14,450원 대비 0.35%에 달하는 비용입니다. 이 예에서는 그나마 호가가 촘촘하게 붙어 있는데요. 다른 사례를 보실까요?

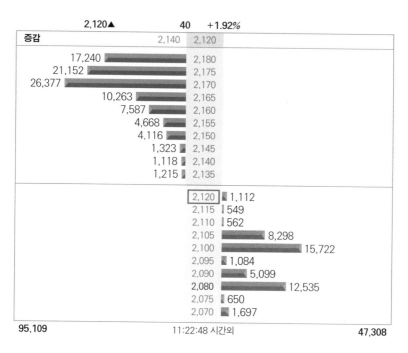

〈그림 1-2〉 호가창 2

〈그림 1-2〉도 실제 호가창입니다. 가장 낮은 매도 호가가 2,135원, 가장 높은 매수 호가가 2,120원이네요. 2,120원인 '현재가'를 보고 들어와서 주식을 꼭 사려고 한다면 2,135원에 매수 주문을 내야 하죠.

그러면, 15원의 슬리피지가 발생해 사자마자 0.7%를 손해 봅니다. 그나마도 2,135원에 걸려 있는 수량인 1,215주, 즉 259만 원어치 이하로 살 때 0.7%이고요. 만약 1,000만 원어치를 사려면 2,150원 호가의 수량까지 사야 합니다. 1,000만 원을 들여 2,135원부터 2,145원까지의 수량을 다 사고 2,150원에 1,012주를 샀다고 하면 평균 매수 단가는 2,142원이 됩니다. 이미 1.04%를 손해 봤네요.

아까 세금과 수수료를 합한 0.28%가 누적되면 어떤 결과가 나오는지 보셨지요? 거기에 슬리피지를 (그때그때 다르지만) 0.3%만 더해볼까요? 매주 한 바퀴를 회전시키면 투자금의 30.16%(0.58%×52)를 연간 거래 비용으로 내게 됩니다. 으, 제가 계산하고도 소름이 돋네요. 연 30% 이상의 수익을 확정적으로 낼 수 있는 금융상품이 있다면 아마도 사기일 확률이 높겠지요. 그런데 매주 포트폴리오 전체를 갈아치우는 분들은, 연 30% 이상을 확정적으로 누군가에게 지급하고 있는 겁니다.

주식투자에서 손해를 봤다면 그 이유는 원칙 없는 부화뇌동 매매를 해서도, 잘못된 정보를 들어서도 아닙니다. 투자가 아닌 투기를 해서도 아닙니다(애초에 투자와 투기의 구분도 명확하지 않습니다). 매매를 지나치게 많이 했기 때문일 가능성이 가장 큽니다. 사악한 누군가가 내 주머니를 약탈한 게 아니라 자기 스스로 증권사에, 나라에, 거래상대방에게 상납한 것입니다. 매일매일 충동적으로 잦은 매매를 반복하다 보면 확실히 돈을 잃습니다.

일신우일신, 언제나 처음처럼

앞서 주식시장은 운이 많이 좌우하는 영역이라고 말씀드렸습니다. 운이 미치는 영향이 지극히 작은 영역으로 단거리달리기가 있는데요. 단거리달리기 기록을 향상시키는 데에는 자세, 호흡, 근력운동 등 검증된 방법들이 있습니다. 코치가 시키는 대로 꾸준히 따르면 대개는 어느 정도까지 실력을 향상시킬 수 있습니다.

운이 큰 영향을 미치는 영역에서는 무엇이 제대로 된 방법인지 쉽게 알 수 없습니다. 좋은 원칙을 따랐더라도 결과가 나쁘게 나올 수 있고, 나쁜 원칙을 따랐더라도 결과가 좋게 나올 수 있습니다. 좋은 원칙은 '여러 번 반복했을 때' 좋은 결과를 내놓는 원칙입니다. 몇 번의 시행만으로는 원칙의 좋고 나쁨을 쉽사리 판가름할 수 없습니다.

주식시장에서는 어떤 원칙을 따라야 할까요? 앞에서 한 가지 확실한 원칙을 말씀드렸습니다. 매매 횟수를 가능한 한 줄이는 것입니다. 그렇다고 매매를 영원히 안 할 수는 없잖아요? 언제 매수와 매도에 나서야 하는지에 대해서는 할 말이 아주 많습니다만 우선 원칙을 다듬는 방법, 즉 원칙 자체부터 이야기해보고자 합니다.

표지가 굉장히 멋있는, 레이 달리오의 《원칙》이라는 책이 있습니다. 그 책의 첫머리에서 저자는 이렇게 말합니다.

원칙이 없다면 인생이 우리에게 던지는 모든 상황을 마치 처음 경험하는 일처럼 대응해야 할 것이다.

확실히 실패하는 방법 한 가지를 이미 말씀드렸는데요, 여기서 또 한 가지 방법을 알 수 있네요. 경험을 하고도 배우지 못한다면, 종국에는 확실히 실패합니다.

원칙이라는 건 우리가 진리로 떠받들어야 하는 법칙이 아닙니다. 원하는 것을 얻기 위해 좀더 확률 높은 의사결정을 할 수 있게 해주는 도구일 뿐입니다. 개별 시행에서 우리는 얼마든지 실패할 수 있습니다. 중요한 건, 실패하고 나서 무언가를 배워 다음 의사결정에 반영하는 '피드백 루프(feedback loop)'가 존재해야 한다는 것입니다. 피드백 루프가 없다면, 아무리 시행을 많이 하고 경험을 쌓아도 성공 확률이 올라가지 않습니다.

의사결정을 할 때는 누구나 어떤 근거를 가지고 합니다. 단순히 날씨가 좋아서 주식을 샀더라도, 여기에는 날씨와 주가 변동 사이에 상관관계가 있다는 가설이 포함되어 있는 거죠.

테슬라가 잘될 것 같아서 테슬라 주식을 샀다고 칩시다. 이후 주가가 하락했습니다. 이때 무엇을 배울 수 있나요? '테슬라가 잘된다'라는 게 정확히 무엇을 뜻하나요? 주가가 하락했다면 무언가가 잘못 돌아가고 있다는 건데, 무엇이 잘못됐나요?

주가가 상승했더라도 마찬가지입니다. '그래 역시 내가 옳았어'라고 확신의 정도는 높아지겠지요. 그러나 실제로 달라지는 건 전혀 없습니다. 잘못된 교훈만 늘어날 뿐입니다. 이런 식으로는 매번 의사결정을 할 때마다 무의미한 가설에 의존한 선택을 할 뿐이고, 성공 확률은 높아지지 않습니다.

'테슬라가 잘될 것 같다'라는 명제는 아주 많은 세부 논리 조각으로 나눌 수 있습니다. 우선 테슬라 차량의 판매량이 늘어야겠지요. 그게 이익으로 이어져야 할 테고, 이익 증가가 주가에 반영되어야 하고요. 테슬라 차량의 판매량이 늘어난다는 건 다음과 같은 가정이 바탕이 되 겠지요.

① 친환경 트렌드가 앞으로도 지속될 것이다.
② 친환경 트렌드의 솔루션으로 전기차(HEV나 FCEV가 아닌)가 대두 할 것이다.
③ 전기차 시장에서 경쟁사(벤츠나 GM 등) 대비 독보적인 우위를 유 지할 수 있을 것이다.
④ 충분한 생산성을 확보하여 판매량이 늘어나는 만큼 이익이 늘어 날 것이다.
⑤ 늘어난 이익의 크기가 시장의 기대치보다 큰 폭일 것이다.
⑥ 기타 주가 상승을 저해할(또는 주가를 하락시킬) 요소가 발생하지 않 을 것이다.

대충만 생각해봐도 여섯 가지 가정이 들어가 있네요.

집중하세요. 아직 끝나지 않았습니다. 이렇게 언급한 요소들은 테슬 라 주식에 대한 각론이고요, 투자 전반에 걸쳐서 원칙을 만들려면 이 가정들을 일반화할 수 있어야 합니다.

① 투자자들은 기업의 이익에 주목한다.

② 기업의 순이익이 예상치를 넘어서면 주가가 상승한다.

③ 이익 증가에 따른 주가 상승은 다른 요소에 의한 주가 하락보다 우선한다.

이런 과정을 거쳐야만 주가가 오르건 내리건 무언가를 배울 수 있습니다. 만약 자동차 판매 예약은 늘어났는데 생산에 차질이 생겨서 실제 판매량은 늘어나지 않았다면, 제조업에서는 생산 라인을 잘 관리하는 게 중요하다는 교훈을 얻겠지요. 갑자기 무역 분쟁이 터져서 주가가 하락했다면, 기업 자체의 이슈만 볼 게 아니라 기업이 대외 변수에 얼마나 민감한지도 잘 파악해야겠다는 교훈을 얻을 것입니다.

이제, 주식시장에 뛰어들 때 무엇을 조심하고 무엇에 신경 써야 할지 어렴풋이 감을 잡으셨을 겁니다. 정갈하게 원칙을 세우고, 그 원칙에 따라 필요한 경우에만 매매를 하여 쓸데없는 비용을 줄이고, 매매의 결과(좋건 나쁘건)에 따라 무언가를 배워서 원칙을 계속 가다듬어가면 됩니다.

좋습니다. 좋은데, 실천하는 건 전혀 다른 이야기지요? 학창 시절 시험공부를 하면서 친구들과 이런 우스갯소리를 주고받곤 했습니다. "야, 오늘도 일신우일신이다. 매일 보는 공식인데 볼 때마다 처음 보는 것 같네."

일신우일신(日新又日新)이란 본래 날이 갈수록 새롭게 발전한다는 뜻입니다. 그러나 주식시장에서는 이 단어를 조금 다르게 쓸 수 있을 것 같습니다. 오늘이 되면 어제까지의 원칙은 모조리 잊어버리고, 모든 게 새로운 상황으로 느껴지는 경우가 많습니다. 왜 우리는 매일매일의 주식시장에 당황하고 조급해하고 불안해할까요? 이기는 비법이라고 생각하고 행동했지만, 왜 지나고 나서 보면 실패하는 확실한 비법이었던 걸까요? 실력이라는 게 과연 존재하긴 하는 걸까요?

본격적으로 원칙을 이야기하기 전에, 우리 두뇌가 작동하는 방식부터 알아보겠습니다. 생각보다 재미있으니, 겁먹지 말고 다음 장으로 가봅시다.

CHAPTER 2
진화를 탓하세요,
당신 잘못이 아닙니다*

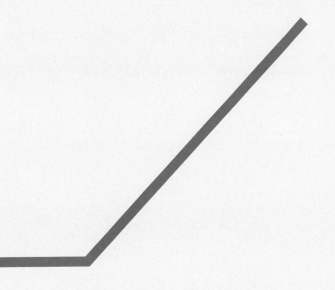

* 켄 피셔의 《3개의 질문으로 주식시장을 이기다》 3장 1절 제목에서 영감을 얻었습니다.

"긍정적인 일을 하려고 내리는 결정들이
오로지 야성적 충동의 결과일 수 있다."
── 존 메이너드 케인스

"과정이 어떻든 간에 인간은 마치 스스로 선택한 것처럼 행동한다."
── 래리 영

"신체에 대한 당신의 소유권은 환상에 불과하다."
── V. S. 라마찬드란

"두뇌 속에 '거주하는' 단일한 통일적 자아의 개념은
정말로 착각일 수 있다."
── V. S. 라마찬드란

스토리텔링 집착

우리 두뇌는 간단히 말하자면 '예측 기계'라고 할 수 있습니다. 주어진 상황을 분석하여 미래를 예측하고, 그 미래가 '나'의 생존과 번영에 유리한지 불리한지를 판단하여 행동을 결정합니다. 미래 예측의 핵심은 '패턴 인식'입니다. 우리의 사고 과정은 크게 보면 유추의 연속이라고 할 수 있습니다.[1] 두뇌는 현재 당면한 상황에 대하여 과거의 경험으로부터 유사성과 차이점을 추론하여 평가하고 예측하는 일을 매시간 반복합니다.

인간 두뇌의 패턴 인식 기능은 아주아주 뛰어납니다. 〈그림 2-1〉을 볼까요?[2]

진화를 탓하세요, 당신 잘못이 아닙니다

〈그림 2-1〉 인간의 패턴 인식

왼쪽의 원본 그림을 오른쪽 두 그림처럼 바꾸어도 우리는 그림 속 인물이 누구인지 어렵지 않게 알 수 있습니다. 그런데 이 이미지를 구글 '이미지 검색'에서 검색해보면, 누구인지 대답을 하지 못합니다. 인공지능 연구에 어마어마한 돈을 쏟아부은 구글의 패턴 인식 알고리즘보다 평범한 인간의 두뇌가 (아직은) 더 뛰어나다는 얘기입니다.

이처럼 지나치게 뛰어난 패턴 인식 기능이 때때로 오류를 범하는데요. 실제로 존재하지 않는 패턴으로부터 유의미한 패턴을 추론하는 경우가 많습니다. 9·11 테러 때 연기 속에서 악마의 형상을 봤다거나, 어떤 음악을 거꾸로 재생해봤더니 숨겨진 메시지가 나왔다거나 하는 주장이 그거죠. 포털 사이트에서 '파레이돌리아(pareidolia)'나 '몬데그린(mondegreen)'을 검색해보면 다양한 사례를 발견할 수 있습니다.

A라는 자극으로부터 B라는 결과를 예측하는 과정 또한 일종의 패턴 인식입니다. A라는 자극이 들어오면 두뇌는 자동으로 A와 관련된

B, C, D라는 패턴을 발화할 준비를 합니다. A라는 자극이 B라는 패턴으로 이어지는 과정이 반복될수록 A와 B의 관계가 강화되고, 쉽게 발화됩니다. 이것을 '학습'이라고 부릅니다.

우리 뇌는 언제나 스토리텔링을 원합니다. 행동경제학자들은 연관성 착각, 통제 착각, 일반화된 과잉반응 등 관련이 없는 두 현상을 관련 있는 것으로 이어붙이려는 인간의 성향을 발견했습니다. 인간의 좌뇌는 안정성을 유지하기 위해 비정상적으로 보이는 것을 무시하거나 현존하는 구조에 맞게끔 변형합니다. 이런 성향은 부정, 억압, 작화증, 자기기만 등 프로이트가 이야기하는 방어기제의 본질적인 이유가 되기도 합니다.[3]

우리는 경험을 쌓고 논리적인 추론을 할수록 미래를 더욱 정교하게 예측할 수 있으리라고 착각합니다. 그러나 주식시장을 비롯한 현실의 다양한 면면은 '복잡적응계(서로 연결된 다양한 요소에 의해 완성되므로 복잡하고, 경험에서 배우고 변화하는 능력이 있다는 점에서 적응적이라는 의미의 조직이나 구조, 시스템)'의 성격을 띱니다. 변수가 너무 많을뿐더러 어떤 변수가 존재하는지조차 파악하기 어렵고, 각각의 행동 주체가 다른 주체의 행동에 따라 자신의 의사결정을 수정합니다. 과거에 A라는 자극이 B라는 결과로 이어졌더라도, 이제는 A로부터 B를 예측한다는 행위 자체가 새로운 변수가 되어 A가 일어났을 때 B가 아니라 C라는 결과가 나오게 됩니다. 복잡적응계에서의 어설픈 경험은 잘못된 학습으로 이어질 뿐입니다.

여기에 사태를 더욱 복잡하게 만드는 요소가 있습니다. 바로, 뇌에서 분비되는 호르몬과 신경전달물질입니다. 우리는 '학습'이라는 것을 순수하게 이성적이고 의식적인 작업이라고 생각합니다만, 이 또한 사실이 아닙니다. 무언가를 '하고 싶다'라는 욕구를 우리는 어떻게 가지게 될까요?

우리 두뇌에는 '도파민 보상 회로'라는 것이 있습니다. 도파민이라는 신경전달물질이 두뇌의 여러 곳에서 작용하면서 즐거움을 느끼고, 기억하고, 되풀이하도록 유도합니다. 돌연변이로 태어나 도파민을 전혀 합성하지 못하는 생쥐는 통증을 느끼거나 엄청난 스트레스를 받지 않는 한, 아무 행동도 하지 않고 가만히 앉아 있기만 합니다.[4]

새로운 경험을 하면 중뇌에 있는 복측피개영역(VTA)이 도파민을 생성합니다. 도파민 생성량은 어떤 경험이냐에 따라 달라집니다. 생성된 도파민은 측좌핵, 해마, 편도체, 전전두엽으로 전달됩니다. 측좌핵은 도파민을 받거나 받을 것으로 기대되는 상황에서 활성화돼 우리가 즐거움을 느끼게 하고, 복측피개영역에 도파민을 더 보내달라고 요구합니다. 도파민은 기억을 담당하는 해마와 감정을 관장하는 편도체에도 전달돼 도파민을 분비하게 한 상황 또는 행동을 기억시킵니다. 전전두엽은 우리가 어떤 행동을 할지를 결정하는 영역입니다. 여기서는 쾌락의 가치를 평가하고, 앞으로 그 행동을 계속할 것인지를 판단합니다.

측좌핵의 요구에 부응하려면 다시 그 행동을 해야 하므로 동기가 유발됩니다. 햄버거를 맛있게 먹는 경험을 했다면, 그다음에는 눈앞에 있는 햄버거를 보기만 해도 식욕이 돋습니다. 한편 전전두엽은 이 즐거움이 몸에 해로운 쾌락이라고 판단하면 행동을 실행하지 않도록 명령합니다.

흥미롭게도, 도파민은 전전두엽피질의 명령을 '삭제'하는 역할도 합니다. 당장의 쾌락을 추구하느라 이성적인 판단력이 마비되는 일이 바로 도파민 때문에 일어납니다. 자극과 쾌락이 반복되면 나중에는 그 자극을 유발할 수 있는 상황만 되어도 도파민이 분비되는데요, 도파민은 전전두엽피질의 명령을 차단하고 눈앞의 쾌락을 추구하게 합니다. 이것을 우리는 '습관'이라고 부릅니다.

새로운 경험을 '시작하는 뇌'와 이미 여러 번 해온 일을 '반복하는 뇌'는 다릅니다.[5] 사람들이 처음 어떤 과제를 수행할 때는 전두엽과 해마 영역이 활발하게 움직이고, 여러 번 했던 과제를 반복할 때는 기저핵 안의 조가비핵이 활성화됩니다. 잠들기 전에 침대에서 스마트폰을 보는 습관이 있나요? 이때 스마트폰을 켜라고 명령을 내리는 두뇌는 전두엽이 아니라 조가비핵입니다.

불확실한 보상을 눈앞에 두고 있을 때 두뇌는 훨씬 활발하게 움직입니다. 결과가 긍정적일 때의 쾌락도 커지고요. 시시각각 변하는 주가를 보고 있노라면, 마치 전쟁터에 나와 있는 것과 비슷한 흥분 상태가 됩니다. 수익이 나면 부자가 된 느낌에 두근거리고, 손실을 보면 살점이 떨어져 나가는 듯한 아픔을 느끼면서 허둥댑니다.

모호성이 크면 편도체와 전두엽피질이 활성화되고, 선조체는 비활성화됩니다. 눈앞에 보이는 현상이 익히 알고 있는 패턴이라는 착각이 들면 선조체가 활성화되면서 습관적으로 행동하게 합니다. 복잡계에서의 다양한 패턴이 잘못된 패턴 학습으로 이어지고, 습관적인 반응은 잘못 인식된 패턴에 따른 무의미한 의사결정을 하도록 그대로 놔둡니다. 그래서 우리는 자그마한 이익에 서둘러 주식을 팔았다가 추가 상승을 보면서 후회하고, 손실을 빠르게 끊지 못하고 전전긍긍하다가 막대한 손실을 봅니다.

보상 회로에 따른 학습 프로세스는 선사시대에 야생동물, 맹독, 전염병 등으로부터 살아남기에는 유리했습니다. 인간은 맨몸으로 호랑이와 일대일로 싸워서 이길 수 없습니다. 토끼는 이길 수 있죠. 토끼 발자국과 호랑이 발자국을 구분하는 패턴 인식 능력은 생존에 도움을 줍니다. 어떤 식물이 독성을 가지고 있다는 걸 인식했다면 피할 수 있습니다. 전염병에 민감하게 반응하면서 도망가면 살아남을 수 있습니다. 길을 가고 있는데 급하게 도망치는 무리와 마주쳤다면 이유를 모르더라도 함께 도망치는 게 생존에 유리했을 것입니다. 그러나 오늘날 자본시장에서 모두가 공황에 빠져 있을 때 이유를 모른 채 함께 휩쓸려 주식을 팔고, 모두가 주식투자에 나설 때 별생각 없이 함께 뛰어든다면 결국 뼈아픈 손실만 남을 뿐입니다.

인간의 두뇌는 자본시장에 적응하지 못했습니다. 아직은요.

어마어마한 전문용어의 향연에 머리가 어지러울 텐데요, 가장 어려운 부분이 끝났습니다. 한숨 돌리고 호흡을 가다듬읍시다. 두뇌의 작동 방식에 대해서 기초적인 지식을 익혔으니, 이제 이 두뇌가 시장의 등락으로부터 무엇을 배우고 어떻게 행동하는지 구체적으로 살펴봅시다.

상승장이 왔다고 칩시다. 이유는 중요하지 않습니다. 시장은 다양한 이유로 오르락내리락합니다. 일일이 이유를 알아내고자 하는 버릇은 일단 버립시다. 그냥 상승장이 왔습니다.

상승장에서 투자자들은 돈을 법니다. 자본시장에서 돈을 벌었을 때의 쾌감은 어마어마합니다. 무에서 유를 창조한, 마술사가 된 기분이지요. 주식을 사놓기만 하고 아무 일도 하지 않았는데 재산이 막 늘어나니까요.

이제 상상의 나래를 펼칩니다. 한 달 동안 10%의 수익이 났다면, 여기에 12를 곱해봅니다. 우와, 1년에 120%! 수학을 조금 배운 사람은 복리로 계산해봅니다. 1년에 3배가 넘습니다! 1년에 3배씩 10년을 번다면요? 무려 5만 9,000배가 됩니다. 와아아아아아!!

지금처럼만 하면 떼부자가 되겠구나 하는 생각이 들고, 그동안 '멍청하게' 회사의 노예가 되어서 일만 열심히 해온 게 후회가 됩니다. 이좋은 걸 왜 진작에 하지 않았을까!

그럼 이제라도 이 좋은 일을 계속 '반복'하면 되겠지요? 인간은 대체로 자기 행동에 그럴싸한 이유를 갖다 붙입니다. 결과에도 마찬가지로 '그런 결과가 나올 수밖에 없었던' 이유를 갖다 붙입니다. 우리 두뇌는 스토리텔링을 좋아한다고 말씀드렸지요? 전문용어로 말하자면 '인과관계에 대한 환상'을 가진다고 할 수도 있습니다.

주식투자로 돈을 번 당신, 당신 역시 자신만의 이유를 가지고 투자를 했을 것입니다. 이 이유를 원칙이라고 부릅시다. 그 이유가 '비가 오는 날 주식을 사면 돈을 번다'여도 괜찮습니다. "비가 오는 날에는 사람들이 우울해하면서 주식을 헐값에 내다 팔 거야. 그러니까 그때 주식을 사면 돈을 벌 수 있어"라고 우리 두뇌는 스토리를 구성합니다. '날씨가 맑은 날 주식을 사면 돈을 번다'라는 원칙이어도 마찬가지입니다. "햇빛이 쨍쨍하면 사람들이 기분이 좋아서 주식을 마구마구 살 거야. 그러니까 해가 뜨기 시작할 때 주식을 사면 돈을 벌 수 있어"라고 이야기할 테니 말입니다.

이 인과관계 구성이 현실을 얼마나 잘 반영하는지는 중요하지 않습니다. '돈을 벌었다'는 사실이 중요합니다. 나는 돈을 벌었고, 그 이유는 돈을 벌기에 적합한 의사결정을 했기 때문이라고 두뇌는 재빨리 자신을 설득합니다.

세로토닌이라는 신경전달물질이 있습니다. '행복감을 느끼게 해주는 물질'이라고 알려져 있죠. 세로토닌의 주요 역할은 도파민과 노르아드레날린의 수치를 적절히 조절해주는 것입니다. 도파민은 아까 동기부여와 습관 형성에 크게 기여하는 신경전달물질이라고 말씀드렸죠? 도파민의 또 다른 역할이 있는데, 바로 인식된 패턴에 대한 확신의 정도를 높여주는 것입니다. 도파민 분비가 과하면 다른 사람의 사소한 표정 또는 몸짓에서 공격성을 읽어내거나, 아무도 없는 어둠 속에서 귀신을 봤다고 믿는 등의 일이 벌어집니다. 정신분열증 환자는 도파민 수치가 비정상적으로 높습니다. 노르아드레날린은 노르에피네프린이라고도 불리는데요, 몸을 긴장하게 하여 주위를 경계하고 민감하게 반응할 수 있도록 각성시킵니다. 세로토닌이 부족하면 도파민과 노르아드레날린 수치가 제멋대로 날뛰게 되어 우울증 또는 무기력증에 빠지거나, 반대로 충동적으로 공격성을 보이기도 합니다. 세로토닌 결핍이 심해지면 일상적인 사회생활을 해낼 수 없습니다. 그런 연유로 세로토닌은 우울증 치료제로도 쓰입니다. 신체의 상태를 일정한 범위 이내로 유지하는 것을 '항상성'이라고 하는데, 이는 행복감의 필수 요소입니다.[6]

성공 경험을 한 사람은 세로토닌 수치가 높아집니다. 세로토닌 수치가 높은 사람은 행동거지가 다릅니다. 허리를 쭉 펴고 위풍당당하게 걷습니다. 자기주장이 강합니다. 침착하고 자신감 넘치는 말투 등 태도에 미묘한 변화가 일어나면서 사람들에게 더욱 신뢰감을 주게 됩니다.[7]

크건 작건 투자로 성공하고 나면, 자신의 성공 스토리를 풀게 마련입니다. 사람들에게 이렇게 말하죠.

"비가 오는 날 주식을 사면 됩니다."

다시 말씀드리지만, 맑은 날 주식을 사서 성공 경험을 한 사람도 마찬가지입니다. 복잡적응계에서의 결과물은 자신의 실제 능력이나 의사결정 원칙의 적절성과는 관계가 없는 경우가 많습니다. 이 사람의 말이 얼마나 합리적인지는 중요하지 않습니다. 사람들은 그의 자신감을 봅니다. 우리 뇌의 깊숙한 곳에는 사회적 위치를 파악하는 계산기가 있습니다.[8] 성공한 사람, 지위가 높은 사람, 서열이 높은 사람이 누구인지를 빠르게 알아봅니다. 그의 말이 합리적인지 아닌지를 따지는 것보다는, 그가 실제로 내놓은 결과를 파악하는 게 덜 귀찮은 일입니다.

사람들은 '성공한 투자자'의 말을 듣고 주식을 삽니다. 그들도 돈을 법니다. 왜냐고요? 지금은 강세장이니까요. 원칙이 옳아서 돈을 번 게 아니라, 그냥 시장이 다 같이 오르니까 돈을 번 겁니다. 세상일은 내가 잘해서 좋은 결과가 나왔다기보다는 그저 좋은 시기에 좋은 장소에 있었기 때문인 경우가 많습니다. 그러나 여기서 또 스토리텔링이 붙습니다.

"날씨 투자가 먹히는구나!"

이렇게 돈을 번 사람들의 세로토닌 수치는 어떻게 될까요? 상승하겠지요. 신뢰감이 생깁니다. 그리고 자신들도 주변 사람들에게 '썰'을 풀겠지요. 이런 식으로 강세장에서는 세로토닌이 사람들 사이에 전염됩니다.

주변에서 너도나도 주식으로 돈을 버니 이제 어떻게 될까요? 슬슬 FOMO(Fear of Missing Out) 현상이 나타납니다. 나만 뒤떨어지는 것을 두려워하는 현상입니다. 인간에게는 일종의 '군집 스위치'가 있습니다.[9] 다수와 함께 움직이면서 동질감을 느낄 때 안정감과 행복감을 느낍니다. 혼자 동떨어진 개체로서 '나'가 아니라, 더 큰 무언가의 일부로서 내가 존재한다는 것을 깨달으면서요.

이 단계로 가면 주식 대세론이 판을 칩니다. 시장은 대세 상승의 초입에 접어들었을 뿐이다, 앞으로 한참은 더 오른다, 자본주의 사회에서는 반드시 주식을 보유해야 한다 등의 주장이 힘을 얻습니다. 주식한 주 가지고 있지 않은 사람은 어딘가 현실 감각이 부족한 사람으로 인식됩니다.

아직 주식을 사지 않은, 위험 추구 성향이 낮은 사람들이 이제 흔들립니다. 위험 추구 성향이 낮다는 건 가진 것을 잃기 싫어한다는 뜻입니다. 사회적 지위나 재산은 결국 상대적입니다. 나를 제외한 다른 사람들이 다들 돈을 벌면, 나는 상대적으로 뒤처지게 되지요. 위험 추구 성향이 낮은 사람들일수록 남보다 뒤처지는 걸 못 견디기 때문에 이들도 주식투자에 뛰어듭니다.

그때가 강세장의 끝입니다. 강세장이 지속되면 다들 고민을 합니다. '언제 빠져나와야 하나?' 고점에서 주식을 팔아 수익을 극대화하고 싶은 건 자연스러운 마음입니다. 무언가 알 수 없는 이유로 시장이 상승을 멈췄고, 누군가는 주식을 팔았습니다. 누군가는 아직 아니라고 하면서 보유하고 있겠지요. 위험 추구 성향이 가장 낮은 사람들까지 주식투자에 뛰어들었으니, 더 살 사람이 남아 있지 않습니다. 매도 압력이 더 강해지면서 주가는 하락합니다.

자, 하락장이 왔습니다. 의외로 하락장 초반에 주식을 잘 팔고 나오는 사람은 적지 않습니다(당연히, 누군가가 팔았으니 하락장이 시작됐겠지요). 주식을 팔고 났는데 주가가 급락하는 모습을 본 투자자의 머릿속은 어떨까요?

곰에게 쫓겨 나무 위로 도망쳤다고 상상해봅시다. 곰이 더는 쫓아오지 않는다는 사실을 깨달으면 복측피개영역에서 오피오이드가 분비됩니다.[10] 오피오이드는 천연 헤로인이라 볼 수 있는 아편성 물질로, 통증을 줄여줍니다. 지방의 섭취를 부추겨 다이어트를 실패로 이끄는 호르몬이기도 하죠.[11]

급락 전에 매도한 사람의 뇌에서는 오피오이드가 분비되면서 행복감이 넘칩니다. 오피오이드는 도파민 D1 수용체와 결합하여 분비되는데요, 도파민이 인식된 패턴에 대한 확신의 정도를 높여준다고 말씀드렸지요? 상승장에서 수익을 잘 내고, 하락 타이밍까지 맞혀서 손실을 잘 피했으니 얼마나 자신감이 넘치겠습니까. 그야말로 '도파민 뿜뿜'이라 할 수 있겠지요.

반면, 주식을 팔지 못하고 버티고 있는 사람들도 있습니다. '지금이라도 나와야 하나? 기다리면 다시 상승하지 않을까?' 전전긍긍하는 동안 주가는 더욱 하락합니다. 이 사람들의 머릿속은 어떨까요? 세로토닌 수치가 줄어듭니다. 자신감이 줄어들고 무기력해집니다. 우울증에 빠지거나 조바심을 내거나 공격성을 보이기도 합니다. 주변 사람들에게 주식투자를 해야 하는 이유에 대해서 이야기할 때도 설득력이 없습니다. 사람들은 타인의 세로토닌 수치를 알아보니까요. 세로토닌이 부족한 '패배자'의 이야기에는 귀를 기울이지 않습니다. 그렇게 새로운 매수자가 나타나지 않으니, 하락은 더욱 거세집니다.

주가가 '많이 빠졌다'고 느꼈을 때, 미리 잘 팔고 나왔던 '도파민 뿜뿜' 투자자들은 어떻게 행동할까요? 네, 다시 삽니다. 왜냐고요? 난 똑똑하니까요. 살 때도 그렇게 잘 샀거니와 팔 때도 기가 막히게 팔고 나왔으니, 나야말로 주식의 귀재입니다. 이제 주식을 어떻게 하는지 알 것 같습니다. 내가 보기에 지금이 바닥입니다. 여기서 더는 하락할 리가 없습니다. 왜냐고요? 똑똑하신 '나님'께서 그렇게 판단했기 때문이지요.

그리고 물립니다. 왜냐고요? 지금은 하락장이니까요. 당신이 똑똑해서 주가가 오른 것도 아니고, 당신이 멍청해서 주가가 하락한 것도 아닙니다. 그냥 상승장이니까 올랐고, 하락장이니까 내린 것입니다. 웬만해서는 우리는 그 이유를 모릅니다. 이제 그 똑똑했던 '나님'도 패배자의 대열에 합류했습니다. 세로토닌 수치가 감소합니다.

이제 주식은 위험한 자산이 됐습니다. 부모님께 효도할 생각이라면 건드려서는 안 되는 것 첫 번째로 주식투자가 꼽히기도 합니다. 아직도 패배자의 대열에 합류하지 않은 운 좋은 사람들 또는 애초에 주식투자를 하지 않아서 강세장에 배 아파하던 사람들이 장기 약세장에 대해서 자신 있게 '썰'을 풀고 다닙니다. 세로토닌 수치가 높아진 분들이 하는 이야기라 굉장히 그럴싸해 보입니다.

"그래, 주식은 '원래' 안 되는 거야. 사기꾼들이 한탕 해 먹는 도박판일 뿐인 거지. 다시는 주식에 손대지 않겠어."

행동경제학의 창시자 대니얼 카너먼과 아모스 트버스키의 유명한 '전망 이론'은 크게 두 가지 메시지를 전달합니다. 첫째는 수익의 기쁨보다 손실의 고통이 더 크다는 것이고요. 둘째는 손실(또는 수익)이 지속될수록 추가된 손실(수익)이 주는 추가 고통(기쁨)의 크기가 점점 줄어든다는 것입니다. 쉽게 말해 손실이 커질수록 그냥 덤덤해진다는 이야기입니다. "기다리다 보면 언젠가는 원금을 회복하겠지, 뭐. 주식은 장기투자가 정석이잖아"라는 사람이 많아집니다. 요샛말로 '존버(최대한 버티기)'를 외칩니다.

주식을 팔 사람은 이미 다 팔고 나갔고, 보유하고 있는 사람은 원금 회복 전까지는 미동도 하지 않습니다. 주가가 바닥 대비 웬만큼 올라도 팔지 않습니다. 즉, '더 팔 사람이 없는' 상태가 됐습니다. 여기서 **강세장**이 다시 피어납니다.

강세장과 약세장을 맞이했을 때 우리 머릿속에서 무슨 일이 일어나는지를 살펴봤습니다. 인간의 스토리텔링 성향과 맞물려서, 강세장에서는 '주식이 올라야 하는 이유'에 대한 이론이 넘쳐나고 설득력을 얻습니다. 그렇게 모두가 주식투자에 뛰어들고 나면 약세장이 찾아오고, '주식을 사지 않아야 하는 이유'에 대한 이론이 넘쳐납니다.

인간은 언제나 그럴싸한 이유를 찾아냅니다. 그리고 행동에 나섭니다. 결과가 좋으면 실력으로, 결과가 나쁘면 운으로 치부합니다. 어쩔 수 없습니다. 인간은 원래 그렇게 생겨 먹었거든요.

우리가 의식, 합리성이라고 부르는 현상은 사실 그렇게 우아하고 고귀한 모습이 아닐 수도 있습니다. 우리는 과연 우리가 생각하는 대로 행동하는 걸까요? 아니면 행동하는 대로 생각하는 걸까요?

이제 우리 뇌에 대해서 가장 중요한 깨달음을 얻을 차례입니다.

비의식적 자아, 내 안의 좀비

현대를 살아가는 사람이 한 번쯤 읽어야 할 교양서를 한 권만 이야기하라면, 저는 조너선 하이트의 《바른 마음》을 꼽겠습니다. 인간의 의사결정에는 직관과 추론이라는 서로 다른 두 과정이 있습니다. 《바른 마음》에서는 '코끼리와 기수'의 비유를 통해 대부분 상황에서 직관이 우선하고 추론은 직관을 뒷받침하는 보조자 역할을 한다고 밝힙니다. 코끼리의 등에 올라탄 기수가 코끼리에게 지시를 내리는 것처럼 보이지만, 사실 코끼리는 하고 싶은 대로 하고 기수는 코끼리를 어르고 달래는 역할을 할 뿐이라는 비유입니다.

'답정너'라는 신조어가 있습니다. '답은 정해져 있으니 너는 대답만 하면 돼'라는 뜻이죠. 우리 사고의 대부분은 답정너입니다. 사실 전부라고 봐도 무방합니다. 답정너의 '답'을 거스르고 유연하게 대답을 수정하는 일은 지극히 드물게 일어납니다. 답정너를 심리학 용어로는 '확증 편향(confirmation bias)'이라고 합니다.

직관은 우리가 어떤 상황을 접하자마자 빠르게 내려지는 결정입니다. 우리는 누군가를 처음 만났을 때, 1초도 안 되는 짧은 시간에 그 사람의 첫인상을 판단합니다. 첫인상을 결정할 때 두뇌에서는 편도체와 후대상회(PCC)가 활성화됩니다. 편도체는 공포나 불안 등을 관장하는 두뇌의 중추이고, 후대상회는 보상에 대한 판단을 하는 영역입니다. 낯선 사람이 나에게 위협적인지 아닌지, 도움이 될지 아닐지를 이런 부위에서 순간적으로 판단합니다. 첫인상을 수정하기 위해서는 훨씬 많은 새로운 자극이 필요합니다.

《바른 마음》에서는 직관이 어떤 답을 내려버린 이후에, 우리가 이성적으로 하는 추론 행위는 직관을 옹호하기 위한 변명인 경우가 대부분이라고 말합니다. 우리는 이성적인 사고를 자기 자신과 동일시합니다.

스스로 의식적이고 논리적으로 생각하는 자아이며, 믿음이 있고, 선택을 하고, 무엇을 생각하고 어떻게 행동할지 결정한다고 간주합니다.[12]

직관은 과거의 경험, 감정, 무의식 등에 좌우됩니다. 우리는 감정을 이성과 대비되는, 합리적이지 않은 어떤 반응 체계로 생각하는 경향이 있습니다. 그러나 감정은 우리의 생존에 필수적으로 기여하는 '연산 체계'입니다.

앞서 언급했듯이 편도체는 감정의 중추로, 뇌에 광범위하게 영향을 미칩니다. 우리가 매 순간 마주치는 일상 활동은 감각피질로 입력되고, 감각피질에서는 감각작용 중 마지막 단계로 편도체에 신호를 보냅니다. 편도체는 감각피질의 신호 처리 과정을 변화시켜 인식에 영향을 미칠 수 있는데요, 전두엽·해마·측좌핵·시상하부·뇌간 등 두뇌의 다양한 영역으로 메시지를 내보냅니다. 해마는 단기기억을 장기기억으로 바꾸는 데 핵심적인 역할을 하는 조직입니다. '기분 일치 가설'에 따르면, 감정과 결부된 기억은 쉽게 각인되고 회상하기도 쉽습니다.[13]

대니얼 카너먼의 《생각에 관한 생각》에서는 우리의 사고를 '시스템 1'과 '시스템 2'라는 두 체계로 분류합니다. 각각은 '직관'과 '추론'이라는 용어로 대치해도 무방할 정도로 유사합니다. 시스템 2는 더 합리적인 판단을 할 수 있지만, 에너지를 많이 소비하고 시간이 오래 걸립니다. 우리가 일상적으로 마주치는 모든 상황에서 시스템 2를 사용하여 의사결정을 한다면 순식간에 모든 에너지를 소비해 기진맥진해질 것입니다. 직관이 작동하지 않으면 일상생활을 영위할 수 없다는 얘기지요. 감정은 직관이 작동하는 연산 방식의 하나로 볼 수 있습니다.

우리 몸에는 우리가 의식하지 못하는 아주 많은 연산 체계가 존재합니다. 우리는 상처가 나면 통증을 느낍니다. 통증은 그냥 '아프다'라는 느낌에서 그치는 게 아니라 외부 환경이 내 몸에 악영향을 끼치고 있다는 정보를 두뇌에 전달합니다. 그러므로 통증은 상처에 대한 단순한 반사 반응이 아니라 유기체의 건강 상태에 대한 일종의 '의견'일 수 있습니다.[14]

세인트앤드루스대학교의 신경심리학자 데이비드 밀너가 소개한 다이앤 플레처의 사례는 매우 의미심장합니다. 플레처는 사고로 시각을 거의 상실했습니다. 실험실에서 연구자가 그녀의 눈앞에 수직으로 가늘게 뚫린 구멍(우편물 투입구)을 보여주며 수직인지 수평인지를 물어봤을 때는 모른다고 대답했습니다. 그러나 편지를 주고는 구멍에 넣어보라고 하자, 능숙한 동작으로 집어넣었습니다. 그녀는 아무런 의식적 주의를 기울이지 않고 이 작업을 수행할 수 있었습니다.[15]

'측두엽 간질 인격'이라는 현상이 있습니다. 측두엽 부위에 간질 발작이 일어날 경우 강렬한 열정, 강박, 초자연적 현상에 대한 몰두 등의 인격적 변화가 수반됩니다. 측두엽 간질 환자들에게서는 정합적 세계관이나 자전적 기억을 만들고 유지하는 현상, 예컨대 공들여 일기를 쓰는 경향성도 보입니다.[16]

딴생각을 하면서 운전하다가 문득 정신이 들어 화들짝 놀란 적이 있으신가요? 도대체 어떻게 여기까지 왔는지 전혀 알 수가 없어서 말이지요. 눈을 깜빡이고, 호흡을 하고, 손을 뻗어 물체를 잡고, 걸으면서 균형을 유지하는 등 일상은 무의식적 행동으로 가득 차 있습니다. 운

전은 고도의 숙련된 행위이며, 처음에는 누구나 의식적으로 노력해서 익혀야 했습니다. 그런 행위도 능숙해지고 나면 어느 순간에는 무의식이 수행하곤 합니다. 무의식이 내릴 수 있는 의사결정은 생각보다 훨씬 광범위합니다.

데카르트는 영혼의 본성을 '생각'으로 정의했습니다. 유명한 '나는 생각한다, 고로 존재한다(Cogito, ergo sum)'라는 표현 이래 철학에서는 오랫동안 의식과 자아가 동일시됐습니다. 이후 프로이트가 무의식이 의식을 억압한다고 주장하며 무의식의 힘을 역설했지만, 그의 정신분석 이론은 거의 유사과학 취급을 받았습니다. 그런데 이제는 여러 과학적 발견을 통해 프로이트의 무의식에 대한 통찰이 상당히 진실에 가까웠음이 드러나고 있습니다. 우리가 자유의지로 수행했다고 여기는 의사결정도 무의식 속에서 이뤄지는 것들이 많습니다.[17]

위스콘신대학교 정신의학과 교수인 줄리오 토노니는 의식에 대해 '통합 정보 이론'을 제시합니다. 의식은 정보 처리의 특정 형태라는 것입니다. 의식적으로 처리하는 정보는 양이 많고, 통합적으로 처리해야 합니다. 각종 감각 기관의 입력과 과거의 기억 등을 종합하여 현재의 상황을 해석하고, 다양한 옵션과 그 각각의 시나리오에 따르는 미래 상황을 예측하고 선택하는 행위를 '통합적인 정보 처리'라고 부를 수 있습니다. 단순히 감각피질에서 작업기억으로 이어지는 행동 또는 감정적으로만 행동할 때보다 이런 통합적 정보 처리까지 할 수 있다면 생존과 번영에 더 유리했을 것입니다. 의식이란 '통합적인 정보 처리를 할 때 느끼는 감각'이라고 정의할 수 있습니다. 그리고 자아란 의식이라는 정보 처리 행위를 할 때 떠올리는 '나'라는 느낌일 수 있습니다.

팀 작업에 비유해보겠습니다. 팀이 어떤 작업을 수행할 때, 팀원들이 개별적으로 업무를 하다가도 때때로 팀 전체가 모여서 회의를 하기도 합니다. 전체 회의에서는 각 팀원의 작업 상황을 업데이트하고, 새로 발생한 이슈를 공유하고, 팀의 목적을 되새기고, 각자가 수행해야할 작업을 분배하는 등의 일을 하죠. 각 팀원을 두뇌의 개별적인 연산 모듈이라고 본다면, 팀 전체 회의가 바로 의식입니다. 그리고 자아란 우리가 한 팀이라고 느끼는 정체성입니다.

다시 말해, 철학에서 전통적으로 신성시하던 '자아'나 '의식'은 우리 몸이 수행하는 수많은 정보 처리 과정 중 특수한 한 가지 형태에 불과합니다. 인간이라는 종이 진화하면서 생존을 위해 갖춰온 다양한 연산 체계 중의 하나라는 얘기입니다.

이 가설이 시사하는 바는, 그리고 앞서의 여러 실험이 의미하는 바는, 자아가 수행하는 '의식적 추론'의 힘은 생각보다 상당히 약하고, 그 추론의 대부분은 '비의식적 자아', 프로이트식으로 표현하자면 '무의식'의 지배를 받는다는 점입니다. 캘리포니아대학교 빌라야누르 라마찬드란 교수는 이렇게 우리를 지배하는 것처럼 보이는, 의식을 벗어난 주체를 '무의식적 좀비'라고 부릅니다.

비의식적 자아는 원시시대로부터 현재에 이르기까지 인간이 생존하는 데 크게 기여했을 것입니다. 그러나 앞서도 언급했듯이, 우리의 좀비는 자본시장이라는 복잡계에 적응하지 못했습니다. 무의식의 힘을 깨닫지 못한다면, 우리의 '좀비'에게 투자 의사결정을 하도록 내버려 두는 격이 됩니다.

이제 무의식적 좀비가 우리를 지배하게 두지 않고 복잡계에서 생존할 수 있는 의사결정을 하는 방법에 대해서 살펴봅시다.

CHAPTER 3
감정에 휩쓸리지
않으려면?

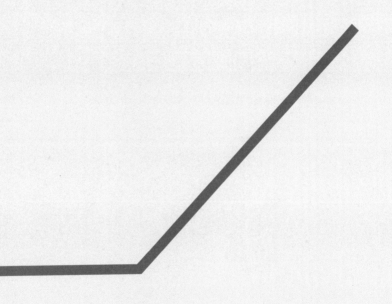

"당신의 감정은 주식에 티끌만치도 중요하지 않다."
— 켄 피셔

"기억은 경험의 불완전한 재구성이다."
— 조지프 르두

"무엇이든 구체적인 주장을 하되 확신을 하지 않는 편이
아무것도 말하지 않는 것보다는 훨씬 낫다."
— 리처드 파인만

기록하기

의사결정을 반드시 기록하는 습관을 들여야 합니다. 이 한 문장을 이해했다면 이 책을 다 읽었다고 봐도 됩니다.

사람들과 대화를 나누다 보면 저마다 생각이 다르다는 걸 실감할 때가 많습니다. 기록의 중요성을 이야기했을 때, 누군가가 이렇게 물었습니다.

"기록하면 뭐가 달라지나요?"

이 질문이 저에게는 작지 않은 충격이었습니다.

저는 중학생 때부터 일기를 썼습니다. 요즘에도 쓰고 있고요. 과거의 일기를 들춰보면 당시의 제가 얼마나 편협하고 어리석은 사람이었는지가 낱낱이 드러납니다. 제가 머릿속으로 기억하고 있는 것과는 상당히 다른 모습입니다. 그 덕분에 겸손해질 수 있었고, 더 나은 제가 되도록 노력할 수 있었습니다.

기억을 인출하는 과정은 하드디스크에서 파일을 불러오듯이 어떤 객관적 실체를 읽어내는 것이 아닙니다. 회상은 장기기억에 저장된 어렴풋한 요소들을 현재의 뇌에 감정과 더불어 재구성하는 과정입니다. 그러므로 기억이란 그것을 되살릴 때마다 '회상하는 자신'이 만들어낸 '가상의 과거'입니다.

인간은 자신의 과거 의사결정을 아주 많이 왜곡하여 기억합니다. 오늘 어떤 주식의 가격이 오르면 '아, 어제 사려고 했었는데!'라고 생각하고, 가격이 내려가면 '어제 팔려고 했었는데!'라고 생각합니다. 증권가에는 '아이톨쥬(I told you)'라는 속어가 있습니다. 무슨 일이 벌어질 때마다 "거 봐, 내가 뭐랬어. 이렇게 될 줄 알았어"라고 이야기하는 걸 비꼬는 표현입니다. 자신이 정말로 그렇게 될 거라고 예측했다면 그에 맞게 포지션을 바꾸었어야지요. 실제로 포지션을 바꾸지는 않고서 지나고 난 다음에 '아이톨쥬'라고 하는 건 앞뒤가 맞지 않습니다. 워런 버핏은 이렇게도 표현했습니다.

잘 보이는 백미러를 통해 시장을 보면 항상 쉬워 보이는 법입니다. 그러나 투자자들이 응시할 수밖에 없는 전면 유리는 항상 뿌옇기 마련입니다.[1]

기록을 하지 않으면 과거의 의사결정을 왜곡하게 되고, 왜곡된 기억을 가지고 현재를 평가하면 잘못된 결론을 얻을 수밖에 없습니다. 그런 평가로부터 나온 원칙을 아무리 시장에 적용해봤자 잘못된 학습밖에 일어나지 않습니다. 성장하지 못합니다. 복잡적응계가 아닌 곳에서라면 기록의 중요성이 그렇게 크지 않을 수도 있습니다. 명시적인 원칙이 존재하는 곳에서는 원칙을 따르는 훈련을 많이 하여 좋은 원칙이 '몸에 기억되도록' 함으로써 성장할 수 있으니까요. 그러나 성공을 위한 확실한 원칙이 존재하기 어려운 복잡적응계에서는 확률론적으로 사고할 수밖에 없고, 확률론적 사고에서의 의사결정 과정은 확실하지 않은 가설들을 쌓아 올리다가 어느 순간 방아쇠를 당기는 과정의 연속입니다. 언제나 '틀릴 수 있음'을 전제해야 하고, '틀린 이후에 무엇을 배울 것인가'를 염두에 두어야 합니다.

기록의 중요성을 이해했다면, 다음 질문은 '무엇을 기록할 것인가'입니다. 이에 대해서는 다음 단락에서 자세히 다루겠지만, 우선 가장 중요한 요소는 '반증 가능성'입니다. 의사결정에 포함되는 가설은 반증 가능한 형태여야 합니다.

반증 가능성은 과학자이자 철학자인 카를 포퍼가 제시한, 과학적 사고의 기본 원칙입니다. 어떤 명제가 과학적이기 위해서는 그 명제가 '틀릴 수 있는', 즉 '거짓임을 입증할 수 있는' 조건을 제시할 수 있어야 합니다. 틀릴 수 있는 조건을 제시할 수 없는 명제는 반증 불가능한 명제이며, 비과학적입니다. 반증 불가능한 명제를 바탕으로 쌓아 올린 지식은 지식이 아니라 미신에 가깝습니다.

뜬금없이 웬 '과학적' 사고 이야기냐고요? 흔히 과학을 철저한 원칙과 수학적 계산으로만 이루어진다고 생각합니다. 그러나 실상은 반대입니다. 모든 과학적 지식은 불확실하며, 과학자들은 의심과 불확실성을 다루는 데 익숙합니다. 천재 물리학자 리처드 파인만은 "의심과 불확실성으로 가득 찬 과학 지식을 다루어본 경험은 매우 소중한 것이다. 나는 이것이 매우 가치 있는 일이며 과학을 벗어나 다른 문제에서도 매우 유용한 것이라고 믿는다"라고 했습니다.[2]

반증 가능성 개념을 투자 의사결정에 접목해봅시다.

"A라는 주식의 가격이 현재 1만 원인데, 앞으로 2만 원이 될 거야."

이 명제는 반증 불가능합니다. 가격이 실제로 2만 원에 도달하여 명제가 옳았다고 주장할 수 있겠지만, 그건 중요하지 않습니다. 가격이 8,000원으로 하락했다면, 이 명제는 틀린 것일까요? 아직 오르지 않았다고 주장할 수 있겠지요. 가격이 1만 5,000원으로 오른 이후에 다시 하락했다면요? 마찬가지로, 아직 오르지 않았다고 주장할 수 있습니다. 즉, 어떤 경우에도 이 명제가 '틀렸음'을 입증할 수 없습니다. 투자자는 예상했던 시나리오가 달성되지 않는 경우 무한히 기다릴 뿐이며, 어떤 유의미한 지식도 축적할 수 없습니다.

이 예시를 반증 가능한 명제로 바꾸려면 어떻게 해야 할까요?

"A라는 주식의 가격이 현재 1만 원인데, A 회사가 신규로 추진하는 사업에서 가시적인 성과가 나와서 다음 분기 실적에 반영될 예정이고, 신사업에 대해서 부정적으로 평가하던 투자자들의 시각이 바뀌면 주가가 2만 원까지 상승할 수 있어. 실적발표까지 2개월이 남았고, 투자자들은 발표된 실적을 그 즉시 또는 늦어도 1개월 이내에 인지할 거야."

예상 시나리오를 이렇게 바꾼다면, 이 명제는 다양한 경로로 틀릴 수 있습니다. 일단 신사업의 성과가 부진하게 나올 수 있지요. 사업이 지연되거나 취소되어 매출이 아예 발생하지 않을 수도 있고, 매출은 발생했지만 비용이 커서 이익이 예상보다 적게 나올 수도 있습니다. 이익이 잘 나오더라도 주가가 반응하지 않을 수도 있죠. 여기에는 다른 투자자들도 나와 마찬가지로 실적을 좋게 전망하고 있었거나, 실적이 잘 나오건 말건 A 주식에 관심이 전혀 없거나, 예상치 못한 새로운 악재가 터졌거나 등 다양한 이유가 있습니다. 어떤 경로로 틀리건간에, 반증 불가능한 형태의 시나리오를 제시했을 때보다 더 세밀하게 내가 틀린 이유를 파악할 수 있습니다. 사업이 전망대로 되지 않는 여러 경우를 배우거나, 다른 투자자의 시각이 중요하다는 걸 알게 되는 등 새로운 교훈을 얻을 수 있습니다. 그 교훈을 다음번 의사결정에 반영할 수 있지요.

여러 번 반복해서 말씀드리지만, 복잡적응계에서 좋은 원칙이란 '여러 번 시행했을 때' 성공 확률이 높아지는 원칙입니다. 앞의 사례처럼 반증 가능한 명제들로 투자 의사결정을 조립해나가면, 한 번의 시행에서 나쁜 결과가 나오더라도 원칙을 꾸준히 개선할 수 있습니다.

의사결정은 전날 하기

저는 투자 의사결정은 전날 저녁에 한다는 원칙을 가지고 있습니다. 주식시장이 마감되고 상대적으로 여유로운 오후에, 새로운 정보들을 취합하고 다음 날 어떤 매매를 할지 결정합니다. 당일 장중에는 전날 했던 의사결정을 취소할 만한 뉴스가 나오지 않았는지 정도만 확인하고 매매를 실행합니다.

낮 동안, 특히 장중에는 좋은 의사결정을 하기가 어렵습니다. 시장에는 새로운 뉴스가 새벽부터 마구 쏟아집니다. 이 정보들을 취합해서 새로운 의사결정을 하기에는 아무래도 시간이 부족합니다. 경험이 부족한 사람일수록 시간의 압박이 있으면 나쁜 의사결정의 빈도가 높아집니다.[3] 어제까지 노출된 정보를 바탕으로 하지 않았던 의사결정을 오늘 새로이 노출된 정보만으로 한다면 그 의사결정은 잘못될 가능성이 큽니다. 오늘 새로 나온 뉴스 중 나의 포지션을 바꿀 만한 뉴스는 사실상 거의 없습니다. 만약 새로운 뉴스에 따라 매매를 했다면 노이즈에 반응했을 가능성이 큽니다(신호와 소음에 대해서는 10장에서 자세히 다룹니다). 또는 실제로 중대한 뉴스가 나왔다고 하더라도, 이미 내가 손쓸 수 있는 시기를 지났을 가능성이 매우 큽니다. 뉴스에 즉각 반응하는 자동화된 알고리즘이 판치는 세상입니다(그 알고리즘들이 성과가 좋으냐는 차치하고 말입니다). 보통은 매매를 해야 할 이유보다 하지 않아야 할 이유를 찾는 것이 안전합니다.

낮에는 각종 스트레스에 노출되기에 코르티솔과 테스토스테론 분비량이 늘어납니다. 코르티솔은 '스트레스 호르몬'이라고도 불립니다. 긴장, 공포, 고통 등 다양한 스트레스에 맞서 신체 전반에 에너지를 공급하는 호르몬입니다. 테스토스테론은 대표적인 남성 호르몬입니다. 여성에게서도 분비됩니다만, 상대적으로 양이 적습니다. 테스토스테론은 일반적으로 공격성을 부추기고 지위 상승에 대한 욕구를 강화하는 것으로 알려져 있습니다.

스트레스가 커질수록 사람은 습관에 의존하는 자동조종 모드가 됩니다.[4] 에두아르도 안드라데와 댄 애리얼리의 실험에서 인간은 감정적인 자극을 받으면 이익이 될 제안도 거절하는 것으로 나타났습니다.[5]

행동경제학에서 밝힌 인간의 편향 중 하나로 '근시안적 손실 회피(myopic loss aversion)'가 있습니다. 단기적으로 손실을 자주 볼수록 위험 회피 성향이 커진다는 의미입니다. 주식은 장기적으로 볼수록 손해를 볼 가능성이 줄어듭니다(장기투자에 대해서는 6장에서 자세히 다룹니다). 거꾸로 말해서, 짧게 볼수록 손해를 볼 가능성이 커진다는 뜻입니다. 어떤 주식이 1년 후에 주가가 상승해 있을 확률이 높다 하더라도, 매일매일의 주가를 볼 때 오르고 내릴 확률은 반반입니다. 손실을 볼 때의 고통은 이익을 볼 때의 기쁨보다 큽니다. 매일매일 주가를 확인한다면, 좋은 주식을 골라서 샀더라도 당장의 고통을 참지 못하고 주식을 팔아버릴 가능성이 큽니다.

요즘은 스마트폰으로 언제 어디서든 시세 조회가 가능합니다. 내 계좌의 잔고가 얼마인지도 실시간으로 조회할 수 있고, 매매도 빠르게 할 수 있습니다. 근시안적 손실 회피 성향을 부추기는 시스템입니다. 혹자는 이를 방지하기 위해 아예 스마트폰에서 매매가 불가능하도록 인증서나 앱 자체를 삭제하라고 조언하기도 합니다. 그러나 정작 매매를 해야 하는 상황에서도 매매를 못 하게 되니 약간은 조심스러운 방법입니다.

매일 나오는 정보들을 마냥 무시하는 것 또한 좋은 태도는 아닙니다. 어쨌거나 세상은 변하고, 내 포지션을 바꿀 만한 중요한 정보도 섞여 있게 마련이지요(반대로, 중요한 뉴스가 없었다는 것을 확인하는 것 또한 매일의 과제 중 하나입니다).

시간의 압박은 정보를 처리하는 과정에 악영향을 미치는 게 아니라, 더 많은 정보를 차분히 수집하지 못해서 결과적으로 나쁜 의사결정으로 이어지게 합니다.[6] 잘못된 정보 처리를 막기 위해서 정보 수집을 막는 건 어불성설입니다. 시장으로부터 아예 눈과 귀를 막아버리는 것은 당장의 성급한 의사결정과 잦은 매매를 방지하는 데에는 도움이 되겠지만, 장기적인 성장에는 그다지 좋은 방법이 아닙니다. 의사결정을 하는 시간과 그 의사결정을 집행(매매)하는 시간을 분리하는 것이 나쁜 매매를 방지하면서 장기적으로 의사결정의 질을 높여가는 길입니다.

· 원점에서 다시 고민하기

'앵커링 이펙트(anchoring effect, 기준점 효과)'는 투자의 세계에 시사하는 바가 큰, 흥미로운 편향입니다. 지금 당장 간단한 실험으로 이 현상을 체험해볼 수 있습니다. 다음의 두 질문을 친구에게 또는 자신에게 '순서대로' 던져보시기 바랍니다.

· 간디가 사망한 나이가 144세보다 많았는가, 적었는가?

- 간디는 몇 살에 사망했는가?

이때 어떤 숫자가 머리에 떠오를 것입니다. 이제 다른 친구를 찾아가서(또는 머릿속에서 앞의 과정을 모조리 지워버리고 자신에게) 다음과 같은 두 질문을 순서대로 던져봅시다.

- 간디가 사망한 나이가 55세보다 많았는가, 적었는가?
- 간디는 몇 살에 사망했는가?

이때의 숫자가 처음의 숫자와 유의미하게 차이가 있다면, 앵커링 이펙트를 직접 겪은 것입니다. 순서대로 이어진 두 질문은 독립적입니다. 첫 번째 질문이 두 번째 질문에 영향을 미치지 않아야 합니다. 그러나 첫 번째 질문을 듣는 순간 144 또는 55라는 수치가 중요하게 인식되고(닻을 내리고), 다음 질문에 대한 대답을 그 기준점(144 또는 55)으로부터 조정해나가는 식으로 사고가 작동합니다.

기세 좋게 오르던 주식이 하락하면 투자자들은 '싼 가격', 즉 다시 매수할 수 있는 가격이 어디쯤인지를 고민하기 시작합니다. 다음은 어떤 주식의 PER/PBR 밴드 차트(과거의 PER, PBR 수치가 어떤 구간에서 등락했는지를 보여주는 차트)입니다.

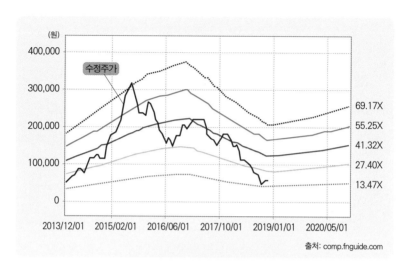

〈그림 3-1〉 특정 종목의 PER 밴드 차트

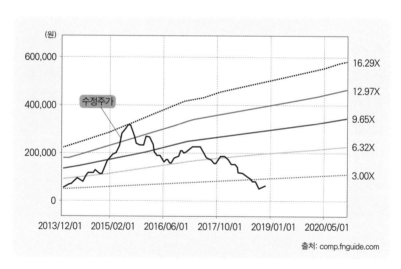

〈그림 3-2〉 특정 종목의 PBR 밴드 차트

이 회사는 2013년부터 2015년까지 이익이 급증하면서 주가도 급등했습니다. 최고점에서 PER은 무려 70배, PBR은 16배를 적용받았습니다. 경험이 좀더 쌓인 분들은 아시겠지만, 이는 어마어마한 수치입니다(과거 수십 년간 코스피의 평균 PER이 10배 정도였고, PBR은 1배 언저리였습니다). 아마존이나 페이스북 같은, 초고속으로 성장하는 플랫폼 기업에서나 볼 수 있는 수치입니다. 사례의 회사는 제조업을 영위하는 곳으로, 수출 비중도 미미하여 시장이 국내에 한정돼 있습니다.

이 회사는 2016년에 이익이 정점을 찍고 이후 점차 줄어들었습니다. 주가도 이에 따라 하락했습니다. 영업이익률이나 ROE(자기자본이익률) 등 여러 지표를 적용하여 생각해봤을 때, 시장평균보다 더 높은 프리미엄을 부여하기는 어려운 상황이었습니다. 그러나 2016년 하반기에 놀라운 일이 일어납니다. 주가가 바닥 대비 무려 50%나 상승한 것입니다. PER이 27배까지 하락했다가 40배까지 상승한 거예요. 고점에서 적용받던, 70배의 PER 대비 27배는 너무나 싸 보였던 겁니다. 최근 3년 평균으로 봐도 40배는 부여받고 있었으니, 30배 미만에서는 살 만하다는 생각을 하기 쉬웠습니다.

당시 회사의 이익이 살짝 돌아설 기미가 보이기는 했습니다. 그렇다고 하더라도 연간 10% 정도의 성장이 기대될 뿐이었고, 과거의 고성장과는 전혀 다른 수치이기 때문에 고성장기와 비교하여 프리미엄을 부여할 수는 없었습니다. 원점에서 다시 고민한다면 기껏해야 PER 10~15배를 부여할 수 있었을 뿐입니다. 역시나 주가는 하방 압력을 이기지 못하고 다시 하락했습니다. 2018년 PER이 13배 수준까지 내려간 다음에야 바닥을 확인할 수 있었습니다. PER은 70배에서 13배로 80% 가까이 하락했고, 주가도 그 이상 하락했습니다.

사회심리학에서 이와 유사한 편향으로 '경로 의존성(path dependency)'이 있습니다. 현재까지 특정 경로를 걸어왔기 때문에, 앞으로도 계속 그 경로를 유지하는 것이 비합리적(목적을 달성하는 최적의 방안이 아니라는 의미에서)임을 알아도 경로를 바꾸는 것을 꺼리는 현상을 말합니다.

주식을 보유하고 있다면 '여기서 더 사야 하나' 또는 '지금쯤 팔아야 하나'라는 두 가지 고민을 늘 하게 됩니다. 질문을 이런 식으로 하면 경로 의존성에 노출됩니다. '내가 이미 이 주식을 보유하고 있다'는 사실을 바탕으로 하니까요. 앞으로의 주가 변동은 내가 주식을 보유했느냐 아니냐와 상관이 없습니다. 주가 변동과 상관없는 요소가 사고의 한 축이 되어버리면 잘못된 의사결정을 할 가능성이 커집니다.

질문을 이렇게 바꿀 수 있습니다.

'내가 현재 이 금액을 100% 현금으로 보유하고 있다면, 오늘 이 주식을 신규로 얼마나 매수할 것인가.'

이렇게 질문을 던졌을 때 나오는 대답과 나의 실제 포지션(보유 비중 또는 보유량)이 크게 차이가 난다면, 포지션을 바꿔야 할 시점입니다.

원점에서 다시 고민하는 사고에 익숙해지면 나중에는 이렇게 응용할 수 있습니다. 오늘 이 주식을 처음 발견해서 매수할까 말까를 고민할 때, 반대로 이렇게 질문을 던질 수 있습니다.

'내가 이 주식을 보유하고 있다면, 지금쯤 어떤 생각을 하고 있을까? 이 주식을 신규로 사겠다는 사람이 나타났을 때 기꺼이 팔아버릴 것인

가, 아니면 무시하고 계속 가져갈 것인가?'

거래의 기본은 상대방의 생각을 읽는 것입니다. 어떤 주식을 볼 때 현재의 상태만 보는 것보다 주식이 걸어온 경로를 봐야 합니다. 그러면 과거에 이 주식이 어떤 길을 걸어왔는지, 즉 이 주식을 바라보고 있는(또는 보유하고 있는) 사람들이 가진 경로 의존성 또는 앵커링 이펙트로는 무엇이 있을까를 추측할 수 있습니다. 그럼으로써 '지나치게 높은(낮은) 가격'의 이유 한 가지를 댈 수 있습니다.

겸손해지기

겸손한 태도는 투자를 할 때 아주, 아주아주 중요합니다. 여기서 겸손함이란 넓은 의미로 사용합니다. 인과관계에 겸허해지기(회의론), 미래 예측이 불확실하다는 사실 인정하기, 좋은 성과에 우쭐대지 않기 등 세상과 나 자신을 바라볼 때 모두에 해당하는 이야기입니다.

인과관계에 대해 먼저 이야기해봅시다. 하나의 사건이 다른 사건을 일으키는 원인이 될 때, 둘의 관계를 인과관계라고 합니다. 예를 들어 "A 때문에 B 사건이 일어났어"라고 표현할 때, A와 B의 관계가 인과관계입니다.

그런데 의외로 인과관계를 찾아낸다는 게 상당히 어렵습니다. 인과관계를 밝히기 위해서는 다음 세 가지가 필요합니다.

① A 사건이 B 사건보다 선행해야 한다.

② A와 B 사이에 논리적인 개연성이 있어야 한다.[7]

③ A와 B를 함께 발생시키는 독립적인 사건 C가 존재하지 않아야 한다.[8]

①을 알아내기는 쉽습니다. ②는 어렵습니다. ③은 아주 어렵습니다. 자연과학에서는 '재현성'이라는 기준으로 인과를 검증해볼 수 있습니다. 그러나 사회적인 영역에서는 동일 조건에서 반복 실험을 하는 건 불가능합니다. B라는 현상을 봤을 때, 선행해서 발생한 A라는 사건을 떠올릴 수는 있습니다. 이때 A와 B의 논리적 개연성을 추측할 수는 있지만, 2장에서 언급한 것처럼 스토리텔링에 중독된 우리 뇌가 마구잡이로 만들어낸 개연성일 가능성이 큽니다. 그리고 별개의 사건 C가 존재하지 않음을 우리는 입증할 수 없습니다.

예를 들어, 1960년대와 1970년대의 고속 성장을 뜻하는 '한강의 기적'은 어떻게 이룰 수 있었을까요? 아마도 근면·성실한 한국인의 노동과 교육열을 언급하는 사람이 많을 것입니다. 지당한 이야기입니다. 피땀 흘려 노력하지 않았다면 '기적'은 일어나지 않았을 것입니다. 그러나 냉전 시기 지정학적 중요성에 따라 미국의 지원이 이뤄진 마셜 플랜에 대해서는 어떻게 생각할까요? 공산주의의 확산을 막기 위한 서방 진영의 적극적인 원조가 없었더라도 동일한 결과를 낼 수 있었을까요? 당장 우리가 발견할 수 있는 요소들만 보더라도, 어떤 요소가 얼마나 기여했는지 파악하기가 어렵습니다. 게다가 눈에 보이지 않는 요소들까지 고려한다면 어떨까요? 만약 1962년에 쿠바 미사일 위기가 '기적적'으로 해결되지 않았다면[9] 어땠을까요? 이 경우 '제3차 세계대전이 일어나지 않았기 때문에 한강의 기적이 가능했다'라고 누군가가 주장할 수도 있지 않을까요?

2015년은 국내 제약 산업 역사상 기념비적인 해였습니다. 한미약품이 글로벌 제약사를 상대로 초대형 라이선스 아웃을 잇달아 성공시켰습니다. 전체 다섯 건의 계약 규모가 총 7조 원을 넘었습니다. 주식시장에서는 이에 고무돼 헬스케어 주식들이 급등세를 연출했습니다. 다른 제약사들도 라이선스 아웃에 대한 기대감이 붙기만 하면 주가가 상승했습니다.

제네릭 약품(복제약)만 팔던 한국의 제약사들이 신약 개발에서 어떻게 갑자기 이런 성과를 낼 수 있었는지 사람들은 의아해했습니다. 꾸준한 R&D 투자, 강력한 오너십과 권한 이양, 재빠른 기술 이전으로 리스크를 관리하는 전략 등 다양한 이유가 쏟아졌습니다. 혹자는 '황우석 사태'가 불거지기 전 인재들이 바이오 연구·개발에 몰렸고, 당시 유학을 갔던 인재들이 2008년 금융위기 때문에 국내로 돌아와서 국내 제약사에 취직했고, 그들이 낸 성과가 이제야 나오는 거라고 이야기하기도 했습니다. 박세리 선수를 보며 자란 골프 꿈나무들이 세계 대회에서 좋은 성과를 낸 것처럼, 인재가 몰리면 10년쯤 후에는 산업 전체적으로 성과가 나오기 시작한다는 '이론'이 설득력을 얻었던 거죠.

그 주장들이 얼마나 진실인지는 알 수 없습니다. 다만 확실한 '절반의 진실'은 외부에서 찾을 수 있었습니다. 2014년부터 2018년까지 글로벌 제약사들은 대규모 특허 만료에 노출됐습니다. 매년 150억~200억 달러의 매출액을 일으키던 약품들이 특허가 만료될 위기에 처한 겁니다. 신약을 개발하려면 10년 이상의 시간이 걸리는데, 가시적인 성과가 나오지 않자 대형 제약사들은 긴급하게 다른 회사의 파이프라인(개발 중인 약품)을 사들이기 시작했습니다.[10]

2016년 들어서 글로벌 제약사들은 파이프라인을 웬만큼 확보했기에 더는 급하지 않았습니다. 이에 따라 한국 제약사들의 기술수출 건수는 2016년을 정점으로 감소하기 시작했고, 계약금액도 줄었습니다. 심지어 이미 계약됐던 프로젝트가 반환되기도 했습니다. 거래에서는 항상 급한 쪽이 불리한 조건을 걸게 마련입니다. 우리가 어떤 상황인지만 분석해서는 잘해봤자 절반의 진실밖에 볼 수 없습니다.

투자는 성과가 확연히 눈에 드러나는 행위입니다. 어느 시점엔가는 투자자가 돌려받을 수익(또는 손실)을 명시적으로 확인할 수 있게 됩니다. 그러나 '어떤 이유로' 그런 성과가 나왔는지는 매우 불확실합니다. 스토리텔링을 좋아하는 우리 두뇌의 특성상 뭐라도 이유를 갖다 붙이고 싶어 하겠지만요.

바닷가에서 모래 쌓기를 해본 기억이 다들 있을 겁니다. 모래를 한 움큼 쥐고 계속 떨어뜨리다 보면 어느 정도까지는 모래가 산 모양을 만들며 순조롭게 쌓입니다. 그러다가 어느 순간, 한 귀퉁이가 와르르 무너져내립니다. 그 산사태(?)는 특정 모래알 하나가 떨어짐으로써 일어난 것이 분명합니다. 그러나 과연 그 모래알 자체에 대단한 특이성이 있었을까요? 그저 모래성이 무너질 조건이 충족됐을 때 그 위치에 떨어졌을 뿐이지요. 물론 그 모래알이 다른 모래알보다 크다거나 표면이 거칠다거나 하는 '개별 특성과 관련된' 이유가 붕괴의 가능성을 아주 약간 높이기는 했겠습니다만, 그것보다는 특정한 시기에 특정한 위치에 있었다는 점이 훨씬 크게 기여했을 것입니다.

결과를 평가할 때는 신중한 자세를 유지해야 합니다. 결과가 잘 나왔더라도 내가 잘한 게 큰 영향을 미치지 않았을 가능성이 큽니다. 내가 무엇을 잘했는가에만 집착하는 일은, 모래성을 무너뜨린 마지막 모래알만을 유심히 관찰하며 붕괴의 이유를 찾는 일과 같습니다.

마찬가지로, 결과가 나쁘다고 해서 좌절할 필요도 없습니다. 딱히 내가 잘못해서 결과가 나쁘게 나온 게 아닐 가능성이 큽니다(순전히 운이라는 것과는 다른 이야기입니다. 이에 대해서는 11장에서 자세히 다룹니다. 아무 노력도 하지 않고 운에만 기댔다가 나쁜 결과가 나왔다면, 자책을 좀 해야 합니다).

일관성을 지키는 것도 중요합니다. 결과를 평가할 때 외부 요인(내가 통제할 수 없었던 요인)과 내부 요인(내가 통제할 수 있었던 요인)을 함께 봐야 합니다. 결과가 잘 나왔을 때는 '내가 잘해서'라고 하고, 잘못 나왔을 때는 '운이 없어서'라고 평가해서는 안 됩니다. 남 탓을 하려면 잘됐을 때도 남 덕분이라고 하고, 내 덕분이라고 하려면 잘못됐을 때도 내 탓을 해야 합니다.

감정 활용하기

지금까지는 감정을 비합리적인 사고, 회피해야 할 대상으로 간주했습니다. 그렇지만 사실 감정은 의사결정의 핵심 주체입니다. 감정을 배제한 상태로는 아예 의사결정을 할 수 없습니다.

안토니오 다마지오는 감정과 의사결정에 관한 연구에서 최고의 권위자로 꼽힙니다. 《데카르트의 오류》에서 그는 엘리엇이라는 환자의 사례를 소개합니다. 30대의 성실한 비즈니스맨인 엘리엇은 어느 날 전두엽 근처의 작은 종양을 제거하는 수술을 받았습니다. 수술은 성공적으로 끝났고 기억, 언어, 운동 등 두뇌의 활동은 일견 정상으로 보였습니다. 그러나 엘리엇은 수술 후 정상적인 사회생활을 하지 못하고 해고와 이직을 반복하며 두 번의 이혼까지 겪습니다.

전두엽은 의사결정을 완결하는 '이성'에 필요한 부분입니다. 전두엽은 정서 반응을 통합하여 의사결정을 합니다. 정서 반응을 처리하는 전두엽 부위가 손상된 엘리엇은 문서작업에 어떤 색의 볼펜을 쓸지, 어떤 라디오 채널을 들을지, 주차를 어디에 해야 할지 등 아주 사소한 의사결정조차 신중에 신중을 기하다 결국 결정을 하지 못합니다. 직장에서 해고되고 아내와 헤어지고 사업도 실패했지만, 그런 자신의 처지에 고통을 느끼지조차 않았습니다. 자신의 비극적 상황에 대하여 무심한 태도로 담담하게 이야기합니다.

감정을 배제하면 의사결정이 원천적으로 불가능합니다. 감정을 비합리적이라고 한다면, '합리적 의사결정'이란 표현은 그 자체로 모순이 됩니다.

인간의 합리성에 대해 심각하게 고찰하게 되는 사례가 또 있습니다. 신경과학자 마이클 가자니가는 간질 치료를 위해 뇌량(두뇌의 좌우 반구를 잇는 신경다발)을 제거한 환자를 대상으로 몇 가지 실험을 해봤습니다. 환자는 운동이나 지능에 아무 문제가 없었습니다. 그러나 양쪽 뇌가 정보를 공유하지 못했습니다. 환자의 우뇌만 알 수 있게 '걸어보세요'라는 메시지를 주자 환자는 걷기 시작했습니다. "왜 걷고 있나요?"라고 물어보자 "콜라를 마시러 갑니다"라고 대답했습니다. 지시에 따라 걷기 시작한 건데 의외의 답변을 한 겁니다.

자신이 걷고 있는 이유를 좌뇌가 알지 못했다는 건 예측 가능한 결과였습니다. 그러나 걸어야 하는 '합리적인 이유'를 순식간에 만들어냈다는 건 미처 예측하지 못한 결과였습니다. 2장에서 스토리텔링에 집착하는 두뇌에 대해서 말씀드렸지요? 나의 행동이나 감정에 대해서 두뇌가 언제나 합리적인 이유를 만들어내고 있다면, 우리가 스스로 합리적이라고 느끼는 생각이 진정 합리적이지 않을 가능성이 매우 큽니다.

합리적이고 이성적인 사고가 늘 제약당하고 편향에 가득 차 있다면, 오히려 반대로 편향을 이용할 수도 있을 것입니다.

인지과학자 게리 클라인은 '사전부검(premortem)'이라는 사고법을 제시합니다. 사후부검(postmortem)에서 착안한 용어입니다. 어떤 계획을 짤 때 그 계획이 '망했다'라고 가정하고, 시체를 부검하듯 왜 망했을지 이유를 찾아내는 방법입니다. 어떤 계획이 잘될지 아닐지를 그냥 예측하기는 어렵습니다. 보통은 답이 정해져 있고, 확증 편향에 따라 자신이 정해놓은 답을 지지해주는 근거만을 찾아내기 마련입니다. 만약 자신이 프로젝트를 낙관적으로 보고 있는 것 아닌가 하는 우려가 든다면, 일단 '실패했다'라고 상상해봅시다. 그러면 실패한 상황이 머릿속에서 '앵커'로 작용하고, 실패한 상황을 뒷받침하는 근거를 '편향되게' 찾아내게 됩니다.

주변 사람들과 대화를 나누는 것은 나의 실수를 바로잡을 수 있는 아주 좋은 기회입니다. 여기서도 사고의 편향을 활용할 수 있습니다. 대화를 할 때 같은 내용이라도 어떤 형태로 이야기를 꺼내느냐에 따라 다른 반응을 접한 경험이 있을 것입니다. 대화 상대방이 호의를 갖고 있는 어떤 대상과 결부시켜서 이야기를 꺼내거나, 자신감 있고 겸손한 태도로 이야기를 하면 대체로 긍정적인 반응을 보입니다. 반대로 상대방이 싫어하는 대상과 결부 짓거나, 기분이 나쁜 상태에서 이야기를 꺼내거나, 잘난 척하는 등 거부감을 일으키는 태도로 이야기하면 부정적인 반응을 보입니다. 왜 그렇게 반응하는지 물어보면, 자신이 긍정적으로 보는 이유 또는 부정적으로 보는 이유를 끄집어냅니다.

감정은 우리가 피할 수 없는, 연산장치의 아주 중요한 요소입니다. 두뇌의 작동 방식을 잘 이해하면 감정에 휘둘리는 의사결정을 줄일 수 있고, 오히려 감정을 적극적으로 활용해서 편향을 제거할 수도 있습니다.

더 깊이 알고 싶다면

1부에서는 인간이 어쩔 수 없이 빠지게 되는 사고의 함정에 대해서 다뤘습니다. 여기에 대해 더 깊이 알고 싶다면 행동경제학, 뇌과학, 인공지능 관련 책들을 읽어봐야겠지요. 아주 많은 책이 있지만, 몇 권만 추천하자면 다음과 같습니다.

- **《생각에 관한 생각》, 대니얼 카너먼:** 행동경제학의 시초가 된 대니얼 카너먼이 쓴 대중서입니다. 우리의 사고 과정에는 시스템 1과 시스템 2라는 두 가지 방식이 있다고 합니다. 합리적인 의사결정을 위해서는 시스템 2를 사용해야 하지만, 대부분의 경우 시스템 1의 지배를 받습니다. 약간 장황한 느낌이 있지만, 우리의 사고 과정을 탐구하고자 한다면 빼놓을 수 없는 책입니다.

- **《라마찬드란 박사의 두뇌 실험실》, V. S. 라마찬드란:** 잘 알려지지 않은 책인데, 뇌과학에 관심이 많은 사람들 사이에서 평이 매우 좋습니다. '환상사지'라는 증상을 연구하는 것으로부터 시작해서, 우리 두뇌의 작동 과정에 대한 탐구를 거쳐 '자아란 무엇인가'라는 궁극적인 질문에 도달하는 과정이 참으로 흥미롭습니다. 내 몸은 온전히 내 것이 아니고, 나의 사고 과정도 내가 온전히 지배할 수 없다는 사실을 깨달을 수 있습니다.

- **《마음의 탄생》, 레이 커즈와일:** '특이점'이라는 용어를 대중화한 레이 커즈와일의 최근 저서입니다. 마음을 어떻게 인공적으로 설계할 수 있을 것인가와 관련하여 다양한 아이디어를 던져주는데, 그 과정에서 우리 마음이란 어떻게 작동하는가에 대한 다양한 힌트를 얻을 수 있습니다.

- 《사고의 본질》, 더글러스 호프스태터, 에마뉘엘 상데: 사고의 본질은 유추작용이며, 유추와 범주화는 동전의 양면이라고 합니다. 엄밀한 논증보다는 병렬식 사례 제시로 장황하게 논지를 전개하는데, 그 과정 자체로 유추가 사고에서 어떤 역할을 하는지 보여주는 듯하여 흥미롭습니다. 앞에 소개한《마음의 탄생》과 함께 읽으면 매우 좋습니다. 유추·범주화가 곧 레이 커즈와일이 모델링하는 패턴인식기의 촉발 및 역치 설정과 유사합니다(앗, 이 또한 유추네요).

- 《느낌의 진화》, 안토니오 다마지오: 느낌·감정·정서는 보통 이성적인 사고를 방해하는 요소로 간주됩니다. 그러나 진화적으로 항상성이 먼저 출현했으며, 주변 환경을 감지하는 센서와 신경계가 출현한 후 세상에 대한 이미지를 구성할 수 있게 됐고, 두 뇌·몸·신경계의 상호작용이 곧 느낌인지라 인간의 사고 과정과 느낌은 떼려야 뗄 수 없는 관계라고 합니다. 알면 알수록 나의 몸, 나의 사고에서 내가 지배할 수 있는 영역이 생각보다 아주 적음을 깨닫게 됩니다.

- 《바른 마음》, 조너선 하이트: 확증 편향이 우리의 사고를 얼마나 지배하는지 치열하게 분석해가는 책입니다. '답정너'인 친구를 이해해보고 싶다면 꼭 한번 읽어보시길 권합니다. 아니면 '답정너' 친구에게 한번 읽어보라고 추천해주는 것도 좋습니다.

- 《해빗》, 웬디 우드: 앞서 말씀드린 책들이 무거워 보인다면, 이 책도 좋습니다. 가벼운 자기계발서 같아 보이지만 묵직한 메시지를 담고 있습니다. 우리 일상을 움직이는 것은 우리의 의지가 반영된 사고가 아니라, 우리의 습관입니다. 습관을 어떻게 설계하는지에 대한 팁도 얻을 수 있습니다.

- 《이기는 결정》, J. 에드워드 루소, 폴 J. H. 슈메이커: 합리적·분석적 의사결정에 관한 교과서 같은 책입니다. 좋은 의사결정이란 이러이러해야 한다고 상세히 알려줍니다. 약간 병렬식 구성이라 지루할 수는 있는데, 의사결정에 관한 고민이 생길 때마다 한 번씩 꺼내 읽어보면 좋습니다. 이 책의 내용을 비판하는 게리 클라인의《인튜이션》이라는 책도 함께 읽기를 권합니다. 저는 두 책의 주장이 상충한다고 생각하지 않습니다.

- 《맥스 테그마크의 라이프 3.0》, 맥스 테그마크: 인공지능에 대한 관심이 뜨겁습니다.

저자는 물리학자이자 우주론 학자로, 인공지능이 열어갈 미래에 대한 흥미로운 이야기를 들려줍니다. 읽다 보면 인간에 대해서도 다시 생각해보게 되는데요, 여기에 대해서도 다양한 통찰을 던져주는 아주 재미있는 책입니다.

PART 2

질문만 바꿔도
길이 보인다

CHAPTER 4
질문의 재구성

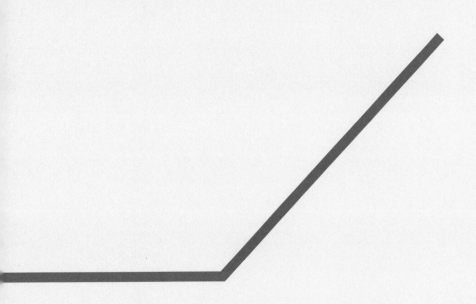

"문제가 무엇입니까?"

── 빌리 빈, 영화 <머니볼> 중

현문현답

좋은 질문을 해야 좋은 대답을 얻을 수 있습니다. 좋지 않은 질문에 좋은 대답을 얻는 경우도 있지만, 우문현답은 그만한 지혜를 갖춘 사람만이 할 수 있죠. 투자는 내가 나에게 질문하고 답을 구하는 과정의 연속입니다. 질문이 잘못되면 답변도 잘못됩니다.

코넬대학교 행동과학과 교수인 J. 에드워드 루소는 합리적 의사결정 과정으로 '결정의 틀 짓기, 정보 수집하기, 결론에 도달하기, 경험으로부터 학습하기'라는 4단계를 제시합니다.[1] 그 첫 단계인 '결정의 틀 짓기'는 생각보다 중요합니다. 의사결정에 대해 훈련받지 않은 사람들은 틀 짓기를 무시하고 바로 정보 수집 단계로 뛰어드는 경우가 많습니다.

결정의 틀을 짓는다는 것은 내가 해결하고자 하는 문제가 어떤 것인지를 파악하는 일입니다. 베넷 밀러 감독의 영화 〈머니볼〉에서 질문의 중요성을 명징하게 보여주는 장면이 나옵니다. 메이저리그 팀 오클랜드 애슬레틱스는 2002년 시즌을 앞두고 팀의 주축인 제이슨 지암비, 자니 데이먼, 제이슨 이스링하우젠이 모조리 빠져나가는 위기를 겪습니다. 특히 메이저리그 최고의 타자 반열에 오른 제이슨 지암비의 빈자리를 어떻게 채울 것인가가 관건입니다.

선수 구성을 고민하는 스카우트팀 회의에서 빌리 빈은 이렇게 묻습니다.

"문제가 무엇입니까?"

팀원들은 이렇게 대답합니다.

"3명의 키 플레이어를 대체하는 일입니다."

"홈런 38개, 타점 120개, 2루타 47개가 필요합니다."

빌리 빈은 '재정이 풍부한 회사와 재정이 부족한 회사가 싸우는 불공평한 게임을 어떻게 극복할 것이냐'가 문제의 핵심이라고 말합니다. 그는 지암비를 대체할 선수는 존재하지도 않고 존재하더라도 데려올 수 없다, 따라서 선수 대 선수를 일대일로 대체하는 것은 불가능하다고 말합니다. 그는 이렇게 주장합니다.

"지암비를 쪼갰다가 다시 합치겠다."

1명의 지암비를 구하는 대신 3명의 선수를 구해 1명의 지암비를 만들자는 구상입니다.

이후 오클랜드 애슬레틱스는 20연승이라는 엄청난 기록을 세웁니다. 빌리 빈의 성공은 세이버메트릭스(sabermetrics, 컴퓨터를 이용한 야구

데이터 분석)라는 통계적 분석 기법을 널리 퍼트리는 데 기여하기도 했습니다. '어떤 선수를 데려와서 지암비를 대체할까?'라는 질문을 고수했다면, 문제는 해결할 수 없었을 것입니다. 질문을 '부족한 재정으로 필요한 스탯(인물의 능력 수준을 가시화한 수치)을 맞추려면 선수를 어떻게 조합해야 하는가?'로 바꿈으로써 엄청난 성공을 거두고 다른 사람들에게도 영감을 주었습니다.[2]

질문을 바꾸는 일은 우리 삶에서도 매우 중요합니다. 예를 들어 '저출산의 대안은 무엇인가?'라고 질문한다면, 출산장려금이나 산후조리 휴가 등에 대해 논의하다가 "요즘 젊은 사람들은 개인주의가 강해서 결혼과 출산에 관심이 없어, 쯧쯧" 하는 무의미한 이야기로 흐르게 마련입니다. 저출산은 통계적으로 여성의 교육 및 사회활동 참여 증가와 높은 상관관계를 보입니다.[3] 무작정 출산율 증가를 강조하는 일은 여성의 인권 침해로 이어질 수 있습니다. 저출산이 문제로 인식되는 이유는 인구 감소로 인한 생산력 저하, 연금 재정 부실 등입니다. 그렇다면 던져야 할 질문은 '저출산을 어떻게 해결할 것인가?'가 아니라, '인구 감소에도 불구하고 생산력을 증가시키려면 생산성을 높여야 하는데, 생산성을 높이는 방법은 무엇인가?' 또는 '연금 재정은 국민의 연금 지출로만 충당해야 하는가? 만약 정부의 화폐 발행을 통해 연금 재정을 부양한다면 어떤 부작용이 있는가?' 등이 될 것입니다.

투자의 세계에서도 마찬가지입니다. 대답할 수 없는 난감한 질문을 주고받다 보면 무의미한 결론으로 이어지고, 무의미한 경험이 무의미한 학습으로 쌓입니다. 대답할 수 있는 질문을 차근차근 던지다 보면,

대답하기 어려웠던 질문에 대해서도 어느 정도 힌트를 얻을 수 있습니다. 단순히 'A 주식의 주가가 오를까?'라는 질문에는 대답하기가 어렵습니다. 이 질문을 '주가는 EPS×PER인데, A 주식의 앞으로 1년간 EPS는 ○% 증가할 전망이다. 그렇다면 이 전망이 실현됐을 경우 PER은 어떻게 될 것인가?'라는 식으로 바꾼다면 좀더 답변하기가 수월합니다.

좋은 질문이란?

문제를 바꾸어보는 기법은 다양한 분야에서 발견할 수 있습니다.

전자공학에서는 라플라스 변환, 푸리에 변환 등을 자주 사용합니다. 이런 변환은 시간 영역(time domain)의 문제를 주파수 영역(frequency domain)의 문제로 바꾸어줍니다. 시간 영역에서 복잡해 보이는 문제도 주파수 영역에서는 쉽게 풀리는 경우가 있습니다. 이처럼 풀기 쉬운 영역에서 문제를 풀고, 그 답을 원래의 영역으로 다시 변환하면 어려운 문제도 잘 풀립니다.

수학에는 '환원'이라는 기법이 있습니다. 두 문제가 동일한 구조라면, 한 문제의 참·거짓을 가름으로써 다른 문제의 참·거짓도 판가름할 수 있다는 개념입니다. 환원은 'P-NP 문제'라는 밀레니엄 문제(수학계의 난제들)를 풀 수 있을 것으로 추측되는 핵심 개념입니다.

철학에서도 환원이라는 기법이 사용되는데, 어떤 높은 단계의 개념을 낮은 단계의 개념으로 세분화해서 보는 방법을 말합니다. 어려운 문제에 직접 답변하기보다는 문제를 좀더 답변하기 쉬운 형태로 바꾸어서 대답을 구하고자 하는 시도는 수학, 철학, 공학에서 전통적으로 사용한 방법입니다.

투자의 세계에서 우리가 던지고자 하는 질문은 무엇일까요? 아마도 '주가가 어떻게 될까?' 또는 '주식투자로 어떻게 돈을 벌 수 있을까?'일 것입니다. 이 질문들은 대답하기 어렵습니다. 근본적으로 복잡적응계에서의 미래 예측에 대한 질문이니까요. 어떤 요소들이 어떻게 상호작용하는지 알기가 어렵고(인과관계의 부족), 그것을 안다고 하더라도 그 요소들이 현재 어떻게 배치되어 있는지 알기가 어렵습니다(정보량의 부족).

그러나 대답할 수 없는 질문을 대답할 수 있는 질문으로 바꾸어서 생각해본다면, 어쩌면 답을 구할 수 있을지도 모릅니다. 또는 답을 구할 수 없다는 사실을 깨닫는 것만으로도 큰 성과가 될 것입니다. 미적분학에서는 초깃값 문제를 풀 때, 해답을 직접 구하기 전에 해의 존재성(existence)과 유일성(uniqueness)을 먼저 구해보는 경우가 있습니다. 답이 존재하지 않는다면 찾을 노력을 하지 않아도 되고, 답이 유일하지 않다면 하나의 답을 찾았다고 해서 문제를 풀었다고 자만하는 우를 범하지 않을 수 있습니다.

투자의 세계로 돌아와 보자면, 대답할 수 있는 질문의 종류가 무엇인지를 먼저 살펴보는 것이 좋겠지요? 우리가 대답할 수 있는 질문은 대략 다음의 주제들입니다.

금융 시스템

돈은 어디서 와서 어디로 갈까요? 주식은 무엇이고 채권은 무엇일까요? 자본시장을 이루는 다양한 요소는 제도에 의해서 유지됩니다. 이런 구조에 관한 질문은 대답이 가능합니다. 예를 들어 '주식을 보유한 사람은 어떤 권리를 가지는가?'라는 질문에는 '주주총회 안건에 대한 투표권, 배당을 받을 권리, 기업 청산 시 잔여재산분배청구권 등이 있다'라고 대답할 수 있습니다. '주식의 가치가 얼마인가?'라는 질문을 하기 전에 '주식에는 가치가 존재하는가?'라는 질문을 던진다면, 위와 같은 대답을 얻을 수 있지요. 금융 시스템을 이해하는 것은 투자자에게 아주 중요합니다. 구조를 이해하지 못한다면 중앙은행의 정책이나 환율 등 다양한 매크로 변수가 내 자산에 어떤 영향을 미치는지, 내가 소유한 자산이 어떤 권리를 보장하는지 알 수 없는 채로 매매를 하는 것입니다. 그야말로 질 수밖에 없는 도박에 나서는 셈입니다.

기업의 활동

우리는 기업의 활동에 대해서 다양한 정보를 얻을 수 있습니다. 예를 들어 넷플릭스는 영화와 드라마 등 영상미디어 스트리밍 서비스의 최강자입니다. 2020년 현재 디즈니 플러스, 애플TV 플러스 등 새로이 진입하는 사업자들과의 경쟁에 노출되어 있습니다. '넷플릭스의 내년 시장 점유율은 얼마나 될 것인가?'라는 질문은 나름의 근거를 들어 대답하기 수월합니다. 막연히 '넷플릭스의 내년 주가는 얼마가 될까?'라는 질문을 던지는 것보다는 영상 스트리밍 서비스 시장의 크기, 시장

점유율, 수익성 등으로 차근차근 나눠서 질문을 던지는 것이 대답을 찾아나가기 편한 방법입니다.

공시정보

증시에 상장된 회사들은 회사와 주식에 관하여 중요하다고 인정되는 특정 종류의 정보를 의무적으로 공시해야 합니다. 연 4회 기업의 실적에 대해서 보고해야 하고, 사업 양수도·증자·주요 주주 현황·수주 건 등 다양한 공시 항목이 있습니다. 특히 분기·반기·연간 보고서와 감사 보고서에는 상당히 많은 항목을 기재하기 때문에, 꽤 많은 정보를 얻을 수 있습니다. 회사의 재무제표는 물론이고요.

기업의 공시 사항에 관한 질문이라면 반드시 답변이 가능합니다. 예를 들어 'A 기업의 영업이익률이 얼마인가? 경쟁사 대비 어떠한가?'는 기업의 상태를 파악하는 아주 기초적인 질문이면서 정답이 존재하는 질문입니다. 이를 조금 응용해서 미래 예측에 관한 질문으로 바꿀 수 있습니다. 'A 기업의 영업이익률은 내년에 어떻게 변할 것인가?'와 같은 질문에는 다음과 같이 답할 수 있습니다. '현재는 감가상각비가 과다하여 경쟁사 대비 3%p 뒤지는데, 5년 전에 투자를 완료한 설비의 감가상각이 올해로 종료되어 내년부터는 경쟁사와 유사한 정도로 영업이익률이 증가할 것으로 보인다.'

이런 형태의 문답은 3장에서 이야기한 반증 가능한 형태입니다. 내년 영업이익률의 전망과 그 근거를 예측한 대답이기 때문에, 내년이 되면 그 답변이 옳은지 그른지가 반드시 검증됩니다. 이 대답이 틀렸다면, '감가상각비는 예상대로 줄었지만 원자재 가격 상승으로 이익률 회복이 상쇄됐다' 등으로 왜 틀렸는지에 대한 이유를 (웬만하면) 찾을 수 있습니다. 그러면 다음에는 원자재 가격에 대한 민감도를 고려해서 미래의 이익률을 예측할 수 있지요. 이런 식의 경험이 쌓일수록 틀릴 가능성이 줄어듭니다.

연구 결과

금융 시스템과 기업의 활동에 관한 자료들을 1차 정보라고 한다면, 그 정보들을 가공한 2차 정보도 있습니다. 이 세상이 어떻게 굴러가는 지, 앞으로 어떻게 굴러갈지에 대해서 다양한 사람들이 자신들의 관점을 공유하고 있습니다. 연구 결과를 공유하는 것을 업으로 삼고 있는 사람들도 있고요. 애널리스트들은 매크로 환경이나 산업, 기업에 대해 수시로 분석 보고서를 제공합니다. 선진국에서는 이 보고서들이 유료 인 데다 상당히 비싼 값에 제공되지만, 다행히도 (아직) 한국에서는 양질의 보고서를 무료로 쉽게 접할 수 있습니다. 애널리스트 보고서 이외에 요즘에는 유튜브나 블로그 등을 통해서도 수준 높은 분석 자료를 접할 수 있습니다.

우리가 사용할 수 있는 연구 결과는 비단 주식시장에만 국한되지 않습니다. 인간의 심리, 과학기술, 역사 등에 대해서도 끝없이 많은 연구가 존재합니다. 이런 연구를 접하면 접할수록 질문을 좀더 구체화할 수 있습니다. 처음에는 '애플의 주가는 얼마가 적정할까?'라고 물었다가도, 고민을 깊이 하다 보면 '애플은 제조업에서 미디어 회사로 변모

하고 있는 것 같은데, 이 과정에서 밸류에이션 프리미엄은 얼마나 확장될 수 있을까? 미디어 회사에 대해서 높은 프리미엄을 부여하는 이유는 무엇인가?' 등으로 질문을 바꿀 수 있습니다.

개인의 상태

앞으로 이 책을 읽으면서 알게 되겠지만, 투자 의사결정은 다분히 개인적인 결정입니다. 누구도 정답을 제시할 수 없습니다. 자신이 책임질 수 있는 대답이냐 아니냐가 중요합니다. 내가 나를 책임지기 위해서는 내가 어떤 상태인지를 알아야 합니다. 나의 여유 자산은 얼마인지, 감당할 수 있는 손실의 폭은 얼마인지, 언제까지 일할 수 있는지, 내년과 내후년 또는 은퇴 전까지 나의 재테크 수익률은 어느 정도이기를 바라는지, 투자에 투입할 시간과 열정은 얼마나 되는지, 투자자로서 다른 사람보다 나는 무엇을 더 잘할 수 있고 어떤 약점을 가지고 있는지 등 자신에게 던져야 할 질문이 매우 많습니다.

'지금이 주식에 투자하기 좋은 때인가?'라는 질문은 대답하기 어렵습니다. '주식에 투자하기 좋은 때'라는 건 원래 없거든요(5장에서 자세히 이야기합니다). 이 질문을 이렇게 바꾸면 대답할 수 있는 질문이 됩니다. "저의 예상 노동 가능 기간과 연봉 상승률, 은퇴 후 필요한 월간 비용을 고려했을 때 재테크를 통한 기대수익률은 6.5%입니다. 그러면 현재 저의 재산에서 주식에 얼마의 비중을 배분해야 할까요?"

지금까지 질문을 잘 던지는 것이 왜 중요한지, 좋은 질문은 어떠해야 하는지에 대해 살펴봤습니다. 좋은 질문은 '대답할 수 있는 질문'이어야 하고, 그 대답은 '틀릴 수 있어야' 합니다.

'대답할 수 있다'와 '정답을 찾을 수 있다'는 다른 이야기입니다. 나쁜 질문을 좋은 질문으로 바꾸는 일은 정답을 구하기 위함이 아닙니다. 스스로 책임질 수 있는 대답을 구하기 위함입니다. 질문을 구축하는 일은 자신에 대한 검증 과정이기도 합니다. 나쁜 질문을 좋은 질문으로 변환하지 못한다는 것은 내가 풀어야 할 문제를 충분히 알지 못한다는 뜻입니다.

그렇다면 언제가 되어야 충분히 안다고 할 수 있을까요? 사실 '충분히 안다'라고 주장할 수 있는 시기는 없습니다. 이로써 '틀릴 수 있는 답변'의 중요성이 다시 한번 드러납니다. 이 장의 서두에서 언급한 의사결정 4단계 중 마지막 단계는 '경험으로부터 학습하기'입니다. 우리는 시행착오를 통해서 학습할 수 있습니다. 나쁜 질문에 나쁜 대답, 즉 '내가 틀렸는지 어떤지 알 수 없는 경험'을 반복한다면 어떤 경험을 하더라도 좋은 학습을 할 수 없습니다.

다음 장부터는 주식시장에서 우리가 어떤 질문을 던지고 어떤 대답을 듣는지, 그 질문과 답변들이 왜 무의미하고 위험한지를 살펴보겠습니다.

CHAPTER 5

늘 하지만
무의미한 질문들

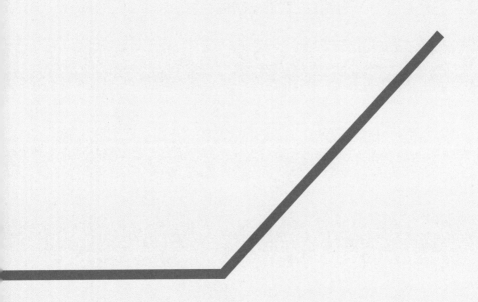

"오랜 세월에 걸쳐 사람들은 언제나 똑같이
시장에 탐욕과 두려움, 무지, 희망의 결과로서
행동하고 대응한다."

— 제시 리버모어

바닥이 어디입니까?

주가가 하락하면 언제나 듣는 질문입니다. 투자를 하면서 자주 듣는 무의미한 질문 중에서도 가장 무의미한 질문입니다. 주가가 상승할 때 항상 나오는 "어디까지 오를 것 같습니까?", "꼭지가 어디입니까?"라는 질문도 마찬가지로 무의미합니다.

바닥 또는 꼭지, 즉 최저점과 최고점은 어떻게 정의할까요? 최저점은 '특정 구간에서 가장 작은 값'입니다. 최고점은 당연히 '특정 구간에서 가장 큰 값'이고요. 반드시 '구간'을 정의해야만 최저점과 최고점을 이야기할 수 있습니다.

예를 들어 코스피가 2,400포인트에서 2,000포인트로 하락했고, "바닥이 어디입니까?"라는 질문에 "1,800포인트입니다"라고 답변했다고 합시다. 이 답변이 맞거나 틀렸음을 어떻게 알 수 있나요? 한 달 후에 1,800포인트까지 하락했다가, 기적같이 그 지점에서 '바닥을 찍고' 2,100포인트로 반등했다고 합시다. 그러면 다들 "아 1,800포인트가 바닥이었구나. 당신이 맞혔네요"라고 하겠지요. 그런데 다시 하락해 한 달 후에 1,700포인트가 됐다면요? 앞서의 답변은 틀린 게 되겠지요.

최고점도 마찬가지입니다. "2,400포인트가 고점입니다"라고 주장했고, 실제로 한 달 후 2,400포인트를 찍고 며칠 동안 하락했다면 그 며칠간은 '맞힌' 게 되겠지요. 하지만 다시 상승해 한 달 후 2,500포인트가 됐다면, 그 주장은 틀린 게 됩니다.

시간은 계속 흘러갑니다. 차후에 벌어질 상황에 따라 얼마든지 틀릴 수 있는 명제라면, 어떤 시점에서도 '맞혔다'라고 주장할 수 없게 됩니다. 저점·고점을 논하기 위해서는 반드시 국소 구간, 즉 시점을 정의해야 합니다. 무작정 "바닥이 어디인가요?"라고 묻기보다는 "앞으로 6개월간 최대한 하락할 수 있는 가격대는 얼마인가요?"라고 물을 때 좀 더 좋은 답변을 얻어낼 수 있습니다.

이 질문을 좀더 파고들어 봅시다. '프랙탈'을 아시는지요?

부분을 확대하더라도 확대하기 전과 유사한 모양이 반복되는 기하학적 구조를 '프랙탈 구조'라고 합니다. 나뭇잎, 강줄기, 번개 등 자연에서는 다양한 프랙탈을 찾아볼 수 있습니다. 프랙탈의 신기한 특징 중 하나로 측정 단위에 따라 표면적이 달라진다는 점이 있습니다.

예를 들어 우리나라 서해안은 리아스식 침강 해안으로 해안선이 복잡합니다. 압록강에서 해남까지의 직선거리는 650킬로미터이지만, 해

〈그림 5-1〉 프랙탈 구조의 예

안선의 실제 거리는 그 7배가 넘는 4,719킬로미터입니다. 여기서 이 야기하는 '실제 거리'라는 것도 산업에서 통용되는 측정자를 기준으로 했을 경우이고, 만약 1센티미터 단위로 촘촘하게 측정해본다면 더 길어질 것입니다.[1]

주가의 변동을 기록한 차트도 프랙탈입니다. 〈그림 5-2〉는 어떤 기업의 주가를 각각 일간, 주간, 30분간 단위로 기록한 차트입니다.

어떤 차트가 일간 차트이고 주간 차트인지 분간할 수 있나요? x축의 수치를 표시해주지 않는 한 우리는 측정자를 파악할 수 없습니다. 어떤 구간의 주가 차트든 그 구간을 다시 잘게 쪼개서 확대해보면 유사한 모양을 찾을 수 있습니다(동일한 모양이 반복된다는 뜻이 아니니 오해 없으시길 바랍니다. 무엇이 확대된 모양이고 무엇이 축소된 모양인지를 구분할 수 없다는 뜻입니다).

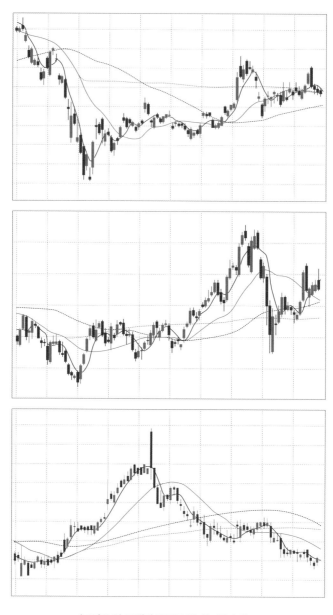

〈그림 5-2〉 프랙탈 구조를 보이는 주가 차트

1년 동안의 차트를 보면 최저점과 최고점은 딱 한 번씩 나타납니다 (당연한 얘기지요). 그런데 그 사이사이에는 아주 많은 저점과 고점이 있습니다. 각각의 달에도 최저점과 최고점이 있고, 하루 사이에도 최저점과 최고점이 있습니다. 한 시간 동안의 주가 변동을 보면, 그 안에도 최저점과 최고점이 있습니다.

투자를 시작할 때는 '내가 이 게임을 어떻게 정의할 것인가?'를 먼저 물어야 합니다. 즉, '얼마의 기간에 유의미한 수익률을 달성하는 것을 목표로 하는가'에 대해 먼저 대답해야 합니다. 인생에서 투자에 나서는 전체 기간을 의미할 수도 있고, 개별 투자 건의 유효기간을 의미할 수도 있습니다. 투자 기간이 1년이라면, 내가 신경 써야 할 주가의 측정자는 대부분의 일간 변동을 무시할 수 있어야 할 것입니다. 반대로 오늘 하루 동안 단기 매매를 통해 수익을 내겠다고 한다면 분 단위, 심지어 초 단위의 주가 변동까지 모두 중요할 것입니다.

다시 말하자면, '나는 어떤 타임라인의 주가 변동을 예측하여 수익을 내고자 하는가' 또는 '내가 맞힐 수 있는 주가 변동의 타임라인은 어떤 단위인가'라는 질문을 던져야 합니다. 기업 실적의 변화와 그에 따른 주가 변동에 베팅하고자 한다면 측정 단위는 최소한 3개월 이상이어야 할 것입니다(실적이 3개월에 한 번 발표되니까요). 어떤 질병의 확산 추이에 따라서 매매를 하고자 한다면 매일매일 발표되는 확진자 수에 초점을 맞춰야 할 테니 측정 단위는 하루 정도로 짧게 잡아야 할 것입니다.

주식시장은 하나의 시장처럼 보이지만, 그 안에는 수많은 게임이 혼

재되어 있습니다. 마치 일반 승용차와 레이싱카가 공공도로에서 함께 달리는 것과 같습니다. 가고자 하는 목적지가 있어서 차를 가지고 도로에 나왔다면, 목적지에 안전하게 도달하는 것이 나의 미션 아닐까요? 목적지로 가는 도중에 레이싱카를 만났다고 해서, 그 차를 추월해야만 목적지에 도달할 수 있는 것은 아닙니다. 오히려 안전한 운전을 위해서는 그 차를 무시하는 것이 좋을 수도 있습니다. 내가 어떤 게임을 하느냐는 내가 스스로 정의해야만 합니다.

• 경기가 안 좋은데 주식투자를 해도 되나요?

경기 전망은 주식 입문자부터 숙련된 기관 투자자까지 모두가 일상적으로 던지는 질문입니다. 저도 경기의 변화에 늘 촉각을 곤두세웁니다. 그러나 경기를 전망하는 것과 포트폴리오를 바꾸는 것은 전혀 다른 이야기입니다. 가치평가의 구루인 어스워스 다모다란은 "거시경제 예측을 기반으로 하는 투자 전략만큼 실적이 나쁜 전략도 찾기 어렵다"라고 평합니다.[2]

사람들은 경기가 좋을 때 주식을 사고 경기가 나쁠 때 주식을 팔아야 한다고 직관적으로 이해합니다. 주식은 기업의 자기자본에 대한 소유권이니, 경기가 좋아야 기업이 돈을 많이 벌고 주가도 올라갈 것이라는 믿음은 일견 타당합니다.

이 믿음이 실제 성과로 이어지기 위해서는 두 가지 가정이 필요합니다. 먼저, 경기를 예측할 수 있어야 합니다. 그리고 경기 변동과 주가 간에 상관관계가 있어야 합니다.

경기를 예측하는 건 매우 까다롭습니다. 미국의 저명한 경제학자 어빙 피셔는 1929년 10월 22일, 〈뉴욕타임스〉와의 인터뷰에서 이렇게 말했습니다.

주가는 영원히 하락하지 않을 새로운 고원에 올랐다.[3]

하지만 이틀 후 주식시장은 붕괴했고 전 세계적인 대공황이 찾아왔습니다.

독일의 응용수학자이자 경영컨설턴트인 군터 뒤크는 《호황 vs 불황》이라는 저서에서 경기 변동의 근본 원인으로 '국부적 영리함'을 꼽습니다.[4] 각 경제 주체는 분위기가 좋을 때 생산과 투자를 늘리고, 분위기가 나쁠 때 비용을 줄이고자 노력합니다. 각 주체가 얻을 수 있는 정보량은 제한적이고, 생산량을 늘리기 위한 의사결정과 실제 생산량 증가까지의 시차가 있기 때문에 모든 경제 주체는 과거의 제한된 정보를 바탕으로 왜곡된 의사결정을 합니다. 즉, 각 경제 주체가 더 영리하게 행동하고자 노력하기 때문에 경기의 변동이 발생한다는 얘기입니다. 각 주체의 의사결정은 다른 주체의 의사결정을 참고로 하기 때문에 복잡한 피드백 루프가 생기고, 예측의 난이도가 높아집니다. 쉽게 말해, 모두가 호황을 전망해서 공장을 크게 지으면 얼마 안 가 공급과잉이 되면서 경기 침체가 온다는 뜻입니다.

호황과 불황은 심지어 체감하기조차 어렵습니다. 우리는 늘 경기에 대해 이야기하지만 그것이 정확히 무엇을 의미하는지는 거의 언급하지 않습니다. 일반적으로 GDP가 6개월 연속 마이너스 성장일 경우 불황에 빠진 것으로 정의합니다. 한국의 경우 1961년 이후 이 정의를 만족하는 경기 불황은 1998년 IMF 사태(1998년 1분기~4분기)와 2008년 글로벌 금융위기(2008년 4분기~2009년 2분기) 때밖에 없습니다(이 글을 쓰고 있는 2020년 또한 코로나19 사태로 인하여 불황에 포함됩니다). 우리가 체감하는 경기는 어떤가요? 경기가 어렵다는 말을 늘 입에 달고 살지 않았나요?

경기와 주가는 그렇게 큰 상관관계를 가지고 있지도 않습니다. 글로벌 금융위기로 전 세계가 심각한 타격을 받았던 2009년에 코스피는 49.7% 상승했습니다. 코로나19 여파로 GDP 역성장이 확실시되는 2020년 2분기에 코스피는 20.2% 상승했습니다. 3월 18일 바닥에서부터 보자면 44.6% 상승했습니다. 반면 2018년에는 반도체 수출액이 감소했을 뿐 GDP가 무난하게 성장을 지속했지만 코스피는 17.3% 하락했습니다(경기와 주가의 상관관계에 대한 실증적인 연구는 켄 피셔와 라라 호프만스의 《주식시장은 어떻게 반복되는가》를 참고하시기 바랍니다).

일본의 저명한 투자자인 우라가미 구니오는 장세를 금융 장세, 실적 장세, 역금융 장세, 역실적 장세라는 네 단계로 분류하고, 이를 '주식시장의 사계절'이라고 불렀습니다.[5] 봄에 해당하는 금융 장세에서는 바닥인 경기를 정부의 의지로 부양합니다. 실적은 나쁜데 주가만 상승합니다. 여름에는 금리가 상승하지만 기업의 실적이 대폭 증가하면서 상승세가 지속됩니다. 가을인 역금융 장세에서는 경기 과열에 따른 금융

긴축이 진행됩니다. 이때 경기 충격이 있을 수 있습니다. 마지막으로 겨울에 해당하는 역실적 장세는 예상치 못하게 태풍처럼 엄습합니다. 금리, 기업 실적, 주가가 동반 하락합니다.

현실이 언제나 이런 사이클에 꼭 맞게 돌아가지는 않습니다. 중요한 시사점은 모델을 설명하는 변수들입니다. 금리는 정책변수입니다. 기업의 실적으로 대변되는 실물경기의 침체와 과열을 조절하기 위하여 정부가 금리라는 수단을 활용해 정책적으로 개입하니까요. 주가는 투자자들의 기대감입니다. 경기가 안 좋을 때 공포감에 자산을 내다 팔기도 하지만, 경기가 안 좋으니 부양책이 나올 거라는 기대감으로 자산을 더 사서 가격을 상승시키기도 합니다. 경기가 좋을 때 주가가 오르기도 하지만, 정책 당국자가 찬물을 끼얹을지도 모른다는 우려로 주가가 하락할 수도 있습니다.

헝가리 출신의 전설적인 투자자 앙드레 코스톨라니는 이를 '돈+심리 = 추세'라고 아주 간명하게 표현합니다.[6] 투자자들의 수중에 돈이 있고 낙관적인 기대를 하고 있으면 강세장이 됩니다. 돈이 있더라도 기대감이 없으면 추세는 부진합니다. 기대감에 주식을 사고 싶어도 수중에 돈이 없으면 역시나 추세가 형성되기 어렵습니다. 강세장이 지속된 후 유동성을 회수하거나 심리가 반전되면 약세장이 찾아옵니다. 실물경기가 아무리 멀쩡하더라도요.

강세장은 불안의 벽을 타고 오릅니다. 실물경기가 꺾였다가 회복되는 시기에는 사람들이 투자에 나서기를 꺼립니다. 이때 위험 추구 성향이 높은 누군가가 먼저 투자에 나섭니다. 위험 회피 성향이 높은 사람들은 '모든 상황이 좋아지면' 사겠다고 합니다. 이 사람들이 투자에 나설 때 어떤 일이 벌어지는지는 2장에서 말씀드렸습니다. '지금이 안전할 때야'라는 믿음이 팽배할 때가 강세장의 마지막입니다.

"경기가 좋아질까요?" 또는 "지금 주식투자를 해도 될까요?"라는 질문은 좋은 대답을 얻기 어렵습니다. 좋은 질문은 "다수의 사람이 경기를 어떻게 전망하고 있나요?", "새로이 투자에 나서는 사람들이 기대하는 연간 수익률은 얼마인가요? 앞으로의 성과를 얼마나 낙관하고 있나요?" 등입니다.

언제 사면 되나요?

다수의 사람이 낙관적으로 기대하면 고점이고, 다수의 사람이 부정적이면 저점일까요? 아닙니다. 100명 중 51명이 낙관적으로 전망한다고 해서 내일부터 주가가 하락한다는 증거가 되지는 않습니다. 100명 중 100명이 낙관적으로 변해야만 주가가 하락하는 것도 아닙니다. 낙관론자와 비관론자의 비율을 계산해봤자 단기적인 예측에 전혀 도움이 안 됩니다.

낙관론자가 많아졌다고 서둘러 주식을 팔고 나온 사람은 '달리는 말에서 뛰어내리지 마라'라는 격언을 되새기며 후회하게 될 수 있습니다. 비관론자가 많아졌으니 바닥이라고 판단하여 투자에 나선 사람 역시 '바닥 아래 지하실이 있더라'라는 격언을 몸소 체험하며 고통스러

위할 수 있습니다.

이 모든 행동 패턴은 '마켓 타이밍'을 추구하기 때문에 일어납니다. 마켓 타이밍이란 시장의 미세한 변곡점을 파악하여 짧게 치고 빠지기를 반복함으로써 돈을 벌고자 하는 기법을 의미합니다. 주가가 1년간 5% 상승했다고 하더라도, 그 안에는 수많은 변곡점이 있습니다. 그 변곡점을 잘 파악해서 성공적으로 매매한다면 5%보다 훨씬 많은 수익을 거둘 수 있습니다.

하지만 아쉽게도, 마켓 타이밍을 추구하는 전략은 초과수익을 내기가 불가능하다는 주장이 지배적입니다. 저는 불가능하다고까지 주장하지는 않겠습니다. 누군가는 마켓 타이밍에 성공하는 비법을 체득했을 수 있으니까요. 그 누군가가 제가 아니라는 점은 확실히 말씀드릴 수 있습니다. 그 비법을 알게 되면 저에게도 좀 알려주시면 대단히 감사하겠습니다.

마켓 타이밍을 추구할 수 없다면 매수·매도의 판단을 어떻게 해야 할까요? 질문을 이렇게 바꾸어볼 수 있습니다.

- 현재의 가격대는 얼마나 편안한가?
- 현 가격대에서 3년간 보유할 경우 연평균 기대수익률은 얼마인가?
- 만약 상승한다면 얼마나 상승할 수 있고, 하락한다면 얼마나 하락할 수 있는가?

사람들은 가격의 높낮이 수준보다는 최근의 변동에 주목하는 경향이 있습니다. 그게 더 직관적이고 눈에 띄니까 어쩔 수 없겠지요. 그러나 단기적인 가격 변동을 좌우하는 요소가 너무나 많기 때문에 단기 변동의 이유를 일일이 파악하고 예측하려는 시도는 '지는 게임'이 되기 십상입니다.

저는 가격의 높낮이를 '편안함의 정도'로 표현합니다. '편안한 가격대'는 '바닥에 근접한 가격대'와는 다릅니다. 워런 버핏의 스승인 벤저민 그레이엄은 《현명한 투자자》에서 다음과 같이 말합니다.

> **투자자와 투기꾼의 가장 뚜렷한 차이는 주가 흐름을 대하는 태도이다. 투기꾼의 최대 관심사는 주가 흐름을 예측해서 이익을 얻는 것이다. 투자자의 최대 관심사는 적정 주식을 적정 가격에 매수해서 보유하는 것이다. 투자자가 주가 흐름을 중시하는 이유는 주가가 낮으면 주식을 매수하고 주가가 높으면 매수를 보류하거나 매도하려는 목적이다.[7]**

적정 주식을 적정 가격에 매수해서 보유한다는 건 무슨 뜻일까요? 투자자라면 자산을 매도해서 수익을 거두어야 투자 행위가 종료되는 것 아닐까요?

주식은 기업의 자기자본에 대한 소유권입니다. 주식을 꾸준히 보유하면서 얻을 수 있는 가치는 기업이 주주에게 돌려주는 현금흐름이 그 원천이 됩니다. 기업이 주주에게 돌려줄 현금흐름의 기반은 기업이 지금까지 회사에 쌓아둔 자기자본과 앞으로 벌어들일 순이익입니다.

PER은 시가총액을 순이익으로 나눈 값입니다. 여기서 분자와 분모를 뒤집은 값(역수)을 이익수익률(earnings yield)이라 부릅니다. PER이 10이면 이익수익률은 10%가 되지요. 내가 이 기업을 완전히 소유하고 있다고 했을 때, 100이라는 자기자본을 투입해서 10만큼의 순이익을 거두고 있다는 뜻입니다. 그렇다면 이 값을 다른 투자 대상과 비교할 수 있겠지요. 예를 들어 채권이 3%의 이자를 준다면, 채권보다 3배가 넘는 수익을 거두는 셈입니다. 사업의 불확실성이라는 리스크를 감당한 대가로 얻는 프리미엄이지요(복잡하니까 세금 이야기는 생략합시다).

주가가 마구마구 올라서 PER이 30이 됐다면 이익수익률(주식 한 주당 이익을 주가로 나눈 값)은 3.3%입니다. 채권 이자율이 3%라면, 내가 짊어진 리스크에 비해서 그다지 매력적인 값이 아닙니다. 이런 상태가 바로 '불편한 가격대'입니다. 그런데 만약 금리가 쭉 하락해서 1%가 됐다면, 앞서의 사례와 유사하게 3.3%의 이익수익률도 꽤 매력적인 상황입니다. 그러면 편안한 가격대가 될 수도 있지요.

따라서 편안함의 척도는 일단 다른 자산군에서 얻을 수 있는 기대수익률에 주식이라는 '위험한 자산'에 투자함으로써 감내해야 할 '프리미엄'이 적정한가입니다. 이 수치를 주식의 향후 기대수익률이라고 부를 수도 있습니다.

문제는 단일한 값을 척도로 편안함을 결정해서는 안 된다는 점입니다. 미래는 언제나 불확실하기 때문이죠. 사람들이 더욱 낙관적으로 바뀌어서 기대수익률(각각의 투자에 따라 실제로 실현될 것으로 기대되는 수익률의 평균)을 떨어뜨린다면(즉, 가격을 상승시킨다면) 기대수익률이 어느 정도까지 낮아지는 것을 합리적으로 감당할 수 있겠느냐는 질문을 던져봐야 합니다. 내가 생각하는 리스크 프리미엄은 5% 정도면 충분한데 현재 시장에서 10% 정도의 프리미엄을 부여하고 있다면, 주가가 한참 더 올라도 굳이 팔 이유가 없는 거죠.

반대로 사람들이 비관적으로 바뀌어서 가격을 떨어뜨린다면 어디까지 떨어뜨릴 수 있을 것인가라는 질문도 해봐야 합니다. 가격이 내려가는 것은 기대수익률을 상승시킨다, 즉 리스크 프리미엄을 높인다는 뜻입니다. 내가 생각하는 리스크 프리미엄이 5%인데 현재의 프리미엄이 3%라면, 주가가 한참 더 하락해서 5%가 되더라도 저는 만족스럽지 않습니다.

이렇게 상승과 하락 두 방향을 모두 고려해봤을 때, 잠재적인 하락폭보다 잠재적인 상승폭이 더 크다면 비로소 진정으로 '편안한 가격대'라고 판단할 수 있습니다. '편안한 가격에 도달했다'란 '바닥에 가까운 가격이다' 또는 '곧 반등이 임박했다'라는 뜻이 아닙니다. '하락 잠재력 대비 상승 잠재력이 더 크고, 여기서 더 하락하더라도 내가 충분히 감내할 수 있다'라는 뜻입니다.

노파심에 말씀드리자면, PER이 낮을수록 무조건 좋다거나 주가 하락은 바겐 세일이니 무작정 매수 기회로 삼아야 한다는 뜻이 아닙니다. 여기에 대해서는 6장에서 '내재가치'를 다루면서 좀더 자세히 이야기하겠습니다. 이 장에서는 '마켓 타이밍을 배제하더라도 투자 의사결정이 가능하고, 웬만하면 그래야 한다' 정도만 이해하시면 되겠습니다.

시장이 어떻게 될 것 같나요?

투자자들은 거의 매일같이 전체 장세를 어떻게 전망하는지 서로에게 물어봅니다. 늘 틀리는데도 물어보기를 반복합니다. 전체 장세를 계속 묻는 이유는 '장세가 좋아야 개별 주식도 좋다'라고 가정하기 때문입니다. 즉 장세가 좋아야만 내가 주식투자로 돈을 벌기가 쉽고, 장세가 나쁠 때는 피해 있어야 한다고 전제하는 것입니다.

경기를 예측하는 건 거의 불가능하다고 앞서 말씀드렸습니다. 장세 예측은 어떻게 보면 '남들이 경기를 어떻게 예측할지를 예측'하려는 시도입니다. 경기 예측이 불가능하니 장세 예측도 당연히 불가능하겠지요.

그럼 아무것도 예측할 수 없으니 아무것도 할 수 없다는 말인가요? 미래에 대한 다양한 시나리오는 쓸 수 있습니다. 그리고 써야만 합니다.

3장에서 심리적 편향을 역으로 활용하는 방법으로, 답을 정해놓고 질문해볼 수 있다고 말씀드렸습니다. 시장이 오를지 내릴지는 모릅니다. 그렇다면 역으로, 시장이 일단 하락했다고 가정하고 왜 하락했는지를 물어봅시다. 다음으로는 시장이 일단 상승했다고 가정하고 왜 상승했는지를 물어봅시다. 딱히 대답이 떠오르지 않나요? 그럼 아직 경험이 부족한 것입니다. 한쪽으로만 대답이 떠오르나요? 그럼 편향된 생각을 갖고 계신 겁니다.

다양한 시나리오를 만들고 가능한 높낮이를 판단하는 방법은 8장에서 상세히 다룹니다. 여기서는 시장 전망에 대한 이야기를 하는 중이니, 굳이 전체 시장을 전망하지 않아도 투자를 할 수 있다는 이야기를 좀더 해보고자 합니다.

전체 시장과 개별 주식은 어떤 관계일까요?

장세란 일반적으로 '시장을 대표하는 주가지수의 향방'을 의미합니다. 주가지수는 그 정의상, 그리고 계산 공식상 '개별 주식의 움직임의 합'입니다. 장세가 좋아서 개별 주식이 상승하는 게 아니라, 개별 주식이 많이 올라서 장세가 좋은 것입니다. 내가 고른 주식이 잘되기만 한다면 전체 장세가 무슨 상관인가요? 물론 전체적으로 투자자들의 심리가 우울할 때 내가 가지고 있는 멀쩡한 주식의 가격도 함께 하락하는 일은 비일비재합니다. 그러나 시간이 지나면 전체 장세의 영향은 사라지고 개별 주식 고유의 움직임만 남습니다.

주식시장은 복잡계입니다. 복잡계는 창발, 자기 조직화, 자기 조정, 경로 의존성 등의 특성을 보입니다. 집단의 어떤 특성이 구성 요소의 개별적인 특성이나 움직임으로는 설명할 수 없는 현상을 '창발'이라고 합니다. 예를 들어 흰개미 한 마리 한 마리는 집을 지을 만한 지능이 없지만, 다른 개미들과의 상호작용을 통해 거대한 탑을 세웁니다. 인간 사회는 창발 현상을 보여주는 대표적인 곳입니다. 각 개인을 아무리 연구해도 사회 전체의 움직임에 대해서 설명할 수 없는 경우가 많습니다. 사회과학의 창시자인 에밀 뒤르켐은 "사회적 사실은 개인의 외부에 존재하는 실체다"라고 했습니다.[8]

각 투자자는 다른 투자자 또는 거시경제 현상과 상호작용하면서 새로운 차원의 움직임을 만들어냅니다. 복잡계에서 전체의 특성을 개인의 합으로 환원할 수 없다는 것은, 역으로 전체의 움직임과 무관한 개별적 움직임이 존재한다는 뜻입니다. 각 투자자의 성과는 전체의 성과와 전혀 다를 수 있습니다.

전체 시장을 전망하고, 유망한 산업군을 선택하고, 그 산업군 내에서 가장 좋아 보이는 주식을 골라내는 방식을 '탑-다운' 접근법이라고 합니다. 예를 들면 다음과 같은 식이죠.

① 시장이 강세를 보일 것 같으니 주식 비중을 늘려야겠다.
② 인터넷 산업이 전체 시장보다 빠르게 성장할 것 같다.
③ 인터넷 산업 내에서 네이버나 카카오, 아프리카TV 중 가장 매력적인 주식을 고르자.

탑-다운 접근법은 전체 시장과 상관없이 장기적으로 큰 폭의 상승을 보이는 종목을 놓치기 십상입니다. 장세는 단기적으로 언제나 흔들립니다. 앞서 프랙탈에 대해서 말씀드렸는데요. 장세도 관점에 따라 누군가는 강세장으로, 누군가는 약세장으로 볼 수 있습니다. 2011년 7월을 보자면, 당시에는 뼈아픈 약세장이었습니다. 그런데 지나고 나서 보니 2011년 전체는 무난한 횡보장이었습니다. 2017년까지로 범위를 확대해보면 심지어 강세장의 일부였지요. 2020년까지로 보면 2011년 7월은 10년짜리 박스권 장세의 눈에 띄지 않는 아주 작은 일부분이었을 뿐입니다.

그 기간에 큰 폭의 상승을 보인 주식이 매우 많습니다. 주식은 기본적으로, 투자의 타임라인을 길게 가져갈수록 유리한 게임입니다(여기에 대해서는 6장의 '장기투자' 항목에서 자세히 이야기합니다). 장세에 신경 쓰면서 잦은 매매를 반복하다 보면 개별 종목의 큰 흐름을 놓칩니다.

한국 주식시장은 상당히 역동적인 곳입니다. 업종이 고르게 분포되어 있고, 그 안에서 기업들의 순위도 극적으로 바뀝니다. 2020년의 코로나19 사태만 보더라도, 마스크와 진단키트 둘 다를 자국 공장에서 생산하면서 수출까지 대응할 수 있었던 나라는 한국이 거의 유일했습니다. 전체 시장은 늘 제자리걸음인 듯 재미없어 보여도, 각 기업은 생존과 번영을 위해 치열하게 고민하고 있습니다. 그럼으로써 투자자들에게 아주 많은 기회를 선사하지요.

탑-다운의 반대 접근법은 '바텀-업'입니다. 전체 장세는 무의미한 흐름일 뿐이니, 좋은 주식 몇 개를 잘 고르면 결국 시장과 상관없이 좋은 성과를 낼 수 있다는 전제에서 출발합니다.

바텀-업 접근법은 여러 투자 대가가 강조하는 방법입니다. 워런 버핏이나 필립 피셔는 소수 종목 집중 투자로 유명합니다. 피터 린치는 수천 개의 종목을 포트폴리오에 담아두지만, 역시나 바텀-업 접근법의 대가입니다. 마젤란 펀드를 운용한 14년 동안 전 세계 펀드매니저 중에서 가장 높은 수익률을 올렸습니다. 그는 《월가의 영웅》에서 이렇게 말합니다.

장세에 무심할 수 있어야 한다. 이 한 가지만 납득할 수 있다면 이 책을 다 읽은 것과 같다.[9]

장세에 대한 질문은 수익률에 전혀 도움이 되지 않습니다. 최소한 저에게는 그랬습니다. 도움이 되는 질문은 바로 이것입니다. '시장의 변동을 이기고 좋은 수익을 거둘 수 있는 주식을 어떻게 골라낼 것인가?'

무엇을 사면 되나요?

투자자들이 결국 도달하는 질문 또는 입문하자마자 던지는 질문은 "그래서 뭘 사면 되는데?"입니다. 애석하게도 이 또한 무의미한 질문입니다.

타인이 추천해준 종목을 그냥 사봤자 결국 나쁘게 끝납니다. 물론 추천 종목을 사서 주가가 오를 수는 있습니다. 문제는 그다음입니다. 언제, 어떤 기준으로 팔아야 하는지를 모르는 거죠.

10% 오른 다음에 기분 좋게 팔았다고 합시다. 그다음은요? 다시는 이 시장에 발을 들이지 않는다면 모르겠지만, 보통은 그렇지 않죠. 일단 그 종목의 추이를 계속 지켜봅니다. 더 오르면 어떻게 되나요? '아, 팔지 말 걸!' 하는 생각이 듭니다. 내가 판 이후에 주가가 더 올랐다고 해서 내가 손해 본 건 없지만, 왠지 손해 본 느낌입니다. 그래서 다시 주식을 사고, 주가가 하락합니다. 그럼 또 기분이 나쁘지요. 이제 우왕좌왕하는 시간이 시작됩니다. 그러나 아무 결정도 내릴 수 없습니다. **애초에 아는 게 없었으니까요.** 그냥 추천받은 종목 이름 하나 덜렁 들고 시장에 뛰어들었으니, 무슨 결정 근거가 있겠습니까.

추천 종목을 사서 주가가 올라도 이럴진대, 내려가면 어떻게 될까요? 무언가 일이 잘못되어가는 것 같습니다. 추천해준 사람에게 가서 물어봅니다. "야 이거 왜 이래?" 돌아오는 대답은 뻔합니다. "나도 몰라." 그것도 모르면서 주식을 추천했다고? 화가 납니다. 아니면 이렇게 말할 수도 있죠. "괜찮아, 좀더 기다려봐." 그 말을 듣고 좀더 기다립니다. 그런데 주가가 더 내려가 다시 물으면? "나도 몰라" 또는 "괜찮아, 좀더 기다려봐"라고 합니다. 무한반복이지요. 기다렸더니 주가가 올라서 이익이 났습니다! 그럼 어떻게 되나요? 바로 앞 문단으로 돌아갑니다.

더 슬픈 건 이런 경우죠. "야, 그거 아직도 들고 있었냐?" 아…, 때리고 싶습니다. 근데 물어본 건 저니까 어쩔 수 없죠.

위 모든 경로를 다 피해서, 수익을 내고 잘 팔고 나왔다고 합시다. 그럼 무슨 일이 생기나요? "다음 종목 알려줘." 그리고 다시 반복됩니다.

타인이 추천하는 대로 매수·매도를 반복해서 잠깐 돈을 벌 수는 있습니다. 그러나 그 수익이 왜 생겼는지 알 수 있나요? 이걸 실력이라고 할 수 있나요? 물론 아무리 노력해도 운의 작용을 피해 갈 순 없습니다. 그러나 운이 작용하는 시스템과 운'만' 작용하는 시스템은 다릅니다. 타인의 추천에 의존하는 매매는 운만 작용하는 게임을 하는 것입니다.

저는 종목 추천을 하지 않습니다. 우선 법적인 문제가 있습니다. 기관 투자자가 특정 종목에 대한 선호를 언급할 경우, 그 발언 자체로 시장에 영향력을 미칠 수 있기 때문에 문제가 될 수 있습니다.

법적인 문제를 떠나서도 저는 종목 추천을 하지 않습니다. 그 이유는 쉽게 말해 'A/S가 안 되기 때문'입니다. 오늘 저의 의사결정은 오늘까지 취득한 정보와 원칙에 국한된 결론입니다. 내일 새로운 정보를 취득하거나 의사결정 원칙이 바뀌면, 그 결론도 얼마든지 바뀔 수 있습니다. 오늘 산 주식을 내일 바로 팔아버릴 수도 있는데, 그 주식을 오늘 남에게 추천했다면 어떻게 될까요?

　주가가 미래에 어떤 경로로 흘러갈지는 아무도 모릅니다. 제가 경험이 쌓인 투자자로서 할 수 있는 일은 대략의 확률적인 경로를 추론하고, 추론이 틀린 것으로 드러났을 때 어떻게 대응할지 등을 종합한 그때그때의 의사결정입니다. 그 의사결정 과정을 타인에게 그대로 복제해줄 수 없는 이상, 결과로서의 종목 추천은 완전히 무의미합니다.

　훌륭한 요리사 친구의 집에 놀러 가서 저녁을 대접받았다고 합시다. 나도 이렇게 맛있는 요리를 하고 싶은 생각이 들었다면 어떻게 해야 할까요? "무슨 재료 썼어?"라는 질문으로 충분할까요? 재료를 어떻게 다듬고, 어떤 순서로 어떻게 조리해서, 어떤 리듬으로 차려내야 최적의 맛을 낼 수 있는지에 대한 노하우가 필요하지 않을까요? 음식을 먹을 사람이 어떤 취향이고 현재 어떤 상태인지도 중요하지 않을까요? 종목 추천만 듣고 돈을 벌 수 있다는 생각은, 좋은 재료만 있으면 좋은 요리를 만들 수 있다는 발상과 같습니다.

　다른 비유를 들어볼까요? 제가 이제 막 복싱을 시작했는데, 코치를 찾아가서 대뜸 이렇게 묻습니다. "제가 내일 당장 시합을 하고 싶은데요. 스트레이트와 어퍼컷 중 무엇을 쓰면 이길 수 있을까요?" 제가 그

동안 어떤 훈련을 해왔고, 체력이나 기술의 장단점이 무엇인지, 내일 대전할 상대가 누구인지도 알려주지 않은 채 이렇게 물어보면 코치는 무슨 대답을 할 수 있을까요?

물론 모든 준비가 된 상태로 링에 올라가는 일은 불가능합니다. 우리는 언제나 불완전합니다. 그리고 링에 올라가서 얻어터지는 경험을 해봐야만 자신의 부족함을 깨닫고 발전할 수 있기도 합니다. 중요한 건, 아주 조금이라도 나의 언어로 내가 무엇을 하고자 하는지 표현할 수 있어야 한다는 것입니다. 단 한 줄이라도, 내일 어떤 매매를 하고자 할 때 왜 이 매매를 하는지 적을 수 있어야 합니다. 애초에 아무 생각이 없다면, 내일 어떤 일이 일어나더라도 내 생각은 발전할 수 없습니다.

서로에게 종목 추천을 요구하지 말고 추천하지도 말라는 뜻이 아닙니다. 서로의 아이디어를 교환하고 다듬어나가는 일은 적극적으로 해야 합니다. 혼자만의 생각으로 이 시장에서 살아남을 수는 없습니다. 가격이란 결국 남들이 만들어나가는 것이니까요. 요리나 복싱과의 차이점도 여기에 있습니다. 내가 아무리 맛있는 요리를 만들어도 남들이 '맛없다'라고 평가해버리면 맛없는 요리가 되는 곳이 자본시장입니다. 내가 1라운드에 상대방을 KO시켜도, 남들이 '당신이 졌어'라고 판단하면 판정패가 되는 곳이 자본시장입니다.

나만의 생각이 있어야만 타인의 생각을 듣고 나의 것에 합칠 수 있습니다. 나의 생각이 없다면 타인의 생각은 그저 스쳐 지나가는 바람 소리일 뿐입니다.

언제 팔아야 하나요?

흔히들 '사는 것보다 파는 게 더 어렵다'라고 합니다. 저는 이 말을 들을 때마다 약간 위화감을 느낍니다. 매수와 매도는 동전의 양면입니다. 매수를 잘했다는 것은 매도를 잘하고 나서야 결정됩니다. '잘 팔기' 전까지는 '잘 샀다'라는 표현이 성립할 수 없습니다.

일견 이해는 됩니다. 살 때는 쉽게 샀는데, 그다음에는 어떻게 해야 할지 모르는 거죠. 주가가 올랐는데, 팔까 말까 고민하다가 주가가 내렸습니다. '아, 어제 팔 걸!' 하는 생각이 듭니다. 또는 '이 정도면 됐어!' 하고 팔았는데 주가가 급등해버립니다. 아아….

인간은 '행동의 후회'를 '비행동의 후회'보다 더 강하게 느낍니다. 무언가를 했는데 잘못됐을 때의 자책감이, 아무것도 안 했는데 잘못됐을 때의 자책감보다 더 크다는 뜻입니다. 무언가를 하기 위해서는 에너지를 투입해야 하고, 에너지를 투입했으니 더 많은 리스크를 짊어진 셈이 됩니다. 더 큰 리스크를 짊어졌으니 더 큰 보상을 바라기 마련이므로, 결과가 잘못 나오면 더 큰 상처를 입지요.

주식을 사고 나면 주가의 오르내림을 보면서 흥분하고, 뭐라도 하고 싶어집니다. 오르면 오르는 대로 '팔아야 하나?' 고민이 되고, 내려가면 내려가는 대로 '지금이라도 팔아야 하나? 버틸까? 더 사야 하나?' 고민을 합니다. 어차피 주가는 못 맞히는지라, 행동에 나서면 나설수록 후회할 일만 많아집니다. 그러면서 '손절을 철저히 하라', '물타기를 하지 마라', '목표수익에 도달했으면 미련 없이 매도하라' 같은 격언을 가슴에 새깁니다. 그러나 흥미롭게도 시장에는 정반대의 의미를 가지는 격언이 많습니다. '가격의 하락은 바겐세일일 뿐이다', '주가가 30% 하락했을 때 편안하게 매수에 나설 수 없다면, 애초에 주식을 사면 안 된다', '달리는 말에서 뛰어내리면 안 된다' 등 있어 보이는 말인데 앞에서의 격언과는 전혀 반대되는 이야기를 합니다(6장에서 주식시장의 격언에 대해 자세히 다룹니다).

도대체 어쩌라는 건가요? 주가가 올랐을 때 미련 없이 파는 게 맞나요, 계속 버텨야 하나요? 계속 버틴다면 결국 언제 팔아야 하는 건가요? 주가가 하락하면 과감하게 손절을 해야 하나요, 목표 가격에 도달할 때까지 기다려야 하나요? '존버'는 승리하나요? 물타기는 패망의 지름길인가요, 자신감의 표현인가요?

전부, 전부, 전부 무의미한 질문입니다. 여기에 대답하고자 하는 단편적인 격언들 또한 무의미하긴 마찬가지고요.

주식을 팔까 말까 고민할 때 우리가 던져야 할 질문은 단 하나입니다. '아이디어가 소진됐는가?'

주식을 살 때 내가 산 이유가 있었을 것입니다. 예를 들어 미국 대선을 보면서 특정 후보가 당선되리라 기대하고 그 수혜주를 샀을 수도 있죠. 어떤 게임사에서 석 달 후에 신작이 출시될 것으로 기대하고 게임주를 샀을 수도 있고요. 그렇다면 그에 따른 세부 시나리오가 있었을 것입니다(그래야만 합니다).

- 아이디어 1: 트럼프가 당선될 것이다. → 트럼프는 인프라 투자

를 공약으로 걸고 있다. → 인프라 관련주가 상승할 것이다. → 인프라 주식을 사자.

이런 아이디어였다면, 트럼프가 당선됐건 반대 후보가 당선됐건 대선이 끝남과 함께 아이디어는 소진됐습니다. '트럼프가 당선될 것이다'에서 출발하는 아이디어는 이제 끝난 거죠. 과거의 일이니까요.

- 아이디어 2: 8월에 새 게임이 출시될 것이다. → 초기 일주일간 일일 매출액이 3억 원을 넘어갈 것이다. → 지금 시장의 기대감은 일일 매출액 1억 원 정도다. 3억 원이 되면 주가가 상승할 것이다. → 사자.

이런 아이디어로 게임주를 샀습니다. 8월이 됐습니다. 신작이 출시된 후 일일 매출액이 3억 원이 될 수도 있고, 그 이상 또는 미만이 될 수도 있습니다. 어쨌거나 결과는 나왔습니다. 일일 매출액이 3억 원이 되고 주가가 올랐으면 팔아야지요. 일일 매출액이 5,000만 원이 되고 주가가 하락했으면 그래도 팔아야지요. 아이디어가 끝났으니까요.

새로운 상황에서 새로운 아이디어가 계속 생겨난다면 어떻게 할까요? 예를 들어, 8월 예정이던 게임 출시일이 11월로 미뤄졌습니다. 일단 초기 투자 아이디어는 깨졌습니다. 그럼 이 시점에 다시 생각해볼 수 있죠. '11월에는 경쟁사의 게임이 출시된다. → 그쪽이 더 인기가 많기 때문에 이 회사는 8월에 출시했어야만 했다'라면 군이 더 들고 있을 필요가 없죠. '출시를 연기한 이유는 완성도를 높이기 위해서다. → 이 게임을 경쟁사들도 두려워하기 때문에 11월 출시 예정이던 다른 게임들이 일정을 늦출 것이다. → 수익 전망은 변하지 않았다. 오히려 완성도를 높일 것이기 때문에 매출 추정이 더 높아질 수도 있다. 그리고 12월 크리스마스 시즌을 노리는 게 8월보다 더 낫다'라고 한다면 지금 시점에도 여전히 이 주식을 매력적으로 볼 수 있을 것이고, 계속 보유하거나 오히려 더 살 수도 있습니다.

'아이디어가 소진됐는가?'라는 질문이 어렵게 느껴진다면, 3장에서 말씀드린 것처럼 이렇게 질문할 수도 있습니다. '현재 이 금액을 100% 현금으로 보유하고 있다면, 이 주식을 얼마나 사겠는가?'

이 질문에 '얼마만큼 사겠다'라는 대답이 선뜻 나오지 않는다면, 팔아야 합니다. 아이디어가 없는 것입니다. 소진되어서 사라졌거나, 원래부터 없었거나요. 이 질문에 '10% 정도는 충분히 살 수 있다'라는 대답이 나온다면, 그 비율과 현재 실제로 가지고 있는 비율을 비교해보면 됩니다. 원래 5% 비중으로 가지고 있었다면 5%p를 추가로 삽니다. 20%를 보유하고 있는데 지금은 10%라는 대답이 나왔다면 절반을 팔아야지요.

리밸런싱, 즉 적정 투자 비율에 대한 새로운 의사결정을 하는 데 과거 매수 가격 이후 주가가 올랐느냐 내렸느냐는 거의 중요하지 않습니다. 아이디어가 소진됐는가, 아닌가만이 중요한 기준입니다. 그러나 다른 사람들은 내 의사결정의 결과만을 볼 뿐이지요.

아이디어가 소진되어서 주식을 팔았는데, 손해를 본 상태에서 팔았으면 나는 '손절 원칙을 엄격히 지키는 사람'이 됩니다. 이익을 본 상태에서 팔았으면 '익절을 철저히 하는 사람'이 됩니다.

원점에서 다시 고민해봤더니 과거보다 더 매력적이라 주식을 더 샀는데, 그때 과거 매수 시점보다 주가가 하락해 있는 상태였다면 나는 '저가에 추가 매수를 하는 물타기 전문가'가 됩니다. 주가가 오른 상태에서 그 결정을 했다면 나는 '달리는 말에 올라타는 추세 추종자'가 됩니다.

다른 사람들은 내 머릿속을 보려고 하지 않습니다. 그저 현상만을 보고 일반론을 추측하려 할 뿐이지요. 그런 관찰에서 나온 격언은 아무짝에도 쓸모가 없습니다.

다만 분할 매수와 분할 매도는 꽤 유익합니다. 목표 비중이 10%일 때, 3%가량씩 세 번에 걸쳐서 비중을 채워나가는 식의 매매를 하면, 마음이 편안해집니다. 단기적인 주가 변화는 예측하기가 지극히 어려운데, 매수 시점을 분산하면 "어제 하루 만에 비중을 다 채웠는데 오늘 주가가 급락했어" 하는 상황을 막을 수 있습니다.

매도할 때도 마찬가지입니다. 앞으로 이 주식을 아예 쳐다도 보지 않을 생각이 아니라면, 한 번에 다 팔지 말고 야금야금 파는 게 신상에 이롭습니다. 앞서 언급한 행동의 후회와 비행동의 후회 사이 어딘가에 위치할 수 있으니까요. 저는 마음이 흔들릴 때면 3분의 1을 매도합니다. 저에게는 일종의 매직 넘버입니다. 3분의 1을 매도하고 나면, 주가가 오르더라도 기존 수량의 절반 이상이 남아 있기 때문에 수익을 충분히 누릴 수 있습니다. 반대로, 주가가 하락하더라도 3분의 1만큼은 높은 가격에서 팔았기 때문에 마음이 덜 아픕니다. 하하.

• 개인 매수가 많으면 위험하지 않나요?

다음 장으로 넘어가기 전에 마지막으로 하나만 더 짚어보겠습니다. 시장에는 크게 개인, 기관, 외국인이라는 세 부류의 투자 주체가 있습니다. 개인은 국내 개인 투자자, 기관은 국내 기관 투자자, 외국인은 외국인 기관 투자자입니다(기타법인과 기타외국인도 있기는 하지만, 일단 지금 논의에서는 제외합시다. 굳이 포함시키겠다면 기타법인은 기관, 기타외국인은 외국인으로 간주하면 됩니다).

2020년 3월은 이른바 '동학개미 운동'이 굳건히 깃발을 세운 시기였습니다. 외국인과 기관이 주식을 파는 가운데, 개인 투자자가 강력한 매수 주체가 되어 주가 바닥을 다지고 상승세를 이끌었습니다.

이 시기에 저는 거의 매일 이 질문을 받았습니다.

"개인 매수세가 강하니 위험하지 않나요?"

이 질문의 밑바탕에는 개인 투자자는 실력이 부족하다, 실력이 부족한 투자자들이 강하게 매수하고 있으니 무언가 잘못되어 있다, 일시적인 반등에 그치고 다시 급락하는 것 아니냐 등의 생각이 깔려 있습니다.

개인 투자자의 실력이 부족하다는 묘사는 늘 볼 수 있습니다. 대표적인 예가 언론 보도인데요, 기관과 개인의 매매 상황과 주가 흐름에 대해 언론에서는 이런 기사를 내보냅니다.

- 기관이 매수하고 개인이 매도하는데 주가가 오르면: 강한 기관 매수세로 상승장이 펼쳐지는 가운데 개인 투자자들은 물량을 뺏기고 있다.
- 기관이 매도하고 개인이 매수하는데 주가가 오르면: 기관 투자자들이 차익실현을 하는 가운데 개인 투자자가 물량을 떠안고 있다.
- 기관이 매수하고 개인이 매도하는데 주가가 내려가면: 개인 투자자들이 공포감에 질려서 주식을 던지는 와중에 기관 투자자들은 헐값에 물량을 확보하고 있다.
- 기관이 매도하고 개인이 매수하는데 주가가 내려가면: 기관 투자자들이 위기를 감지하고 비중을 축소하는데 개인 투자자들이 그 물량을 받아주고 있다.

뭔가 이상하지 않나요? 주가가 하락하는 중에 매수하는 투자자가 저가에 좋은 주식을 매수하려는 '현명한 투자자'라면 그게 개인이건 기관이건 현명하다고 평가해야 할 것입니다. 주가가 상승하는 와중에 매도하는 투자자가 '적절히 차익실현을 하는 투자자'라면 그게 기관이건 개인이건 동일하게 묘사해야 할 것입니다.

왜 개인이 팔면 언제나 '물량을 털리는' 것으로 묘사되고, 개인이 사면 '물량을 떠안는' 것으로 묘사되나요? 감정을 실어서 현상을 해석하는 것은 직관적인 이해와 장기기억에는 도움이 되지만, 동시에 편향과 왜곡을 낳습니다. 앞서의 묘사는 모두 '개인 투자자는 멍청하여, 똑똑한 기관 투자자에게 언제나 당하는 존재다'라는 가설을 깔고, 그 가설을 확대·재생산하는 데 한몫합니다.

제 경험상 개인이건 기관이건 똑똑한 주체는 그다지 없습니다. 주식투자를 통해 수익을 내는 건 아주아주 어려운 일입니다. 그 노하우를 터득한 사람은 전체 투자자 중 극소수입니다. 개인이건 기관이건 아주 소수의 투자자만이 장기적으로 초과수익을 거둡니다.

개인 투자자와 기관 투자자의 명백한 차이는 무엇일까요? 바로 '자금의 집중도'입니다. 자금의 집중도란 한 의사결정 주체가 움직이는 돈의 크기를 의미합니다(공식 용어는 아닙니다). 외국의 기관 투자자는 한 사람 또는 한 팀이 수조 원의 자금을 움직입니다. 국내 기관 투자자는 펀드매니저 한 사람이 수백억 원에서 수조 원 단위의 돈을 움직입니다. 개인 투자자는요? 천차만별이겠지요. 중간값을 취한다면 기관 투자자의 100분의 1 수준도 되지 않을 것입니다.

각 수급 주체의 매수와 매도 합은 0입니다. 매수와 매도는 언제나 한 쌍으로 이루어집니다. 모든 주체가 사기만 하거나 팔기만 할 수는 없습니다. 기관이 매수하면 당연히 개인이 매도하고, 개인이 매도하면 당연히 기관이 매수하겠지요. '왜 개인은 멍청하게 기관과 반대로만 움직이는가?'라는 질문은 애초에 이 항등식을 이해하지 못한 데서 나오는 겁니다.

중요한 질문은 수급의 독립변수가 누구냐는 것입니다. 누가 더 조급하게 또는 일관성 있게, 다른 변수에 영향을 덜 받으면서 강력하게 매수 또는 매도를 할까요? 대부분의 경우 자금의 집중도가 높은 외국인이겠지요. 그다음은 국내 기관 투자자, 개인 투자자 순입니다.

기관 투자자(외국인 포함)가 사고 개인 투자자가 파는데 가격이 상승했다면, 이 현상에 대한 해석은 '기관이 개인으로부터 물량을 뺏어 오고 있다'가 아니라 '기관이 조급하게 매수에 나서고 있다'입니다. 기관이 팔고 개인이 사는데 가격이 상승한다면, '기관은 급하게 팔고 싶어 하지 않는 상황이다'라고 해석해야 합니다. 기관이 매수하고 개인이 매도하는데 주가가 내려가면 '기관이 조금씩 매수에 나서고 있지만 급하지 않다'라는 뜻이고, 기관이 매도하고 개인이 매수하는데 주가가 내려가면 '기관이 급하게 팔고 있다'라는 뜻입니다.

이런 관점으로 2020년 3월을 해석해볼까요? 외국인 투자자는 3월 23일 저점까지 코스피에서 10.7조 원을 순매도했습니다. 이후 주가가 반등하는 와중에도 1.8조 원을 추가로 매도하여, 월간 총 12.5조 원을 매도했습니다. 연초부터 4월 말까지는 19.6조 원을 매도했습니다. 금융위기 때보다 더한 기록적인 매도였습니다. 같은 기간에 기관 투자자는 7.2조 원을 매도했습니다. 그리고 개인 투자자는 24.2조 원을 매수했습니다(합이 0이 안 되는 건 기타법인, 기타외국인 때문입니다).

던져야 할 질문은 '기관과 외국인이 팔고 있는데 멍청한 개인 투자자만 매수에 나서고 있으니 위험하지 않은가?'가 아닙니다. '외국인 투자자가 3월에 강하게 매도하고, 4월에도 여전히 매도를 하고 있는 이유가 무엇일까?'입니다.

외국인 투자자 입장에서 한국 주식은 국내 기관 및 개인 투자자 입장에서의 한국 주식과는 상당히 다릅니다. 국내 투자자에게 한국 주식은 웬만하면 반드시 일정 수준 이상 보유해야 하는 자산입니다. 외국인 입장에서 '한국 주식'은 한국 기업들의 펀더멘털이 특별히 좋을 때 또는 신흥국(선진국 대비) 주식(채권 대비)을 사야 할 때 가끔 보유해서 초과수익을 내는 용도의 자산입니다.

다들 아시다시피 2020년 3월은 코로나19가 미국과 유럽으로 확산되던 시기입니다. 이 시점에 전 세계 주식시장이 급락했고, 채권 가격이 급등했습니다. 한국 주식시장의 펀더멘털을 보자면, 한국은 중국에 이어 빠르게 질병 확산을 저지했고 신규 확진자 수가 안정세로 접어들고 있었습니다. 물론 경제활동 정상화는 멀었고 앞으로 전 세계 경기가 위축된다면 한국 기업들의 실적도 타격을 입겠지만, 이미 주가는 금융위기 때 이상의 경기 충격을 반영한 수준으로 하락해 있었습니다. 한편으로는 경기 충격을 완화하기 위해 중앙은행과 정부에서 적극적으로 정책을 준비하고 있었는데, 그 점은 시장에 전혀 반영이 안 되고 있었지요.

당시 저는 '패닉의 역설'이라는 아이디어로, 시장은 곧 반등한다고 생각했습니다. 간단히 말씀드리자면 '사람들이 패닉에 빠졌기 때문에 주가가 곤두박질쳤지만, 패닉 탓에 대인 접촉을 꺼리며 극도로 조심하고 있기 때문에 바이러스의 확산은 저지될 것이고, 정책 당국자들 또한 패닉을 우려하기 때문에 적극적으로 정책을 내놓을 것이다'라는 아

이디어였습니다. 즉 가격과 펀더멘털이 반대 방향으로 움직이고 있었던 겁니다.[10]

'펀더멘털은 그다지 나쁘지 않다, 오히려 좋게 볼 여지가 있다, 주식 가격은 급락했다, 전 세계 주식시장이 모두 하락했다, 채권 가격이 급등했다' 등에서 추론할 수 있는 외국인 투자자의 매도 이유는 유동성 확보 또는 안전자산 선호입니다. 한국 시장은 신흥국 중에서 가장 유동성이 좋은 시장입니다(코스피가 아직도 선진국 주가지수에 편입되지 못한 이유도 한국이 후진국이어서가 아니라, 신흥국 주가지수에서 한국이 빠져나갈 경우 그 벤치마크를 추종하는 펀드들의 유동성에 문제가 생기기 때문이라는 설이 있습니다).

전 세계에 위기가 올 것 같을 때는 일단 베팅 금액을 축소해야겠고, 현금화할 수 있는 자산은 빠르게 현금화를 해야겠고, 그런 상황에서 한국 주식은 외국인 투자자 입장에서 가장 빠르게 현금화할 수 있는 대상이지요(코스피가 현금인출기라고 불리는 이유이기도 합니다). 심지어 정부에서 내놓는 위기 대응책이 채권 매입 위주였으니, 채권은 '최종 대부자'인 미국 연방준비제도가 사준다는 믿음 덕에 편안하게 살 수 있는 자산이 됐습니다.

그리고 3월 하순부터는 금 가격이 급등했지요. 금은 위기 때마다 선호되는 안전자산입니다.[11] 코스피의 반등은 외국인 투자자 입장에서는 이유 불문하고 팔고 나와야 할 시장에서 그나마 손해를 덜 보고 나올 수 있게 해주는 고마운 상황이었던 거죠. 한국 시장의 펀더멘털을 운운할 겨를이 없는 시기였습니다.

따라서 이 상황은, '외국인 투자자라는 거대한 수급 주체가 펀더멘털과 관련 없는 이유로 헐값에 주식을 던지고 있었기 때문에 한국의 투자자 입장에서는 아주 좋은 투자 기회다'라고 판단할 수 있었습니다. 그 시점에 개인 투자자가 강하게 매수를 하고 말고는 판단에 그다지 중요한 요소가 아니었던 거죠. 만약 '개인 투자자의 매수세가 어떤 의미인가?'를 따지고 있었더라면 이런 판단을 할 수 없었을 것입니다.

CHAPTER 6
있어 보이지만
위험한 격언들

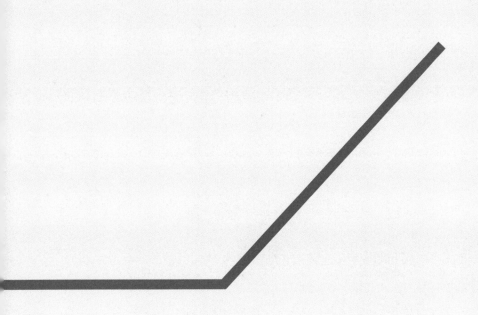

"우리가 위험에 빠지는 이유는 무언가를 몰라서가 아니다.
확실히 안다고 착각해서다."
— 마크 트웨인

"나는 조언이 유용한지에 대해 정말 회의적이다."
— 버나드 바루크

어떻게 하면 주식투자를 잘할 수 있을까요? 흔히 하는 조언이 앞서간 현인들로부터 지혜를 배우라는 것입니다. 투자의 세계에는 그럴싸한 격언들이 참 많습니다. 자신만의 원칙이 있어야 한다거나, 남과 다르게 가야 한다거나 등 말입니다.

단편적인 격언들을 따라 하는 것만으로 돈을 벌 수 있으면 얼마나 좋겠습니까만, 투자의 세계는 그렇게 만만하지 않습니다. 이런 지혜들은 분명 귀담아들을 만한 이야기이지만, 잘못 받아들이면 독이 되기 십상입니다. 어떤 사람은 어설프게 이해한 격언을 되풀이하면서 스스로 현인인 척하기도 합니다. 이번 장에서는 이런 격언들의 약점과 어떻게 하면 제대로 이해할 수 있는지를 살펴봅시다.

'장기투자하라.' 정말 좋은 말입니다. 1장에서 잦은 매매는 필패의 지름 길이라고 말씀드렸습니다. 그럼 당연히 장기투자해야만 이길 수 있다는 이야기로 들릴 수도 있을 겁니다. 혹자는 이런 이야기를 종종 합니다.

"30년 전에 삼성전자를 샀으면 말이야. 지금 20배가 올랐어!"

여기에는 '생존 편향'이라는 함정이 숨어 있습니다. 장기투자의 성 공 사례로 왜 굳이 삼성전자를 언급하는 걸까요? 삼성전자는 한국을 대표하는, 시장의 1등 기업입니다. '굳이 개별 종목을 잘 골라내려고 노력하지 않고 시장을 대표하는 우량한 주식을 장기 보유하기만 해도 쉽게 돈을 벌 수 있다'라는 뜻으로 삼성전자를 사례로 듭니다. 그런데 30년 전으로 돌아갔을 때 '삼성전자를 산다'라는 선택이 과연 그렇게 쉬운 것이었을까요? 1990년 시점으로 돌아가 봅시다.

〈표 6-1〉에서 볼 수 있듯이 당시 시가총액 1, 2위 주식은 한국전력 과 POSCO였습니다. 그다음은 은행이 3위에서 8위를 차지하고 있고 요. 삼성전자는 9위입니다. 대우가 10위네요. 한국전력을 샀다면 어떻 게 됐을까요? 당시 9.9조 원이었던 시가총액이 2020년 7월 현재 12.5 조입니다. 하…. 자본금 변동을 고려하지 않고도 연 환산 0.07% 수익 률입니다. POSCO는 당시 2.1조 원, 현재 16.9조 원으로 연 환산 7% 수익률입니다. 그나마 낫네요. 대우를 샀다면요? 쓸쓸할 따름입니다.

이 중에서 삼성전자를 골라낼 혜안이 있었다고요? 그 정도의 능력 이 있다면 지금 시점에서 굳이 삼성전자를 언급할 필요도 없겠지요.

순위	1990년		2000년 말		2009년 7월 30일 현재	
	종목	시총	종목	시총	종목	시총
1	한국전력	9.9	삼성전자	23.9	삼성전자	105.2
2	POSCO	2.1	SK텔레콤	22.6	POSCO	42.1
3	한일은행	1.6	KT	20.9	한국전력	21.4
4	제일은행	1.6	한국전력	15.1	KB금융	19.4
5	조흥은행	1.6	POSCO	7.4	현대차	19.4
6	상업은행	1.6	국민은행	4.5	신한지주	19.1
7	서울신탁은행	1.6	KT&G	3.6	LG전자	18.5
8	신한은행	1.4	외환은행(1우B)	3.4	현대중공업	16.1
9	삼성전자	1.3	기아차	3.2	SK텔레콤	14.9
10	대우	1.3	주택은행	3.1	LG디스플레이	12.7
코스피 시가총액		79.0	코스피 시가총액	188.0	코스피 시가총액	800.0
코스피		696.1	코스피	504.62	코스피	1,534.7

출처: https://www.mk.co.kr/news/special-edition/view/2009/07/412132/

〈표 6-1〉 코스피 연도별 시가총액 상위 종목

그때그때 좋은 주식을 샀다 팔았다 하면서 시장 이상의 수익을 거두면 될 테니까요.

버핏의 말처럼, 백미러로 뒤를 돌아보는 건 쉽습니다. 우리가 봐야 할 것은 앞 유리 너머이고, 우리는 뿌옇게 서리가 낀 앞 유리를 통해 전방을 주시하면서 조심조심 운전해야 합니다. 이미 살아남아 대성한 기업을 보면서 '수십 년 전에 투자했다면'이라는 가정을 붙이는 건 의미가 없습니다. 그럴 거면 1960년대에 강남 논밭도 사놓고, 2010년에 비트코인도 사놓았으면 되지요.

장기투자는 만병통치약이 아닙니다. 장기로 보유하기에 적합한 주식을 골라내기 위한 기준은 별도로 있고, 저는 그 방법을 주요 투자 전략으로 사용합니다. 그러나 이 방법이 왜 작동하는지를 이해하고 실제로 적용하는 건 매우 어려운 일입니다. 그 자체로 책 한 권을 따로 써야 할 정도입니다. 정말로 궁금하다면 주석의 링크를 참고하시기 바랍니다.[1]

그럼 시장 전체를 사는 건 어떠냐고요? 아주 좋은 질문입니다. 정말로요.

우선 주식 자체의 속성을 살펴봅시다. 윌리엄 번스타인의 《현명한 자산배분 투자자》는 자본주의 사회를 살아가는 모든 사람이 읽어야 하는 책이라고 생각합니다. 우리는 개별 주식 선정보다는 자산배분에 훨씬 더 많은 관심을 기울여야 합니다(자산배분에 대해서는 9장에서 다시 말씀드리겠습니다). 여기서는 여러 자산 중 주식이라는 자산의 특이한 속성에 대해서 이야기하고자 합니다.

미국을 대표하는 지수인 S&P500에 1년씩 투자했을 경우의 성과는 〈그림 6-1〉과 같습니다.

손실이 나는 해에는 20% 정도 손해를 보기도 하고, 이익이 나는 해에는 40%까지 벌기도 했네요. 흔히 이야기하는 '하이 리스크-하이 리턴' 자산이라는 개념에 부합하는 그림입니다.

그렇다면 5년씩 보유했을 때의 연 환산 수익률은 어떻게 될까요? 〈그림 6-2〉를 보시죠.

손실의 빈도와 폭이 크게 줄었습니다. 손실이 나는 경우가 전체에서

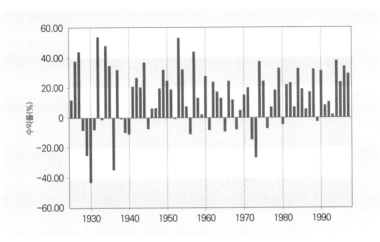

〈그림 6-1〉 S&P500 보통주 1년 단위 수익률(1926~1998)

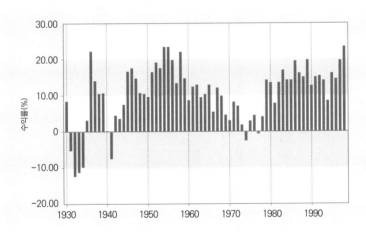

〈그림 6-2〉 S&P500 보통주 5년 단위 수익률(1926~1998)

열 번도 채 되지 않고, 손실폭도 많아야 10% 정도로 줄었습니다. 이익은 어떨까요? 대부분 10% 언저리로 고르게 분포합니다.

투자 기간을 30년으로 늘리면 어떻게 될까요?

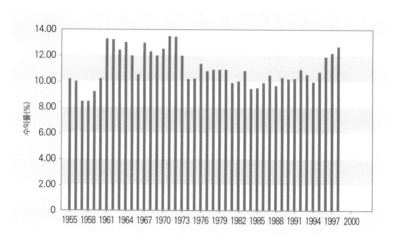

〈그림 6-3〉 S&P500 보통주 30년 단위 수익률(1926~1998)

손실 횟수가 0입니다! 수익률은 10% 수준에서 고르게 분포합니다. 만약 '30년'이라는 기간을 가리고 이 표를 보여준다면 뭐라고 할까요? 손실이 나는 경우는 '제로'이고 수익률은 연 10%가 나오는 자산이 있다고 하면 어떤 느낌이 드나요? 거짓말이라는 생각이 먼저 들지 않을까요?

주식은 그런 자산입니다. 우리는 고수익을 얻기 위해서는 더 큰 위험을 감수해야 한다는 걸 진리처럼 여기고 있습니다. 그러나 투자 기간을 길게 가져가기만 한다면 주식은 위험이 줄어들고 수익은 여전히 큰, 말도 안 되는 자산입니다.

한국의 코스피를 기준으로 같은 작업을 반복해도 마찬가지입니다. 〈그림 6-4〉부터 〈그림 6-6〉이 그 사실을 보여줍니다. S&P500보다 전체 수익률이 낮기는 하지만, 투자 기간을 길게 가져갈수록 손실의 빈도와 폭이 줄어들고 이익은 평준화됩니다(코스피 지표가 1980년부터 발표됐기 때문에 30년 단위 데이터는 샘플이 적어서 20년 단위 데이터로 대체했습니다. 2020년은 연초부터 현재 글 작성일인 9월 8일까지의 자료를 사용했습니다).

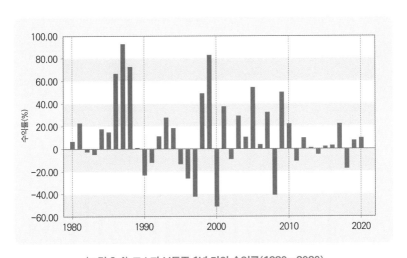

〈그림 6-4〉 코스피 보통주 1년 단위 수익률(1980~2020)

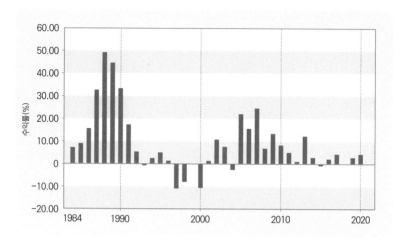

〈그림 6-5〉 코스피 보통주 5년 단위 수익률(1980~2020)

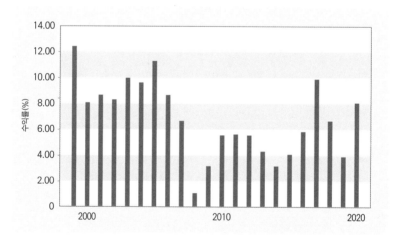

〈그림 6-6〉 코스피 보통주 20년 단위 수익률(1980~2020)

왜 이런 '거짓말 같은' 일이 벌어지는 걸까요? 시장은 단기적으로 등락을 반복하는 듯 보여도 장기적으로는 기업이 버는 전체 이익의 크기를 따라가게 마련이고, 긴 기간을 놓고 보면 단기적인 급등락이 서로를 상쇄합니다. 그러나 이 설명만으로는 부족합니다. 단기 변동성이 장기적으로는 상쇄된다고 하더라도, 장기간의 수익률이 왜 이렇게 높은 걸까요?

여기에도 생존 편향이 힌트입니다. 1926년부터 1998년까지 무엇이 생존했을까요? 저는 이 질문을 던지고 다양한 답변을 듣는 것을 좋아합니다만, 지면 관계상 바로 답을 드리겠습니다. 바로 '자본주의'입니다.

자본주의는 일반적으로 부의 양극화를 낳습니다. 그 양극화는 주식 가치의 비대칭적 증가로 나타납니다. 기업의 임원이 받아 가는 연봉과 성과보수가 천문학적이기는 해도, 기업 전체의 가치 상승에 비할 바는 아닙니다(기업의 가치 상승폭보다 더 큰 보상을 받아 가는 임원이 있다면, 일종의 범죄입니다).

주식투자는 자본주의가 낳는 양극화라는 냉엄한 괴물로부터 나를 지킬 수 있는 길이기도 합니다. 그리고 인덱스펀드와 ETF를 통해 우리는 시장 전체를 매수하여 그 성장의 과실을 누릴 수 있습니다. 시장 전체를 매수하여 장기적으로 보유한다는 것은 곧 자본주의의 생존에 베팅하는 일입니다. 거꾸로 생각하면, 자본주의가 살아 있는 한 자본소득을 만들지 못하는 나의 상대적인 재산 순위는 남들보다 뒤처질 것입니다. 그 위험으로부터 나를 지키는 방법이 바로 인덱스펀드와 ETF 등을 통해 시장 전체에 투자하는 것입니다.

좋습니다. 자본주의의 생존에 대해서는 누구나 자신만의 견해가 있을 테고, 자본주의가 망한다면 모두가 그 사실을 알게 될 테니 그다지 어렵지 않은 이야기입니다.

다시 개별 주식 이야기로 돌아가 봅시다. 전체 시장을 장기 보유해봤자 연 8~10% 정도의 수익률을 기대하는 게 '고작'입니다(사실은 엄청난 수익률입니다. 여기에 만족하지 못하는 분들을 위해 다음의 글을 씁니다). 그 이상의 수익률을 내기 위해서는 종목을 잘 선정하고 타이밍도 잘 맞추어야 하겠지요. 그게 가능한지에 대해서는 회의적입니다만, 최소한 이 한 가지는 지켜주셔야 합니다. 주식을 매수할 때는 내 아이디어의 타임라인을 고려해야 한다는 것입니다.

아이디어에는 유효기간이 있습니다. 아니, 있어야만 합니다. 그게 아니라면 반증 불가능한 아이디어를 무한정 붙들고 있느라 손해를 보게 되니까요(한국전력에 장기투자한답시고 그 주식을 20년간 보유한 투자자는 어떻게 됐을까요?).

3장에서 반증 가능성에 대해 이야기하면서 타임라인에 대한 말씀을 드렸습니다. 매수·매도는 반드시 이 타임라인을 고려하여 실행하여야 합니다. 3개월 이내에 어떤 이벤트가 벌어질 것으로 생각해서 주식을 샀다면, 다음 날 기분이 나쁘다는 이유로 주식을 팔아서는 안 됩니다. 얼마 후 그 이벤트가 벌어졌고 주가가 올랐는데도, 왠지 좀더 갈 것 같다는 이유로 주식을 보유해서도 안 됩니다. 그런 의사결정을 하고 싶다면 3장에서 말씀드린 대로 원점에서 다시 고민하여 보유한다면 보유하는 이유를, 매도한다면 매도하는 이유를 다시 작성해야 합니다.

현대차에서 새로이 내놓은 차량이 연간 30만 대 정도 판매량을 증가시켜줄 것 같다는 생각으로 현대차 주식을 샀고, 실제로 그 일이 벌어졌다고 해봅시다. 그 이후에도 주식을 계속 가지고 있으려면 새로운 아이디어가 있어야 합니다. 원래의 예상을 초과하여 50만 대 정도 팔릴 것 같다거나, 그 차량에서 나올 이익이 생각보다 더 클 것으로 보인다거나, 이번 차량의 디자인 콘셉트를 보니 앞으로 나올 다른 신차에 대한 기대감도 높아졌다거나 하는 식으로요(물론 이 모든 새 아이디어도 '반증 가능한' 형태여야 합니다).

장기투자 전략이 유명해진 데에는 워런 버핏의 발언이 크게 기여했습니다. "주식을 10년간 보유할 생각이 없다면, 단 10분도 보유하지 마라"[2]라는 발언은 장기투자를 권하는 발언으로 자주 인용됩니다. 그러나 제가 이해하기로 이 말은 무조건 10년간 보유하라는 뜻이 아닙니다. 어떤 주식을 볼 때, 그 회사의 앞으로 10년간의 미래를 그려볼 정도로 회사와 산업 환경을 이해하지 못하면 투자에 실패할 확률이 높다는 뜻입니다. 주식투자를 바라보는 버핏의 기본적인 관점은 기업이 성장하여 벌어들이는 이익이 투자자가 얻을 수 있는 수익의 원천이므로, 기업의 장기적인 미래를 전망하는 것이 핵심이라는 것입니다.

장기투자에 대한 워런 버핏의 유명한 인용구로 "우리가 가장 좋아하는 주식 보유 기간은 '영원히'다"[3]라는 말도 있습니다. 이 말 때문에 버핏이 주식을 팔지 않는다고 오해하는 사람이 많습니다. 그러다 보니 버핏이 어떤 주식을 매도하기만 해도 화제가 됩니다. 그러나 버핏은 2016년 연차 보고서에서 이렇게 밝혔습니다.

현재 보유한 주식 중 매도할 의사가 없는 주식이 일부 있기는 합니다. 그러나 버크셔는 시장성 있는 어떤 증권에 대해서도 팔지 않겠다는 '약속'을 하지는 않습니다.[4]

'영원히 보유할 주식'이라는 건 지분을 100% 인수하여 완전히 소유한 자회사들에 대한 투자 원칙 일부를 대충 해석한 것 아닌가 싶다고도 했습니다. 한편 2004년 연차 보고서에서는 이런 문구도 나옵니다.

버블 기간에 코피가 터질 정도로 밸류에이션이 치솟았음에도, 독자적인 관점을 취하지 않고 수수방관했던 일에 대해서는 비난받아 마땅합니다.[5]

팔아야 할 주식은 팔아야 한다는 말이지요. 무조건 장기투자하라는 조언은 의미가 없습니다. 아무 생각 없이 장기 보유하기만 해서 좋은 성과가 나왔다 한들, 그 성과는 단지 생존 편향의 결과일 뿐입니다. 이 격언은 '아이디어의 타임라인에 맞게 매매하라'라는 말로 바꾸어야 합니다. 물론 그 타임라인은 자신이 설정해야 하고요.

남들과 반대로 움직여라

'역발상 투자', 참 매력적인 아이디어입니다. 모두가 한 방향으로 움직일 때 나만 다른 방향으로 달려서 수익을 얻어낼 때의 쾌감은 무엇과도 바꿀 수 없을 정도로 짜릿합니다. 이 말을 좀더 풀어서 이야기하는 격언은 다음과 같습니다. '공포감이 최대일 때 용기를 내라.' '시장에 휩쓸려서는 안 된다.' 오마하의 현인 워런 버핏의 인용구 또한 빠질 수 없지요. "남들이 욕심을 낼 때 두려워하고, 남들이 두려워할 때 욕심을 내라."[6]

이런 격언들이 우리가 반드시 가슴에 새겨야 할 중요한 격언임에는 틀림없습니다. 초과수익, 즉 남과 다른 수익을 내기 위해서는 남과 다른 아이디어가 있어야 합니다. 그러나 남과 다른 생각은 초과수익의 필요조건이지 충분조건이 아닙니다(이 점은 8장에서 자세히 말씀드리겠습니다).

남들과 반대로 움직이라는 격언 하나만으로는 좋은 결과를 낼 수 없습니다. 앞서도 언급한 이른바 '동학개미'는 기관과 외국인이 겁에 질려 떨고 있을 때 용감하게 매수에 나서서 '승리'를 거둔 개인 투자자의 상징처럼 됐습니다.

그러나 이런 생각 또한 생존 편향이 일부 작동한 결과입니다. 3월 초부터 23일 저점까지 개인은 9.7조 원을 순매수했습니다. 이때 매수에 나선 개인 투자자들을 '동학개미'라고 부르죠. 그러나 '용감한 개미'는 1월에도, 2월에도 있었습니다. 개인 투자자는 1월에 4.5조 원을, 2월에 4.9조 원을 순매수했습니다. 코스피지수는 1월 -3.6%, 2월 -6.2%, 3월 -11.7%로 계속 하락했습니다. 1월과 2월에 용감하게 매수에 나섰던 투자자들은 큰 타격을 입은 반면, 3월에 용감하게 매수에 나섰던 투자자들은 살아남아서 승리자가 됐습니다.

2장 '사이클과 거짓 학습'에서 단편적인 경험에 따른 잘못된 학습에 대해 말씀드렸습니다. 3월에 과감하게 매수에 나서서 살아남은 사람들은 저마다 학습을 했습니다. 여러 교훈 중 하나는 '남들이 공포에 빠져 있을 때 과감해져야 한다'라는 원칙이겠지요. 과감하게 매수에 나섰다가 크나큰 손실을 본 사람들은 조금 다른 의견을 가지고 있겠지만요. 죽은 자는 말이 없는 법입니다. 다시 한번, 생존 편향입니다.

'남들과 반대로 움직여라'라는 격언에 대비되는 격언을 살펴볼까요? "떨어지는 칼날을 잡지 마라"[7]라는 피터 린치의 말은 뼈에 사무칩니다. 바닥을 잡으려고 시도하는 투자자들은 이내 '바닥 밑에 지하실이 있더라'라는 깨달음을 얻습니다. 상승장에서는 어떨까요? '달리는 말에서 뛰어내리지 마라'라는 유명한 격언이 있지요. 제시 리버모어가 들려준 일화에 나오는 한 노인의 "지금은 강세장일세"[8]라는 발언도 의미심장합니다. 시장에 순응하는 것 또한 훌륭한 투자 기법이 될 수 있습니다.

격언 대 격언의 단순 대결로 가자면 답이 안 나옵니다. 시장과 반대로 움직이라는 격언과 시장에 순응하라는 격언이 언제나 서로 부딪힙니다.

시장 참여자들의 심리를 파악하는 일은 매우 중요합니다. 펀더멘털을 공부하는 이유도 궁극적으로는 다른 사람의 심리를 해석하기 위해 근거를 확보하는 작업이라고 볼 수 있습니다.

던져야 할 질문은 두 가지입니다.

• 심리를 어떻게 측정할 것인가?

• 심리의 변곡점을 어떻게 파악할 것인가?

심리를 측정할 수 있는 요소는 다양합니다. CNN에서는 '공포 & 탐욕 지수(Fear & Greed Index)'라는 지표를 공개합니다.[9] 코로나19가 한창이던 2020년 3월에는 '극단적인 공포(Extreme Fear)'를 가리켰고, 경제활동이 재개되고 주가가 많이 회복된 2020년 7월 시점에는 '적당한 탐욕(Greed)'을 가리켰습니다. 그 외에도 시장의 변동성을 나타내는 VIX지수나 설문조사를 통해 파악하는 경기지표인 PMI(구매관리자지수), BSI(기업경기실사지수), CCSI(소비자심리지수) 등을 참고할 수 있습니다. 또는 앞서 다양하게 언급한 여러 격언 중 어떤 격언이 언론이나 주변 사람들의 입에 자주 오르내리는가로 파악할 수도 있습니다. 피터 린치가 이야기하는 칵테일 파티 이론(칵테일 파티에서 자신이 펀드매니저라고 이야기 했을 때 사람들이 보이는 반응을 4단계로 나눠 장세를 판단할 수 있다는 이론)도 이런 측정법에 가깝습니다.

문제는 그다음이죠. 심리가 낙관적이거나 부정적인 건 어떻게든 파악할 수 있습니다. 그래서 그다음은요? 이야기를 쉽게 하기 위해서 심리를 1단계에서 9단계까지로 표현할 수 있다고 해봅시다. 5가 중립이고 9로 갈수록 낙관적이라고 합시다. 지금 심리가 6에서 7로 바뀌었습니다. 주식을 살까요, 팔까요? 6에서 7로 투자자들이 낙관적으로 바뀌었다고 해서 다음에 8로 가리라는 보장은 없습니다. 7에서 다음 날 3이 될수도 있지요. 그렇다면 1이 됐을 때만 주식을 사고 9가 됐을 때만 주식을 판다면요? 여기서 비유의 한계가 드러납니다. 심리를 1에서 9단계로 표현할 수 있다고 가정했지만, 1과 9가 어디인지 시장은 알려주지 않습니다. 1이라고 생각했지만 마이너스 20이 있을 수 있고, 9라고 생각한 지점에 도달했지만 35까지 가버릴 수도 있는 게 시장입니다. 우리가 무엇을 상상하건 시장은 그 이상을 보여줍니다.

그러면 어쩌라는 건가요? 모든 게 예측 불가능하다는 건가요? 네. 예측은 불가능합니다. 그러나 노출을 조절할 수는 있습니다.

'예측보다 노출'이라는 개념은 '구조적으로 언젠가는 일어날 법한 일에 대비하거나, 역으로 이용할 수 있는 포지션을 구축한다'라는 뜻입니다. 예를 들어, 어떤 다리가 부실공사로 만들어져서 1년 이내에 무너질 것 같다는 판단을 했다고 합시다. 정확히 몇 번째 차량이 지나갈 때 무너질지에 베팅하는 게 '예측'이라면, 이 다리를 건너갈 때 보험을 들어놓는 게 '노출'입니다.

어떤 주식을 1만 원에 사면서 '2만 원까지 갈 거야'라고 판단했다면 '예측'이고요, '운이 좋으면 2만 원까지는 갈 수 있겠고, 운이 나빠도 8,000원 이하로 내려가기는 어려울 것 같아'라고 판단했다면 '노출'입니다.

전염병이 터지고 주가가 급락한 상황을 상상해봅시다. 전염병의 발발이나 파급력을 정확히 예측하기는 어렵습니다. 그러나 자산을 사는 시점, 즉 '포지션을 구축'하는 시점에서 자산 가격에 어떤 리스크가 있을지, 외부 변수에 얼마나 취약할지는 추론할 수 있습니다. 예를 들어 산업별로 전염병에 대한 민감도를 보자면 다음과 같습니다.

- 전염병에 취약한 분야: 사람이 많이 모이는 여행, 항공, 카지노, 영화관 등
- 전염병에 강인한 분야: 사람이 많이 안 모일수록 수혜를 보는 게임, 온라인유통 등
- 전염병에 오히려 이득을 보는 분야: 마스크 판매업자 등

지진이나 테러, 지정학적 변수 등에 대해서도 유사하게 추론할 수 있습니다. 여행주 매수를 고려하는 중이라면, 예측 싸움을 하려는 사람은 테러 때문에 여행 수요가 감소할 확률을 예측하려 하겠지요. 반면 노출을 조절하려는 사람은 '테러 때문에 수요가 급감한다고 했을 때 최대한 내려갈 수 있는 가격 그리고 테러가 발생하지 않고 사업이 잘 진행됐을 때 최대한 올라갈 수 있는 가격이 현재 가격 대비 매력적인 수준인가'라는 질문을 던집니다. 테러로 인한 손실을 회피하고 싶다면, 오히려 이득을 볼 수 있는 방위산업 주식을 패키지로 매수할 수도 있겠지요.[10]

던져야 할 질문은 '지금 공포감이 최대치인가, 아닌가?'가 아닙니다. 최대·최소는 지나고 나서야 알 수 있습니다. 던져야 할 질문은 '사람들이 더 공포감에 빠진다면 가격이 얼마나 더 하락할 수 있는가? 어느 정도의 가격이면 거저먹는 가격이라고 할 수 있겠는가?' 등입니다. 다시 한번 말씀드리지만, 이 질문은 '예측을 위한 질문'이 아닙니다. 현재 가격이 2만 원인데, 이 질문에 1만 원이라는 대답을 내놨다고 합시다. 그 대답을 '1만 원까지 하락했다가 반등한다'라는 예측으로 활용

해서는 안 됩니다. '지금 가격에 매수한다면 50%의 손실을 감내해야 한다'라는 점을 스스로 인식한다는 뜻입니다. 그런데도 매수한다면 앞으로의 상승 여력에 대해서 '시장이 낙관적으로 돌아선다면 5만 원까지 상승할 수 있다, 잠재 수익률은 150%다'라는 식의 대답을 낼 수 있어야 합니다.

생활 속에서 발견하라

피터 린치의 저서 《월가의 영웅》에서는 일상생활에서 투자 아이디어를 발굴하는 것이 중요하다고 했습니다. 아내가 자주 가는 백화점이나 자주 쓰는 생활용품 브랜드 얘기 등을 귀담아듣다 보면 좋은 기회를 발견할 수 있고, 잘못된 주식을 사는 실수를 방지할 수도 있다는 얘기입니다.

비슷한 개념으로 워런 버핏은 '능력 범위(Circle of Competence)'를 강조합니다. 1996년 버크셔 해서웨이 주주서한에서 그 내용을 확인할 수 있습니다.

> **모든 기업에 대해 전문가가 될 필요는 없습니다. 대단히 많은 기업에 대해서 전문가일 필요도 없습니다. 능력 범위 안에 있는 기업들을 잘 평가하기만 하면 됩니다. 그 범위의 크기는 그다지 중요하지 않습니다만, 그 경계선을 아는 것은 목숨을 좌우할 정도로 중요합니다.[11]**

앞서도 얘기했지만, 남과 다른 성과를 내기 위해서는 남과 다르게 생각하는 것이 핵심입니다. 개인적인 취미건 직업이건, 어떤 분야에 꾸준히 관심을 기울이다 보면 그 분야의 흐름에 대해 남다른 통찰력을 가지게 되는 경우가 '가끔' 있습니다. 새로운 뉴스를 접했을 때 그 분야에 익숙하지 않은 사람들과 다른 의견을 가지는 경우가 있고, '가끔' 남들이 틀렸고 내가 맞은 것으로 드러날 때가 있지요.

우리는 모두 어떤 제품과 서비스를 소비하게 마련이고, 소비자로서 무엇에 돈을 쓸지 나름의 고민을 늘 합니다. 그러니 실제로 접해본 제품과 서비스를 제공하는 기업에 대해서는 남과 다른, 가끔은 남보다 나은 의견을 가지는 경우가 많을 것입니다.

코로나19 사태로 인한 재난지원금을 어디에 쓸까 하다가 에어컨을 사러 갔다면 파세코라는 기업에 관심을 가졌을 수 있고, 어차피 외출을 잘 못 하고 집 안에만 있어야 하니 가구나 바꿔볼까 했다면 한샘이 눈에 들어왔을 수 있습니다. '소맥'을 즐겨 마신다면 '테슬라(테라와 참이슬을 섞은 것)'라는 유행을 내세우며 점유율을 빠르게 늘려가는 하이트진로를 좋게 봤을 수 있고, 물건을 살 때마다 네이버 쇼핑을 방문하는 내 모습을 발견하고는 네이버 주식을 샀을 수도 있습니다. 카뱅 송금이 일상화됐다면 카카오에 관심을 가졌을 수 있고, '린저씨(리니지광 아저씨)'라면 엔씨소프트의 위대한 유료화 능력에 주목하며 리니지2M이 성공하리라는 믿음을 남보다 더 강하게 가졌을 것입니다.

생활 속의 발견이 투자 수익으로 이어지다니, 이렇게 '아름다운' 일이 또 어디 있겠습니까? 좋습니다. 문제는 생활 속 투자 아이디어가 수익으로 직결되는 이야기들에도 늘 그렇듯 생존 편향이 개입되어 있다는 점입니다. 한 가지 사례를 볼까요.

기아차는 2010년 4월 K5라는 중형 세단 차량을 출시하며 대전환기를 맞이합니다. 자동차에 관심 있는 사람이라면 이 차량이 동일 세그먼트의 전작 로체와는 디자인이나 성능에서 일취월장했다는 사실을 파악할 수 있었고, 타사 동일 세그먼트의 차량에 비해서도 상당한 경쟁력을 가지고 있었기 때문에 판매량이 좋으리라고 기대할 수 있었을 것입니다. 당시만 해도 대부분의 투자자는 기아차를 불신하고 있었습니다. K5가 출시된 이후 기아차 주식을 샀다면 2012년 4월까지 주가가 약 3배로 오르는 경험을 할 수 있었습니다. 만약 K 시리즈의 포문을 열었던 K7이 출시된 2009년 11월에 기아차 주식을 샀다면 4배 이상의 수익을 거둘 수 있었고요.

어떤 투자자가 이렇게 큰 수익을 거두고 다시 비슷한 기회를 노리고 있었다고 합시다. 현대차는 2017년 6월 코나라는 차량을 출시합니다. 괜찮은 디자인과 성능으로 높은 판매량을 기대할 수 있었고, 후속 버전으로 현대차 최초의 순수 전기차인 코나 EV도 가세할 예정이었습니다. 코나의 흥행을 기대하고 2017년 6월에 현대차 주식을 산 투자자는 이후 3년간 내리막길을 걷는 주가에 쓴맛을 봐야 했을 것입니다.

생활 속 아이디어로 투자했을 뿐인데, 무엇이 잘못됐을까요? 코나는 2017년 연말까지 2.3만 대를 판매하며 훌륭한 성적을 거두었습니다. 2019년에는 무려 30만 대를 팔면서 베스트셀링카 대열에 올랐습니다. 생활 속 아이디어가 적중했는데도 주가는 하락했습니다. 다시

묻겠습니다. 무엇이 잘못됐을까요?

2009년 시점 기아차를 보는 투자자들의 우려는 한두 가지가 아니었습니다. 전 세계에 불어닥친 금융위기의 여파도 문제지만, 그 직전 수년간 해외 공장을 공격적으로 늘려오면서 여러 고충이 쌓여 있었습니다. 우선, 차량이 판매가 안 되니까 재고가 많이 쌓여 있었고요. 재고를 털어내기 위해서 판매촉진비, 즉 인센티브를 경쟁사 대비 과다하게 제공하고 있었습니다. 해외에 공장을 짓기 위해서 외화차입금은 잔뜩 늘어났는데, 금융위기 탓에 원화 환율이 급격히 약세로 돌아섰기 때문에 부담이 이중, 삼중으로 커졌습니다.

K7을 필두로 한 새로운 라인업은 이 모든 부담을 차례차례 다 털어버리는 기폭제였습니다. 상품성이 갖춰지니까 판매량이 늘어나고, 차가 잘 팔리니까 재고 부담도 줄고 인센티브도 줄여갈 수 있었습니다. 공장의 가동률이 올라가니까 해외 공장들은 자체적으로 수익성을 확보할 수 있었고, 차입금을 빠르게 갚아나갈 수 있었습니다. 높은 환율은 더 낮은 가격에 차량을 팔아도 원화 기준 수익성을 확보할 수 있는 도구가 됐고요. 차를 잘 팔아서 매출액이 30% 늘어났다면, 이익은 50% 급증하는 상황이 벌어진 것입니다.

2017년의 현대차는 어떤 상황이었을까요? 한 해 450만 대의 자동차를 전 세계에 팔고 있는, 나름대로 세계 톱클래스로 인정받는 자동차 브랜드로 자리매김했습니다. 그런 현대차에 연간 30만 대가 추가되어봤자 전체 판매량에 대한 기여도가 7%에 불과합니다(그것도 기존 라인업을 잠식하지 않는다는 전제하에 한 계산입니다). 당시 투자자들이 현대차에 대해 가지는 우려는 한전 부지에 대한 과도한 투자, 환경 규제 대응, 가업 승계 등이었습니다. 근본적인 기업 운영 철학에 의문을 품고 있는 와중에 신차 하나가 흥행했다고 하여 이런 우려가 해소될 수는 없었지요.

우리는 눈에 보이는 것만으로 인과관계를 구성하려 하는 버릇이 있습니다. 3장 '겸손함'에서 인과관계를 쉽게 믿지 말라고 말씀드렸습니다. 주가를 움직이는 요소는 다양합니다. 언제 어떤 요소가 작용하여 주가를 견인할지 파악하기는 상당히 어렵습니다. 계속 부딪치고 깨져가며 경험이 쌓여야만 이런 요소들을 파악할 수 있지요.

생활 속에서 아이디어를 발견하는 일은 매우 중요합니다. 그러나 그것만으로 투자가 완성되는 것은 아닙니다. 가격이란 무엇인지, 기업 분석은 어떻게 하는지, 투자 의사결정은 어떤 과정을 거쳐야 하는지에 대한 훈련이 되어 있어야만 생활 속 아이디어가 매수 결정을 내리는 '방아쇠'로 작동할 수 있습니다.

철저히 분석하라

팻 도시의 책《모닝스타 성공투자 5원칙》은 기업 분석 방법을 공부하는 교재로 매우 좋습니다. 공교롭게도 그 제목이 이야기하는 '성공투자 5원칙' 부분만 빼고 말입니다. 투자 원칙이라는 건 함부로 단정적으로 이야기할 수 있는 성질의 것이 아닙니다. 지면 관계상 다섯 원칙 모두에 대해서 언급할 수는 없고, 그 첫 번째 원칙에 대해서만 이야기해보겠습니다. 5원칙 중 첫 번째는 '철저히 준비하라(Do your homework)'입니다.[12] 번역이 조금 모호하긴 하지만, 내용을 살펴보면 '투자에 나서기 전에 해당 기업에 대해서 철저히 조사하라'라는 이야기이니 적절한 번역이라고 할 수도 있습니다.

기업을 철저히 분석한다는 건, 어디까지 철저해야 한다는 말일까요? 최근 연도 재무제표를 훑어본다거나, 어떤 제품·서비스를 팔고 있고 경쟁사는 누가 있는지 정도를 알아보는 건 기본이겠지요. 여기에 더해서 과거 5년 치 또는 10년 치 재무제표를 보고, 주석을 일일이 다 확인하고, 공장 주소를 찾아서 공시지가와 주변 부동산 시세를 확인하고, 해당 지역의 통관 데이터를 살펴보는 등의 작업까지 반드시 해야 하는 걸까요? 특정 기업에 오랜 기간 투자한 어떤 분이 자랑스럽게 이렇게 말한 적이 있습니다. "나는 그 집안의 숟가락 개수까지 다 알 정도로 분석했습니다."

정말 숟가락 개수를 파악하고 있는지는 차치하고, 이렇게 깊이 파고드는 태도가 투자 성과와 얼마나 연관이 있을까요? 주식투자에서 돈을 벌기 위해서는 아예 기업을 청산하지 않는 이상은, 다른 누군가가 내 주식을 좋은 가격에 사줘야 합니다.

철저히 분석해서 남들이 모르는 회사의 소중한 가치를 나만 알아냈다고 합시다. 그게 주가랑 무슨 상관이 있죠? 남들이 지금 모르고 있는 무언가는 앞으로도 모를 가능성이 큽니다. 그것을 남들에게 적극적으로 알리는 것도 수익을 거두는 데 한 방법이 될 수는 있겠지요. 하지만 이미 수많은 애널리스트가 그 작업을 하고 있고, 방송이나 유튜브에서도 특정 회사의 장점을 알리기 위한 경쟁이 치열합니다.

대부분의 사람은 회사에 대해서 피상적으로 알고 있습니다. 지금까지 그래왔고 앞으로도 계속 그럴 것입니다. 그렇다면 내가 해야 할 고민은 '나만 알고 있는 이 회사의 가치가 있는가?'를 넘어서서, '나만 파악하고 있는 이 가치를 남들이 언제 어떤 경로로 알게 될 것인가?'입니다. 만약 회사의 자회사가 알짜배기 땅을 가지고 있는데 그게 회사의 시가총액과 맞먹는 가치를 가지고 있다고 합시다. 그러면 그것만으로 끝나는 게 아니라, 언제 어떤 이유로 남들이 그 땅의 가치에 대해서 주목할 이벤트가 발생할 것이라는 시나리오를 써야 합니다. 예를 들어 6개월 이내에 그 땅을 매각한다거나, 개발 계획을 발표한다거나, 자회사를 모회사와 합병한다거나, 자산 재평가를 통해 시가로 장부에 올린다거나 등의 이벤트가 있겠지요. 이때 그 땅이 정확히 얼마인지보다는, 남들이 언제 어떻게 알아봐 줄 것이냐가 수익을 거두는 데 훨씬 중요합니다.

철저한 분석의 문제는 또 있습니다. 경마 예측 기사를 작성하는 기자들이 참여한 한 연구에 따르면, 일정 수준 이상 정보가 주어져도 예측의 정확도는 올라가지 않지만 자신의 예측에 대한 확신의 정도는 정보의 양에 비례하여 계속 증가하는 것으로 밝혀졌습니다.[13] 정보의 양이 많아질수록 판단의 실제 정확도와 믿음 간의 갭이 오히려 더 커지는 거죠. 앞서 언급한 '집안의 숟가락 개수까지 알고 있는' 투자자는 주가가 생각대로 흘러가지 않았을 때, 겸손하고 유연하게 대응하기보다는 '남들이 뭘 몰라서 그래'라면서 고집을 부릴 가능성이 큽니다. 적절한 신념은 성과를 위해 반드시 필요하지만, 고집은 독입니다. 내가 틀렸을 가능성을 염두에 두지 않은 신념은 고집입니다.

'철저히' 분석하는 것이 그다지 중요하지 않다는 말씀을 드렸습니다. 그렇다고 하더라도, 아무런 공부도 하지 않은 채로 투자에 나설 수는 없습니다. 안갯속처럼 불확실한 상황에서도 언젠가는 한 걸음을 디뎌야 할 텐데요, 언제가 적절한 시점인지는 어떻게 알 수 있을까요?

게리 클라인의 《인튜이션》에서는 직관의 중요성을 강조하면서, 판단 능력을 개선하는 방법으로 '멘탈 시뮬레이션'을 제시합니다. 멘탈 시뮬레이션이란 미래에 일어날 다양한 사건을 최대한 구체적으로 그려보는 걸 말합니다.

주식의 가격을 놓고 멘탈 시뮬레이션을 시도해봄으로써 내가 이 기업에 대해서, 이 주식에 대해서, 시장에 대해서, 인간에 대해서 얼마나 알고 있는지 스스로 검증해볼 수 있습니다. "이 주식의 가격이 내일, 3개월 후, 1년 후 어떤 식으로 움직일 것 같나요?"라는 질문에 모조리 "모르겠는데요"라는 대답밖에 할 수 없다면, 충분히 공부하지 않은 것입니다. 뭐라도 조금의 대답을 할 수 있다면, 일단 한 걸음은 내디딜 수 있습니다. 그런 다음 곧바로 함정에 빠지겠지만요. 중요한 건 그다음입니다.

아무 대답도 할 수 없는 상태에서 함정에 빠지면 아무것도 배울 수 없습니다. 뭐라도 내 생각을 가진 상태에서 다음 상황을 마주한다면, 내가 얼마나 부족한지를 깨달을 수 있습니다. 주가의 단기적인 등락에 따라 내 감정이 환희와 절망, 자신감과 무력감 사이를 왔다 갔다 한다면 충분히 준비되지 않은 것입니다.

모든 걸 사전에 완전히 준비한 채로 세상에 나설 수는 없습니다. 틀릴 것을 각오하고 틀렸을 때 어떻게 배워나갈 것인가를 염두에 두었다면, 얼른 밖으로 나가서 다양한 상처를 겪어보는 것이 빠르게 실력을 키울 수 있는 길입니다. 이런 태도를 《이기는 결정》에서는 다음과 같이 우아하게 표현합니다.

> 불확실한 상황에서 엄격함은 정확한 단일 수치 예상으로 표현되는 것이 아니라 불확실성 추정치를 정확하게 정의할 때 가능하다. 이것은 미래에 대한 단 하나의 올바른 비전을 선택함으로써 얻어지는 것이 아니며, 다양한 미래를 예상하고 그에 대비할 수 있도록 해주는 엄격한 과정을 통해 얻어진다.[14]

내재가치에 집중하라

벤저민 그레이엄은 1934년 《증권분석》, 1949년 《현명한 투자자》를 출간하며 기업의 내재가치를 기준으로 하는 투자법을 설파했습니다('가치투자'라고 부르는 투자법이긴 한데, 저는 이 용어를 선호하지 않으므로 쓰지 않겠습니다). '주식이란 매일 가격이 변하는 종이 쪼가리가 아니라 기업의 자기자본에 대한 소유권이며, 따라서 그 주식이 표상하는 기업의 가치가 곧 주식의 내재가치다'라는 주장입니다. 지금 시점에서는 너무나 당연하게 느껴지지만, 당시로서는 충격적인 견해였습니다.

주식에는 '정당하게' 받아야 할 가격, 즉 '내재가치'가 존재하며, 이 가치보다 가격이 쌀 때 사서 가격이 가치에 '수렴'할 때까지 기다리면 된다는 투자 기법은 많은 투자자를 매혹했습니다. 사실 저는 이런 투자 기법은 그레이엄의 주장을 곡해한 것이라고 생각합니다(그래서 '가치 투자'라는 용어를 선호하지 않습니다).

내재가치와 그레이엄의 주장 등에 대해서 구체적으로 이야기를 풀려면 책 한 권으로도 모자랄 듯하니, 여기서는 핵심 문제만 짚어보겠습니다. 질문은 두 가지입니다.

- 첫째, 내재가치가 존재하는가?
- 둘째, 존재한다면 계산 가능한가?

그레이엄은 가격과 가치의 관계에 대해서 "가격은 우리가 치르는 것이고, 가치는 우리가 받는 것이다"라고 버핏에게 가르쳐주었습니다.[15]

주식을 사면 우리는 무엇을 받나요? 이 또한 제가 즐겨 하는 질문입니다. 주식증서를 받는다고 대답하기도 하지만, 이는 동어반복입니다. 주식을 샀다는 게 곧 주식증서를 소유한다는 뜻이니까요. 주식증서를 소유한 우리는 어떤 권리를 가지나요? 네. 주주총회 의결권과 배당수령권 등이 있습니다. 의결권은 임원의 임명·해임, 증자 결정, 배당 금액 결정 등 회사의 자원배분에 대한 결정 권한이니 결국 기업이 누구를 대리인으로 선임해서 자본을 불려나가게 할 것인지에 대한 결정 권한입니다. 배당의 근원은 무엇인가요? 기업의 이익잉여금이지요. 그리고 최종적으로 법인을 청산하게 되면 어떤 일이 벌어지나요? 채무를 탕감하고 남은 재산, 즉 잔여재산에 대한 분배청구권을 지닙니다.

정리해봅시다. 주식을 소유한 우리는 기업이 부채를 **차감**하고 남은 **이익을 어떻게 활용할지에 대한 결정권**을 갖습니다. 일부는 배당하고, 일부는 유보하여 앞으로 더 큰 배당을 주고, 여의치 않다면 사업을 중단할 수 있게 하는 권한이지요. 상장주식은 이 권한에 가격표가 붙어서 매일매일 시장에서 거래가 될 뿐입니다.

주식에는 실제로 표상하는 어떤 권리가 있습니다. 주식을 매매한다는 것은 이 권리를 사고파는 것이기 때문에 이 권리의 가치가 곧 주식의 내재가치라고 할 수 있습니다. 따라서 첫 번째 질문의 답은 '존재한다'입니다.

두 번째 질문으로 갑시다. 주식의 가치는 어떻게 계산할 수 있을까요? 주식은 자기자본에 대한 소유권이자 누구에게 자원배분을 맡길 것인지를 결정할 수 있는 권한입니다. 자원배분을 하는 이유는 종국에는 주주에게 더 큰 자본을 돌려주기 위해서이지요. 결국 주주로서 얼마의 현금을 회수할 수 있느냐가 주식의 가치입니다.

채권의 경우로 환산해보면 문제는 간단해집니다. 채권을 소유하면 특정 시기마다 이자를 받고, 만기가 되면 원금을 돌려받습니다. 이자와 원금을 다 더하면 채권자가 얻는 총 현금흐름이 나옵니다. 여기서 각 현금흐름의 발생 시점마다 '할인'을 해주어야 합니다. 오늘의 1만 원이 1년 후에 손에 쥐게 될 1만 원보다 더 가치 있다는 데에는 쉽게 동의할 수 있을 것입니다. 1년 후의 1만 원이 현재의 얼마와 동등한 가치를 지니느냐를 계산할 때, 1년 후의 1만 원을 나눠주는 수치가 바로 할인율입니다. 할인율이 10%라면, 1년 후의 1만 원은 1만 원을 1.1로 나눈 값인 9,091원의 현재가와 동등합니다.

원금이 100만 원이고 1년마다 이자 5%를 지급하고 3년 후 만기가 되는 채권의 현재가치는 이렇게 구할 수 있습니다.

$$\text{PV(현재가치)} = \frac{5만\ 원}{1.1} + \frac{5만\ 원}{1.1^2} + \frac{5만\ 원}{1.1^3} + \frac{100만\ 원}{1.1^3} = 87.6만\ 원$$

현금흐름을 단순히 합산하면 115만 원이지만, 할인율 10%가 적용되니 이 채권의 현재가치는 87.6만 원이 됩니다. 만약에 할인율이 5%라면 어떻게 될까요?

$$\text{PV(현재가치)} = \frac{5만\ 원}{1.05} + \frac{5만\ 원}{1.05^2} + \frac{5만\ 원}{1.05^3} + \frac{100만\ 원}{1.05^3} = 100만\ 원$$

딱 100만 원이 되네요. 할인율과 이자율이 동일하기 때문에 액면가(원금)와 현재가치가 동일하게 나옵니다. 현금흐름을 창출하는 자산(capital asset)이라면 모두 이 개념을 적용하여 가치를 계산할 수 있습니다. 주식도 여기에 해당합니다.

주식의 경우 주주에게 돌려주는 현금흐름을 쭉 나열하고 적절한 할 인율로 할인하면 되겠지요. 이 방법을 DCF(Discounted Cash Flow, 현금 흐름할인법)라고 합니다. 주식의 가치평가에는 다양한 공식이 있습니다 만, 주주가 가져갈 몫을 어떻게 정의하고 계산하기 쉬운 형태로 변형하 느냐의 차이일 뿐, 모든 가치평가 공식은 DCF로 환원할 수 있습니다.

문제는 여기에 들어가는 변수들이 너무나 복잡하고 주관적이라는 데 있습니다. 기업은 주주들에게 특정 시점에 특정 금액의 현금을 돌 려줄 의무가 없습니다. 그때그때 경영진의 판단으로 배당이나 사내 유 보를 결정합니다. 주주들은 그런 경영진의 판단에 대한 동의 여부 또 는 경영진 자체에 대한 신뢰 여부를 표할 수 있을 뿐입니다.

불확실한 미래 현금흐름을 추정하는 데에는 아주 많은 주관이 개입 합니다. 얼마나 미래까지 추정해야 할지, 각 시점의 현금흐름은 어떻 게 될지 등을 파악하려면 엑셀 시트 100개를 써도 모자랄 수 있습니 다. 또한 할인율도 문제입니다. 이미 눈치채신 분도 많겠지만, 어느 정 도의 할인율이 적정한지 결정하는 데에는 현금흐름이 얼마인지 추정 하는 것에 버금갈 정도로 거센 논란이 있습니다.

워런 버핏은 DCF에 대해 이렇게 말합니다.

기업의 가치평가에 중요한 요소는 기업이 창출하는 미래 현금흐름의 현 재가치입니다. 사람들은 항상 공식을 찾아다닙니다. 그러나 완벽한 공식 은 존재하지 않습니다. (…) 간단한 공식에 변수들을 완벽하게 입력하는 식으로 기업의 가치를 평가할 수는 없습니다.[16]

또한 이렇게도 이야기했습니다.

정밀하게 틀리는 것보다는 대략이라도 맞히는 게 낫습니다.[17]

정확도(accuracy)와 정밀도(precision)는 다른 개념입니다. 다음 그림을 볼까요?

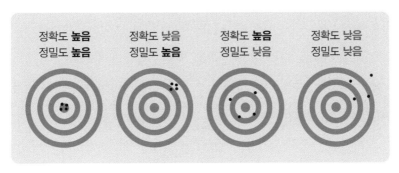

〈그림 6-7〉 정확도 vs 정밀도

'정확한' 사격은 여러 발 사격을 했을 때 대략 원하는 지점 부근을 맞힌다는 것이고, '정밀한' 사격은 탄착점 사이의 간격이 좁다는 것을 의미합니다. 기업 가치평가의 경우 수백, 수천 개 자료를 집어넣어서 소수점 일곱 번째 자리까지 '정밀하게' 계산해봤자 결국 틀릴(정확도가 낮아질) 뿐입니다.

앞의 '철저히 분석하라'에서 말씀드린 것처럼, 많은 자료를 활용할수록 결과물에 대한 확신의 정도는 더 높아집니다. 가치평가의 세계적 권위자 어스워스 다모다란은《내러티브 앤 넘버스》에서 이렇게 말합니다.

수를 가지고 작업을 많이 하다 보면 숫자가 정밀해 보이거나 그렇게 보이도록 꾸밀 수는 있지만, 실제로는 전혀 정밀하지 않다는 것을 금세 깨닫게 된다. 특히 미래 예측과 관련해서는 더더욱 그러하다. (…) 정교한 측정 도구를 가졌기 때문에 통제하고 있다는 착각에 빠지면, 숫자가 상식을 몰아낼 수 있다.[18]

주식을 공부하기 시작한 분들은 대체로 가치평가 기법에 환상을 가지고 있습니다. 내재가치 계산에 대단한 비밀이 있으리라 생각하지만, 열심히 공부하다 보면 도달하는 진실은 단순합니다. 원하는 값이 있다면 얼마든지 숫자를 끼워 맞춰서 그 값을 만들어내는 도구가 되는 것이 가치평가 기법입니다.

그렇다고 가치평가 기법을 공부할 필요가 없다는 뜻은 아닙니다. 오히려 반드시 공부해야만 합니다. 그래야만 현란한 숫자를 늘어놓는 사람들 앞에서 주눅 들지 않을 수 있습니다. 그리고 한 걸음 더 나아가, 사람들이 어떤 식으로 이 주식을 평가할 것인지를 추론할 때 중요한 힌트들을 얻을 수 있습니다.

예를 들어 네이버, 카카오 주식이 급등하고 있다면 단순히 'PER이라는 지표가 이제 무의미해진 것 같아'가 아니라, '현재 이 주식들의 PER에 내재된 이익 성장률과 할인율을 역산해봤더니 의외로 받아들일 만한 값이 나왔어' 또는 '아무리 낙관적인 가정을 넣어봐도 도저히 이 수치를 정당화할 수 없어' 등의 구체적인 추론을 할 수 있습니다.

4장에서 수학 문제를 풀 때 해의 존재성과 유일성에 대해 잠깐 언급했지요. 해가 존재하지 않는다면 굳이 찾아내느라 애쓸 필요가 없고, 해가 유일하지 않다면 하나의 해를 발견했다 하여 문제를 해결했다고 착각하는 우를 범하지 않을 수 있다고요.

기업의 내재가치에 대해서도 마찬가지 이야기를 할 수 있습니다. 내재가치는 존재합니다. 그러나 유일하지 않습니다. 내재가치는 우리 마음속에 있습니다. 그러므로 내재가치가 정확히 얼마냐를 정밀하게 측정하는 데 시간을 쓰기보다는, 내재가치를 측정하려고 노력하는 사람들의 심리를 추측하는 것이 성과를 내는 데 더욱 유용할 것입니다.[19]

역사는 반복된다

다음은 위대한 투자자 존 템플턴 경의 말인데요, 그가 남긴 수많은 어록 중 가장 유명한 문장일 겁니다.

'이번에는 다르다(This time is different)'라는 말은 투자 역사상 가장 비싼 네 단어입니다.[20]

경험이 짧은 사람들은 작은 변화에도 인류가 처음 맞이하는 새로운 상황이라고 생각하는 경우가 종종 있습니다. 그럴 때마다 '인간의 욕심은 끝이 없고 같은 실수를 반복한다'라는 점을 되새겨야 합니다.

근현대 유럽의 황금기인 벨 에포크 시대(19세기 말부터 제1차 세계대전

발발 이전까지 유럽이 번성했던 시대)는 계몽주의와 합리주의에 대한 낙관으로 가득 찬 시대였습니다. 인간이 가진 이성의 힘으로 무지의 장막을 걷어내고 새로운 시대에 접어들었다고 믿었습니다. 하지만 그 믿음은 제1차 세계대전이라는 사상 초유의 처참한 국제 전쟁과 함께 산산이 부서졌습니다.

1900년대 초반 미국은 중앙은행의 힘 덕에 경제 사이클을 통제할 수 있다고 믿었습니다. 그 믿음 또한 1929년 대공황과 함께 처절히 무너졌습니다.

제2차 세계대전이 끝나고 브레턴우즈 체제하에 각 국가는 급속한 경제 성장을 일구어냈습니다. 케인스식의 적극적인 개입 정책으로 인간이 경제 사이클을 극복했다고 다시금 믿었고, 그 믿음은 '스태그플레이션'이라는 새로운 개념의 등장과 함께 막을 내렸습니다. 경제 연구와 정책 수립에 평생을 보내온 사람들에게 오일 쇼크는 전례가 없는 일이었습니다.[21]

1970년대 니프티 피프티(끝없이 급등하던 대형 우량주 50개를 지칭), 2000년대 IT 버블, 2007년 금융공학의 발달과 주택시장의 버블 등은 모두 '우리는 새로운 시대를 목도하고 있다'라는 믿음과 함께 부풀어 올랐고, 버블 붕괴로 믿음이 깨지면서 커다란 상처를 안겼습니다.

레이 달리오는 《원칙》에서 "다른 시대, 다른 곳에 사는 사람들에게 일어났던 일들을 더 많이 공부하라"라고 충고합니다.[22] 우리는 역사를 공부해야 합니다. 그러나 역사를 공부하는 것과 역사가 반복되리라고 믿는 것 사이에는 상당한 간극이 있습니다.

미래에 일어날 사건들에 대해 확률분포를 추론하는 데에는 세 가지 방법이 있습니다. 첫 번째는 주관적 확신의 표현, 두 번째는 인과관계 파악, 세 번째는 통계적 유의성 검증입니다. 여기서 주관적 확신은 그다지 논할 필요가 없고, 인과관계 파악은 워낙에 어렵다고 앞서 말씀드렸으니 그나마 믿을 만한 방법은 통계적 유의성 검증이 되겠습니다.

통계적 유의성에 기반한 의사결정은 꽤 합리적이긴 하지만, 여기에는 치명적인 가설이 포함되어 있습니다. 통계적 기법은 그 추정에 사용된 샘플 데이터가 '일어날 수 있는 전체 사건'을 대변한다고 가정합니다. 쉽게 말해, 앞으로 일어날 일들의 분포가 모두 과거에 반영되어 있다는 가정입니다.

LTCM(Long Term Capital Management)은 이 가정이 얼마나 위험한지 알려주는 대표적인 사례입니다. 경제학자인 로버트 머튼과 마이런 숄즈는 옵션의 가치를 평가하는 블랙-숄즈 공식을 창안했고, 이 공식으로 실제로 돈을 벌어보고자 LTCM이라는 헤지펀드에 합류했습니다. 블랙-숄즈 공식은 상당히 복잡하지만, 그 기본은 과거 금융시장의 패턴으로부터 통계적 유의성을 추론하여 앞으로의 가격 변동을 예상하는 것입니다. 그들의 모델은 한동안 잘 작동하여 엄청난 성과를 냈고, 두 사람은 노벨경제학상까지 받는 쾌거를 올리기도 했습니다. 1994년 설립되어 월가에서 가장 잘나가는 펀드가 된 LTCM은 1998년 8월 러시아의 모라토리엄(채무 지급불능) 선언에 타격을 입고 한 달 만에 자산의 98%를 날렸습니다.

새 시대라는 생각이 위험한 것처럼, 과거가 반복될 거라는 아이디어도 위험하긴 마찬가지입니다. 우리가 겪는 어떤 일도 완전히 새로운 것은 없지만, 완전히 똑같이 반복되는 경우도 없습니다.

우리가 던져야 할 질문은 '역사가 반복되는가?'가 아닙니다. '과거에 유사한 시기는 언제였으며, 당시와 지금의 유사성과 차이점은 무엇인가?'라고 물어야 합니다. 사안으로부터 보편성과 특수성을 발라내야 합니다.

2020년 현재는 저금리에 유동성이 확대되는 국면입니다. 금리를 낮추어 경기를 부양하고자 했던 시기는 세계가 금융위기의 여파에 휘둘렸던 2008년을 비롯하여 여러 차례 있었습니다. 경기 침체를 극복하기 위해 큰 폭의 금리 인하를 단행했던 미국의 1995년, 극심한 장기 침체에서 벗어나고자 양적완화 정책을 내세웠던 일본의 2001년 등이 있죠. 한편 현재는 유동성을 아무리 풀어도 인플레이션이 나타나지 않는 특이한 시대입니다. 2017년 미 연준 의장 재닛 옐런은 이런 현상을 '미스터리'라고 부르기도 했습니다. 낮은 실업률, 경기 회복, 풍부한 유동성 등 인플레이션의 모든 요소를 갖췄음에도 인플레이션이 나타나지 않았죠. 코로나19로 경제에 타격을 입은 지금, 당연히 인플레이션은 발생하지 않고 있습니다. 기술 발달에 힘입은 생산성 증가 덕분에 인플레이션이 일어나지 않는다는 것이 현재의 정설입니다. 만약 그게 사실이라면, 과거의 유사한 상황을 찾기 위해서는 19세기 후반의 미국·유럽까지 가야 합니다.

반면 주식과 부동산 등 자산의 가격은 천정부지로 치솟고 있습니다. 디플레이션, 저금리, 유동성에 힘입은 자산 가격 급등 등의 개별 현상은 과거에서 유사한 사례를 찾아볼 수 있습니다. 그러나 이 모든 현상을 종합한, 유동성이 풍부함에도 소비자물가는 오르지 않고 자산 가격만 급등하는 상황은 과거 어느 시기에서 유사한 사례를 발견할 수 있을까요? 저는 잘 모르겠습니다. 한 가지 확실한 것은, 개별 유사 사례들을 바탕으로 미래를 예측하려는 시도는 함부로 해서는 안 된다는 점입니다.

우리는 결국 과거의 유의성으로부터 인과관계를 미약하게나마 추론하고, 일어날 수 있는 사건들을 나열하고, 그때그때 새로운 사건이 벌어질 때마다 시나리오를 성실하게 업데이트할 수밖에 없습니다.

투자 철학을 갖추어라

투자에 대한 조언을 해주시는 분들이 한결같이 하는 이야기가 있습니다.

"자신만의 투자 철학을 갖추어라."

그런데 저는 투자 철학이 무슨 말인지, 생각하면 할수록 도통 모르겠습니다.

철학이란 무엇일까요? 위키백과의 정의는 다음과 같습니다.

세계와 인간의 삶에 대한 근본 원리, 즉 인간의 본질, 세계관 등을 탐구하는 학문이다. 또한 존재, 지식, 가치, 이성, 인식 그리고 언어, 논리, 윤리

등의 일반적이며 기본적인 대상의 실체를 연구하는 학문이다.

철학의 영어 단어 'philosophy'는 고대 그리스어 필레인(Φιλειν, 사랑하다)과 소피아(σοφία, 지혜)의 합성어로, 직역하면 '지혜를 사랑한다'입니다.[23] 어느 영역에나 철학이라는 단어를 붙일 수 있습니다. 과학에서는 과학 철학이, 교육에서는 교육 철학이, 정치에서는 정치 철학이 있습니다. 어떤 분야든 해당 분야에서 작동하는 근본 원리에 대한 고찰이 곧 그 분야의 철학이 되는 것 같습니다.

투자 철학은 무엇일까요? 위 정의에 따르자면 '투자란 무엇이며, 왜 해야 하며, 어떻게 해야 하는지에 대한 깊이 있는 고찰'이 곧 투자 철학이 되겠죠.

"당신의 투자 철학이 무엇입니까?"라고 흔히들 묻습니다. 그리고 흔히들 대답합니다. "평생 가져갈 수 있는 기업을 찾아 장기 보유합니다.""훌륭한 경영진이 있는 기업에 투자합니다.""예기치 못한 일에 대비하고 적절히 대응합니다.""충분한 분산투자입니다.""비용을 낮추는 것입니다.""남들이 비관에 빠져 있을 때 매수합니다."

어찌 보면, 이 장 전체에서 다루고 있는 격언들이 모두 누군가가 자신의 투자 철학이라고 이야기하는 내용일 것입니다. 한 꺼풀 벗겨보면 이런 식의 답변들이 문제가 있음을 이번 장에서 주욱 말씀드렸습니다.

저는 투자에 '철학'이라는 용어를 붙이는 것이 불편합니다. '철학자'라고 하면 진리를 탐구하는 고고한 학자의 이미지가 떠오릅니다. 투자는 돈으로 돈을 벌고자 하는 행위입니다. 합법적인 범위 안에서 내 자산을 다른 누군가에게 비싸게 팔아먹을 방법을 궁리하는 행위입니다. 투자를 돈놀이를 넘어서 영적인 행위로 승화한 존 템플턴 경 같은 분도 계시긴 하지만, 극히 이례적인 경우죠.

투자를 잘하기 위해서 세상이 굴러가는 방식을 연구하고 인간의 인지적 한계와 편향된 사고를 연구하지만, 그 귀결점은 늘 남들의 잘못으로부터 내가 이득을 취하는 것입니다. 나의 행동을 철학으로 포장하려는 시도는, 이 냉정한 진실로부터 눈을 가리는 역할을 할 수 있습니다. 진실에서 눈을 돌리면 좋은 성과를 낼 수 없습니다.

투자 철학이라는 말에 거부감을 갖는 현실적인 이유가 바로 여기에 있습니다. 투자 철학이라는 말을 공공연히 하고 다니는 투자자들은 대개 자신의 저조한 성과를 그 단어로 감싸려 합니다. 일테면 이런 식으로 말하죠. "지금은 일시적으로 시장이 왜곡되어 있지만, 이런 상황일수록 나는 투자 철학을 지켜야 한다. 시장의 변화에 흔들리며 철학을 그때그때 바꾸는 것은 약속을 저버리는 일이다."

참으로 난감한 말입니다. 투자의 기본은 불확실성입니다. 누가 무엇을 정확히 알 수 있단 말입니까? 하나의 고정된 철학으로 모든 시대를 극복할 수 있나요? 유연함이 결여된, 실패로부터 배우지 못하는 철학은 그냥 '고집'일 뿐입니다.

우리에게 중요한 것은 '철학'이라는 그럴싸하고 듣기 좋은 행동강령이 아닙니다. '지속적으로 수익을 낼 수 있는 원칙의 집합'이 중요합니다. 앞으로 행여나 투자 철학이라는 용어를 사용할 일이 있다면, 이 정의를 염두에 두시기 바랍니다.

그렇다면 '지속적으로 수익을 낼 수 있는 원칙들'은 어떻게 발견할 수 있을까요? 어떤 원칙이 좋은 원칙임을 어떻게 알 수 있나요?

우선 우리는 '취향'과 '원칙'을 구분해야 합니다. 투자 철학을 물어보면 이렇게 대답하는 사람들이 있습니다. "가치주에 투자합니다." "배당주에 투자합니다." "성장성이 있는 주식을 좋아합니다." "거시적인 테마에 맞아야 합니다."

이런 대답들은 그저 취향을 드러낼 뿐입니다. 취향은 사실 중요합니다. 경험적으로 내가 이런 종류의 주식들로 성공을 거둔 적이 있고, 앞으로도 내가 잘할 수 있는 영역은 여기에 한정된다는 걸 인지하는 거죠. 앞서 언급한 버핏의 '능력 범위'와도 통하는 이야기입니다.

문제는 취향을 일반화하려는 시도에서 불거집니다. 가치주를 선호하는 분들은 가치주가 장기적으로 우월한 투자법이며, 가치주의 성과가 저조한 국면은 '뭔가가 잘못됐다'라고 이야기합니다. 그래서는 안 됩니다. 성과가 저조할 때는 그저 "제가 부족하여 요즘 같은 장에는 잘 대응하지 못하고 있습니다"라고 해야 합니다. 그리고 어떻게 하면 더 잘할지를 고민해야지요.[24] 내가 짜장면을 좋아하는 것에는 아무 문제가 없습니다. 모두가 짜장면을 좋아해야 한다고 주장하면 문제가 생기죠. 한식집에서 짜장면을 내놓으라고 소리치면 문제는 더 커집니다.

다음 이야기를 해봅시다. 여기까지 읽어왔으니 이제 여러분도 위험한 격언, 원칙들이 가지는 공통된 문제점을 파악하셨을 것입니다. 어설픈 원칙과 격언은 운과 생존 편향이 작용한 경우가 많습니다.

투자 세계에는 운이 많이 작용하는데, 우리는 성과가 좋을 때마다 운을 실력으로 착각합니다. 성과가 나쁜 사람들은 발언을 할 기회도 줄어들뿐더러 우리는 성과가 좋은 사람들이 이야기하는 원칙과 '철학'에만 귀를 기울입니다. 그리고 그들의 성과가 나빠지면 그들의 이야기 또한 기억 저편으로 사라지고, 그때그때 성과가 좋은 사람들의 '철학'이 그 자리를 채웁니다. 사실상 그들 모두가 단지 운이 좋았을 가능성은 크게 고민하지 않습니다.

이 장의 서두에서 말씀드렸지만, 대부분의 격언에는 그와 대비되는 반대 격언이 있습니다.

- 대중과 반대로 움직여라. vs 떨어지는 칼날을 잡지 마라. 달리는 말에서 뛰어내리면 다친다.
- 계란을 한 바구니에 담지 마라. vs 잘 아는 것에 집중 투자하라.
- 역사는 반복된다. vs 블랙 스완에 대비하라.
- 최대한 싸게 사야 한다. vs 너무 비싼 가격이란 없다.
- 주가 하락은 저가 매수 기회다. vs 물타기는 저승으로 가는 지름길이다.

단순히 격언을 나열하는 것만으로는 어떤 행동을 취해야 할지 파악하기 어렵습니다. 좀더 본질적인 고민을 해봐야 합니다.

지식이란 국소 영역에서의 통계적 유의성에 불과합니다. '안다'라는 건 무엇일까요? '경험적으로 이러이러한 상황에서는 이러이러한 일들이 벌어지더라'라고 신피질에 패턴이 인식되는 과정이 학습입니다. 의식적인 연구 활동을 통한 지식의 축적이 기술과 학문으로 남게 되고요.

투자의 세계에 존재하는 지식은 어떤 것이든 유효기간이 있습니다. 우선 그 지식의 유효기간을 파악해야 합니다. 예를 들어 '인간은 감정에 휩쓸리기 마련이어서 탐욕과 공포 사이를 오간다'라는 지식은, 우리의 유전자 구조가 바뀌거나 호르몬을 통제하는 약물을 전 세계인에게 강제로 투여하지 않는 한은 유효할 것입니다. 반면 '지금 사람들이 공포에 빠져 있다'라는 지식은 당장 내일이라도 폐기될 수 있습니다.

유효기간이 긴 지식을 토대로, 유효기간이 짧은 지식들이 어떻게 변화해갈지를 추론하는 것은 좋은 시도입니다. 예를 들어 '한국 기업은 자본환원율(투입한 자본 대비 회수되는 비율)이 낮다'라는 명제를 바탕으로 '한국 기업에는 투자하면 안 돼'라는 결론을 내리는 것은 큰 의미가 없습니다. '투자자는 높은 자본환원율을 선호한다. → 자본환원율이 낮았다가 높아지면 주가가 상승할 수 있다. → 한국 기업은 자본환원율이 낮은데, 그동안은 자본환원율을 높일 유인이 없었다. → 최근 이러저러한 이유로 자본환원율이 높아질 기미가 보인다. → 그렇다면 한국 기업은 좋은 투자 대상일 수 있다'라는 식으로 추론해야 합니다.

또는 반대로, '한국 기업의 자본환원율이 높아질 것이라는 기대로 주가가 상승했다. → 최근 자본환원율을 높이라는 정치적 압박이 거세지고 있어서, 투자자들이 거기에 주목한 것 같다. → 그러나 한국 기업의 자본환원율이 낮은 데에는 뿌리 깊은 이유가 있어서 규제를 적용하더라도 높아지지 않을 수 있고, 정치 로비를 통해 규제 자체를 못 하게 막을 수 있다. → 그러니 지금은 자본환원율 상승에 대한 기대감으로 상승한 주식은 매도하자. 그리고 매수 예정이었던 주식은 이 이슈가 지나간 이후에 매수하자'라는 의사결정을 할 수 있습니다.

'나는 자본환원율이 높은 기업이 좋다'라는 건 단순한 취향입니다 (사실 제 취향이기도 합니다). 취향을 취향으로만 남겨두면 투자의 기회는 상당히 제한됩니다. 그러나 내가 알고 있는 그 밖의 각종 지식과 결합하면, 그 취향을 변주하여 다양한 투자 기회를 찾아낼 수 있습니다.

또한 앞의 사례에서도 살짝 눈치채셨겠지만, 현재 주목받는 원칙 또는 격언들 자체가 투자 아이디어가 될 수 있습니다.

'철저히 분석하고 보수적으로 투자해야 한다', '목표수익에 도달하면 더 욕심부리지 말고 이익을 실현해야 한다', '손절매를 철저히 해야 한다', '떨어지는 칼날을 잡지 마라', '바닥 따위 논하지 마라, 지하실이 있다' 등의 조언이 팽배해 있다면, 우리는 이렇게 생각할 수 있습니다.

'아, 주식 때문에 상처받은 사람이 많구나. 주식에 대한 비관론이 팽배하니, 비관론이 낙관론으로 바뀌었을 때 상당한 상승이 있을 수 있겠구나. 그럼 앞으로 더 비관론이 강해진다면 어디까지 하락할지 생각해보자. 그 정도 손실을 감당할 수 있다면 베팅해볼 만하지 않을까?'

만약 '노동소득으로만 살 수는 없다', '돈이 돈을 벌게 해야 한다', '이익을 얻으려면 리스크를 감수해야 한다'라는 조언을 주변에서 쉽게 들을 수 있다면, 우리는 이렇게 생각할 수 있습니다.

'사람들이 자신감이 많이 생겼구나. 이 자신감이 이어지는 동안에는 시장이 상승 기조를 유지할 수 있겠군. 그런데 비관론으로 돌아서면 크게 하락할 수 있겠지? 그리고 그때가 되면 다들 먼저 빠져나오려고 할 텐데, 내가 과연 남들보다 먼저 빠져나올 수 있을까? 그러나 이런 단기적인 이유로 장기적인 수익을 놓치고 싶지는 않아. 그렇다면 알 수 없는 이유로 하락했을 때 상처받지 않도록 일부는 차익실현을 해놓고, 손해 봐도 괜찮을 정도의 금액을 남겨놓고 앞으로 사태를 관망해 보자.'

　　지금까지 투자의 세계에서 빠지기 쉬운 함정과 어설픈 조언들에 대해서 무엇이 잘못됐고, 어떻게 조심해야 할지, 나아가 어떻게 활용할 수 있을지 이야기해봤습니다. 다음 장부터는 진짜 중요한 질문, 성과를 내기 위해서 반드시 던져야 할 질문에 대해 살펴봅시다. 이제 좀 어려워집니다.

더 깊이 알고 싶다면

2부에서는 우리가 흔히 던지는 무의미한 질문들, 그리고 그런 질문들에 대해서 흔히 대답으로 쓰이는, 있어 보이지만 무의미한 격언들을 다루어봤습니다. 1부가 우리의 사고 과정에 대한 이야기였다면 2부는 본격적으로 투자에 대한 이야기라고 할 수 있습니다. 투자에 관한 책은 서점에 수도 없이 넘쳐나는데요, 함정을 피해 갈 수 있는 지혜를 알려주는 책 몇 권을 (고심해서) 뽑아봤습니다.

- 《전설로 떠나는 월가의 영웅》, 피터 린치, 존 로스차일드: 주식투자 입문자에게 늘 추천하는 최고의 입문서입니다. 피터 린치는 뮤추얼펀드 매니저로서 타의 추종을 불허하는 훌륭한 성과를 내고 최고의 자리에서 깔끔하게 은퇴한, 책 제목 그대로 '전설로 떠나는 월가의 영웅'입니다. 투자를 잘하는 사람은 매우 드뭅니다. 그중에서 자신의 노하우를 친절하게 책으로 써서 알려주는 사람은 더욱 드뭅니다. 이 책은 존재 자체로 축복이라고 할 만합니다. 투자를 시작한 지 15년이 넘은 제가 지금 다시 읽어봐도 그 깊이에 깜짝깜짝 놀라게 됩니다.

- 《현명한 투자자》, 벤저민 그레이엄: 훌륭한 투자자들이 공통으로 꼽는 단 한 권의 책이 있다면 바로 이 책이지요. 벤저민 그레이엄은 단순히 '가치투자의 창시자'로만 알려져 있지만 사실은 헤지펀드, 주주 행동주의, 인덱스펀드 등 현대의 투자 기법에 지대한 영향을 미친 시대의 천재입니다. 그런 그가 대중을 위해 쓴 투자서입니다. 앞서 출간한 《증권분석》의 순한 맛 버전이라고도 할 수 있는데요. 그런데도 1940년대의 유려한 문체는 접근하기 쉽지 않은 면이 있어서 함부로 추천하기가 어려웠습니다만, 존경하는 이건 선생님의 새 번역본이 최근에 나와서 가독성이 상당히 좋아졌습니다.

/ **185**

여전히 내용이 어려운 건 어쩔 수 없습니다만, 투자를 진지하게 고민하는 분이라면 절대로 넘어가서는 안 될 책입니다.

- 《워런 버핏 바이블》, 워런 버핏: 두말할 필요가 있을까요? 버크셔 해서웨이 주주서한 과 주주총회 Q&A 모음집입니다. 버핏의 주주서한을 엮은 책들이 많이 있는데, 현재 는 이 책의 구성이 가장 좋습니다. 주제별로 잘 정리되어 있기도 하거니와 버핏 마니 아인 이건 선생님께서 원서에는 포함되어 있지 않은 최근의 주주서한 내용까지 추가 해주신 덕분에 내용이 훨씬 풍성해졌습니다(역자께서는 함께 출간한 《워런 버핏 라 이브》도 내용이 참 좋은데 인기가 없다고 안타까워하셨습니다).

- 《호황 vs 불황》, 군터 뒤크: 앞에 소개한 책들보다는 상당히 마이너한 책입니다. 내 용 역시 경제도 아니고 경영도 아니고 투자도 아닌 난해한 내용입니다. 혹자는 열심 히 읽었는데 머리에 남는 건 '돼지 사이클 이론'밖에 없더라고 했습니다. 바로 그 점 이 중요합니다. 돼지 사이클 이론은 각 경제 주체가 주어진 정보를 바탕으로 최선의 이익을 추구하려 한 결과 사이클이 나타날 수밖에 없다는 것을 시사합니다. 호황과 불황은 우리가 없애야 할 잘못된 변동성이라거나 누군가의 음모에서 비롯된 거라는 잘못된 환상을 깰 수 있습니다. 3부에서 소개할 '제한적 합리성'이 경기 주기에 어떻 게 영향을 미치는지 풍부한 시사점을 줍니다.

- 《주식시장 흐름 읽는 법》, 우라가미 구니오: 강세장과 약세장이 어떻게 반복되는지, 각 국면에서 정책당국자의 움직임과 실적은 어떤 양상을 띠는지 알기 쉬운 '사계절 모형'으로 설명합니다. 책 표지나 본문 편집이 아주 고전적인 색채이지만, 거시경제 와 증시의 관계를 이해하기 위해서는 반드시 읽어보아야 할 책입니다.

- 《내러티브 앤 넘버스》, 어스워스 다모다란: 기업 가치평가의 구루로 불리는 어스워스 다모다란이 쓴 대중서입니다. 기업 가치평가란 인간의 활동으로 이루어지는 기업의 가치를 숫자로 평가해내는 작업입니다. 언뜻 생각하면 엄밀하게 숫자에서 시작해서 숫자로 끝날 것 같은 일이죠. 하지만 설득력 있는 미래 전망을 제시하는 것이 이 숫자 들에 어떤 영향을 미치는지에 대해서 이 책을 통해 많은 영감을 얻을 수 있습니다.

- 《어느 주식 투자자의 회상》, 에드윈 르페브르: '월가의 큰 곰'이라는 별칭을 가진 개

인 투자자 제시 리버모어의 인터뷰를 모아서 펴낸 책입니다. 초보자가 읽기에는 꽤 난해합니다. 의사결정을 하고 포지션을 유지하는 데 심리가 얼마나 중요한지 생생하게 알려줍니다. 안타깝게 생을 마감한 투자자이지만, 그런 만큼 절대 흘려들을 수 없는 이야기들이 숨어 있습니다.

PART 3

이기는 질문, 지지 않는 투자

CHAPTER 7
가격이란 무엇인가

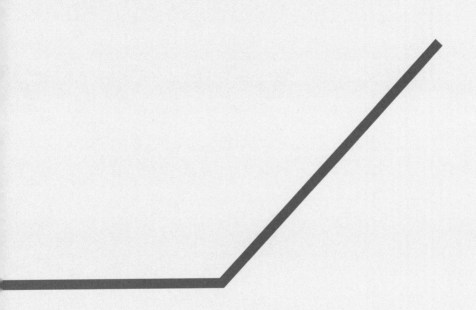

"세계를 보는 우리의 관점은
항상 불완전하고 왜곡되어 있을 뿐 아니라,
지극히 복잡한 현실을 단순화하는 과정에서 자주 착각을 일으킨다."
— 조지 소로스[1]

"가치 신봉자들은 내재가치가 안정적이고 심지어는 상수이므로
내재가치를 크게 바꾸는 것은 약점을 드러내는 것이라고 말한다."
— 어스워스 다모다란

재귀성

주식투자로 돈을 버는 행위는 주식을 내가 산 가격보다 비싼 가격에 누군가에게 파는 것으로 완료됩니다. 결국 가격의 문제입니다. 가격이란 무엇이며, 가격을 움직이는 요인이 무엇인지는 반드시 던져야 할 질문입니다. 많은 사람은 가격을 그저 주어진 것으로 이해하고 넘어갑니다. 또는 '가치와 반대되는 그 무엇'이라는 모호한 정의에 만족하고는 더 깊이 고민하려 하지 않습니다.

'가격'이라는 말을 들으면 무엇이 떠오르나요? 마트에 진열된 상품들에 붙어 있는 가격표를 떠올릴 수 있을 것입니다. 엄밀히 말해서 가격표는 '호가'일 뿐입니다. 1장에서 호가창을 이야기할 때 잠깐 언급했듯이, 판매자가 '이 정도의 돈과 교환하겠다'라고 제시해놓은 수치입니다. 구매자가 그 수치를 받아들여서 거래가 성사됐을 때, 해당 가격에 거래가 '체결됐다'라고 말합니다. 교환이 일어나는 그 순간 교환의 매개로서 잠깐 존재하는 것이 '체결가'입니다. 앞 문단에서 말한 가격은 호가보다는 체결가에 가깝습니다.

호가와 체결가는 구분할 필요가 있습니다. 집을 매매하러 부동산에 가거나 도매상에서 어떤 물건을 대량으로 구매해본 경험이 있다면, 호가와 체결가의 차이를 피부로 느껴봤을 것입니다. 어떤 아파트가 10억 원에 매물로 나와 있다가도, 모종의 이유로 인기가 많아지는 것 같으면 매도자가 매물을 거두어들였다가 다시 더 높은 가격에 내놓기도 하지요. 도매상에서는 물건을 얼마나 대량으로 구매할 것인지, 앞으로 어떻게 거래 관계를 발전시켜나갈지 등 다양한 이유를 들어서 가격을 흥정합니다. 호가는 이 정도 가격에서 흥정을 시작해보겠다는 의지의 표현입니다. 체결가는 실제로 교환에 응했다, 즉 양자가 그 가격에 합의를 봤다는 뜻입니다. 호가와 체결가는 양쪽의 '합의되지 않은 의견'과 '합의된 의견'이라는 아주 큰 차이가 있습니다.

가격을 움직이는 요인은 무엇일까요? 대답은 단순합니다. 사는 사람이 조급하면 돈을 조금 더 주더라도 빨리 사기 위해서 매수 호가를 점점 높입니다. 파는 사람이 조급하면 돈을 조금 덜 받더라도 빨리 팔기 위해서 매도 호가를 점점 낮춥니다. 여유 있는 매수자는 매수 호가를 낮춰서 제시해놓고 느긋하게 기다립니다. 여유 있는 매도자 역시 마찬가지로 높은 매도 호가를 제시해놓고 기다립니다. 매수자와 매도자 중 누가 더 간절히 거래를 성사시키고 싶어 하느냐에 따라 가격은 올라가거나 내려갑니다. 매수자와 매도자는 각자가 바라보는 세상에 대한 해석, 미래 예측, 자신의 상황 등을 고려해서 각자의 호가를 내걸고 시장에 참여합니다.

20세기 최고의 헤지펀드 매니저로 불리는 조지 소로스는 철학자를 꿈꿨던 사람답게 시장과 가격에 대한 뛰어난 통찰을 보여줍니다. 그가 주장하는 재귀성(reflexivity)[2] 이론은 투자를 하고자 하는 사람이라면 반드시 숙고해봐야 합니다.

생명체가 주변 환경과 상호작용하는 과정은 크게 두 가지, 인지 기능(cognitive function)과 조작 기능(manipulative function)으로 나눌 수 있습니다. 인지 기능은 외부 상태가 이러이러하다고 인식하는 과정을 말하고, 조작 기능은 행위자의 의지대로 주변 환경을 바꾸는 과정을 말합니다. 자연환경을 대할 때는 두 기능이 대체로 독립적으로 작동합니다. 예를 들어, 비가 오면 우산을 씁니다. 비가 오는 외부 환경을 인지하고 우산이라는 사물을 조작함으로써 '비에 젖지 않고 이동한다'라는 목적을 달성하는 거죠. 내가 우산을 쓰는 행위는 비가 오고 있는 외부 환경에 아무 영향을 주지 않습니다.

금융시장을 비롯한 인간 사회에서는 인지 기능과 조작 기능이 서로 영향을 미치는 경우가 많습니다. 비가 오길래 우산을 썼는데, 내가 우산을 썼다는 이유로 비가 그친다거나 더 많이 온다거나 하는 일이 벌어지는 거죠. 이상하죠?

소로스가 직접 쓴 예시를 빌려봅시다. '비가 온다'라는 명제는 참·거짓을 꽤 명확하게 판별할 수 있습니다. '지금은 혁명의 순간이다'라는 명제를 생각해봅시다.[3] 이 명제는 참일 수도 있고 거짓일 수도 있습니다. 실제로 그 시기가 혁명과 아무 관련이 없는 때였을 수 있지만, 사람들이 이 말을 듣고 지금이 혁명이라고 인식하고 혁명에 나서는 순간 이 명제는 참이 됩니다.[4]

시장 참여자가 현실에 대해서 'A다'라고 인식하면, 그렇게 인식한 사실 자체가 다른 참여자의 인식에 영향을 미쳐서 '이것은 A다'라는 인식을 강화하거나 반대로 '이것은 A가 아니라 B다'라는 인식을 강화합니다.

알고리즘 분야에서는 A 함수의 출력값이 B 함수의 입력값이 되고 B 함수의 출력값이 다시 A 함수의 입력값이 될 때, 두 함수의 관계를 '피드백 루프'라고 부릅니다. 피드백은 '긍정적 피드백(positive feedback)'과 '부정적 피드백(negative feedback)'으로 나눌 수 있습니다. 긍정적 피드백은 그 뉘앙스와 달리 상당히 무서운 현상을 만들어냅니다. 긍정적 피드백이 있는 시스템은 루프가 반복될수록 출력값이 점점 극단으로 치닫습니다. 실생활의 사례로는 노래방에서 마이크와 스피커를 가까이할 때 생기는 하울링을 들 수 있습니다. '삐익' 하는 찢어지는 소리가 나죠. 마이크로 들어간 소음이 증폭되어 스피커로 출력되고 그 소음이 다시 마이크로 들어가 또 증폭되면서 순식간에 고주파 소음이 됩니다.

부정적 피드백은 반대로 시스템을 안정시킵니다. 운전을 하면서 차선을 따라 직진하는 경우를 생각해봅시다. 우리는 처음부터 방향을 정확히 직선으로 잡아서 나아가지는 못합니다. 차가 미세하게 좌우로 쏠려 방향이 계속 틀어지니까요. 한쪽으로 틀어졌다고 느낄 때마다 우리가 무의식중에(운전을 처음 하는 경우에는 의식적으로 힘겹게) 방향을 반대로 틀기 때문에 차는 차선 가운데로 주행할 수 있습니다. 균형을 벗어나려는 입력값이 있을 때 이를 다시 균형으로 복귀시키는 출력값을 내놓는 시스템이 부정적 피드백을 가진 시스템입니다.

쉽게 말해서 술을 마시다가 한 친구가 감정이 격해졌을 때 옆 친구도 덩달아 흥분하면 긍정적 피드백이고요, 옆 친구가 진정하라고 말려주면 부정적 피드백입니다. 쉽죠?

인간의 인지 기능에는 상당히 많은 편향이 있습니다. 어떤 종류의 편향이 있는지는 행동경제학책을 아무거나 읽어보면 알 수 있습니다. 조지 소로스는 "행동경제학은 재귀 과정의 절반만 분석한다"라고 했습니다.[5] 인간은 정보량의 제한, 처리 능력의 부족, 감정의 영향 등으로 자신에게 유리한 선택을 저버리고 불리한 선택을 하는 경우가 많습니다.

문제는 주변 사람이 어떤 선택을 했느냐가 내 선택에 영향을 미친다는 점입니다.[6] 비트코인에 아무 관심이 없던 사람이라도 가격이 1년에 스무 배가 올라 갑자기 주변에 수십, 수백억 자산가들이 등장해버리면 비트코인에 관심을 가질 수밖에 없지요. 사람들이 관심을 가지고 그중 일부가 실제로 코인을 매수하니까 가격은 더욱 상승합니다. 부동산이나 주식 등 거래할 수 있는 재화에서는 이와 유사한 일이 늘 벌어집니다.

사회심리학에서 '자기실현적 예언'이라고 부르는 현상이 일종의 피드백 루프입니다. 모두가 부동산이 상승할 거라고 부르짖고, 그 주장에 경도된 또는 위기감을 느낀 사람들이 너도나도 부동산을 삽니다.

그래서 결과적으로 부동산 가격이 상승할 것이라는 예언이 맞아떨어지게 되는 거죠.

그렇다면 부정적 피드백이 시스템을 안정화하니까, 다른 사람의 주장에 부화뇌동하지 않고 균형 감각을 잘 유지하면 되는 것 아니냐고요?

예, 맞습니다. 맞는데요. **균형이 어디인지는 어떻게 알죠?**

같은 상황을 보고 누군가가 예외적 현상이라고 주장할 때 누군가는 균형을 향해 가는 것이라고 주장할 수 있습니다. 각자에게는 각자가 생각하는 균형이 있습니다. 비트코인이 1,000만 원을 넘어갈 때 많은 사람이 말도 안 된다고 했지만, 그 가격에 코인을 사는 사람들은 2,000만 원 이상이 균형 가격이라고, 지금까지 너무 저평가되어 있었다고 주장했을 것입니다.

일반적인 차선을 따라 주행하는 경우는 어디가 균형이고 어디가 가장자리인지가 명확합니다. 그런데 만약 차선 폭이 10배, 20배로 갑자기 바뀌어버린다면 어디가 가운데고 어디가 가장자리인지 확신할 수 있을까요?

조금 전 행동경제학을 이야기하면서 인간은 정보량의 제한, 처리 능력의 부족, 감정의 영향 등으로 비합리적인 판단을 할 수 있다고 말씀드렸습니다. 모두는 각자 주어진 상황에서 나름의 의사결정을 합니다. 어디가 균형점인지는 각자가 생각하기 나름입니다. 그러니까 거래가 이루어지는 거죠. 그게 바로 '시장'입니다.

앞서 잠깐 언급했듯이, 벤저민 그레이엄은 "가격은 내가 치르는 것이고, 가치는 내가 받는 것이다"[7]라고 했습니다. 무언가를 살 때 우리는 가치를 고려합니다. 가치는 거의 모든 경우에 주관적입니다. 동일한 생수 한 병이라도, 근처 편의점에서 쉽게 구할 수 있을 때와 사막을 횡단하던 중에 한창 목이 마를 때 그 생수를 얻기 위해 치르고자 하는 가격에는 큰 차이가 있을 것입니다. 커피 한 잔의 가치, 식사 한 끼의 가치 역시 사람마다 상황마다 다르겠지요.

주식도 마찬가지입니다. 6장에서 내재가치에 대해 언급하면서, 현금흐름을 창출하는 자산에 대해서는 명확한 가치 산출 공식이 있지만, 거기에 들어가는 변수들이 매우 주관적이기 때문에 결국 가치는 주관적이라고 말씀드렸습니다.

가치는 '주관적인 환상'이고, 가격은 '합의된 환상'입니다. 각자가 생각하는 주관적인 환상들 사이에 가끔 접점이 생기고, 그때 거래가 성사됩니다. 거래가 성사될 때의 접점을 '가격'이라고 부르지요. 가격의 흐름, 오르내림은 다시 말하자면 '정당하게 받아야 할 가격'이라는 것에 대하여 거래 참여자들이 합의하는 지점이 변해가는 것이라고 볼 수도 있습니다.

이탈리아의 거대 석유회사인 ENI의 부사장을 지낸 레오나르도 마우게리가《당신이 몰랐으면 하는 석유의 진실》이란 책을 펴냈습니다. 그 책을 읽다 보면 가격이란 무엇인지에 대해 여러 생각을 하게 됩니다(번역에 문제가 많아서 읽기는 참 힘듭니다).

1973년과 1979년의 두 차례 오일 쇼크는 전 세계 경기에 큰 충격을 주었습니다. 아주 흥미로운 사실은 두 차례 오일 쇼크가 진행 중이던 당시 공급량은 그다지 크게 줄지 않았다는 점입니다. 1973년 9월 아랍의 총생산은 하루 1,940만 배럴이었고, 감산이 가장 심했던 11월에는 하루 1,540만 배럴이었습니다. 즉 하루 400만 배럴이 감소했는데, 다른 나라의 증산과 수출로 90만 배럴이 충당됐고 순감소폭인 310만 배럴은 세계 소비의 약 5.5%에 불과했습니다. 이를 두고 (극단적이긴 하지만) 모리스 아델만 교수는 이렇게 평했습니다.

가격이 상승하는 이유는 실제적인 공급 감소가 아니라 공급 감소가 생길 것이라는 두려움 때문이다.[8]

석유가 부족하고 중동 국가들의 석유 무기화가 성공하면 에너지 안보를 위협당할 수 있다는 두려움은 이후 광범위한 상식이 됐습니다. 2003년 제2차 걸프 위기 이후 석유 가격에는 양을 표시하기 어려운 '두려움'이라는 요인이 반영되어 있었습니다.[9] 흥미롭게도, 부시 행정부는 에너지 안보, 즉 에너지 독립성을 확보하지 못하면 주권을 침해당할 수 있음을 상당히 강조했는데요. 조지 부시 대통령의 집안은 오래전부터 석유 사업에 깊이 관여하고 있었습니다.

2020년 3월을 우리는 모두 코로나19 위기가 정점이던 때로 기억합니다. 많이 잊히긴 했지만, 사실 그 시기에 저유가 위기가 있었습니다.[10] 유가가 극심하게 낮은 상태로 지속되면 에너지 관련 기업들의 수익성이 악화되고, 해당 기업들의 채권이 부도가 나고 연쇄적으로 금융 시스템이 불안정해지는 상황으로 이어질 수 있습니다. 한국에서는 원유 선물 ETF가 대폭 손실을 내면서 이슈가 됐습니다.

당시 기고문에서 저는 이렇게 주장했습니다.

> **유가는 '생산비용＋불안감'이다. 생산비용인 30달러를 하회하는 현 유가 (20달러 수준)에서는 대부분의 시장 참여자가 '힘들다.' 그리고 40달러 위에서는 '먹고살 만하니까' 다시금 '배부른 경쟁'이 나올 수 있다.**

유가는 WTI(미국 서부텍사스원유) 기준 10달러를 찍은 이후 빠르게 반등하여 40달러 수준에서 횡보하고 있습니다.

가격에 대한 또 다른 중요한 개념으로 '뻬따 꼼쁠리'라는 현상이 있습니다. 앙드레 코스톨라니가 강조하는 용어입니다. 프랑스어 'fait accompli'는 영어로 'accomplished fact', 한국어로는 '기정사실'이라고 번역합니다. 모두가 기대하고 있던 일, 즉 '이미 일어난 사실로 간주하고 있던 일'은 실제로 일어나봤자 가격에 영향을 미치지 않는다는 뜻입니다. 역으로, 사람들의 기대와 어긋난 일이 발생해야 가격이 변동한다는 이야기이기도 합니다.

코스톨라니는 제2차 세계대전 발발과 증시 반응을 뻬따 꼼쁠리의 대표적인 사례라고 말합니다. 그는 1939년 리벤트로프 조약(독·소 불가침 조약)을 보고 전쟁이 일어날 것이라고 확신했습니다. 그래서 약세장을 예상했지만, 막상 전쟁이 일어나자 주가는 6개월 동안 급등했습니다. 프랑스 군대가 독일 군대에 완패한 이후에야 시장은 약세로 돌아섰습니다.

1990년 걸프전쟁 또한 뻬따 꼼쁠리의 사례입니다. 사담 후세인이 쿠웨이트를 침공했을 때, 원유 생산 저하에 대한 우려로 유가는 배럴당 20달러에서 40달러로 급등했고 주가는 급락했습니다. 투자자들은 전쟁의 두려움 속에서 주식을 팔아댔지만, 막상 미국이 참전하자 주가는 급등하고 유가는 오히려 반토막이 났습니다.

가격을 전망해야 할 때, 가격이 명확한 객관적 가치를 반영한다는 가정은 틀릴 가능성이 큽니다. 객관적인 가치란 존재하지 않습니다. 가격은 가치에 대한 각자의 주장이 만나서 이루어지는 '합의된 환상' 입니다. 객관적인 가치를 계산해내려고 시도하기보다는 이 시장에 참여하는 사람들이 누구이며, 각각의 참여자들은 어떤 가격대를 불편해하고 어떤 가격대를 편안해할 것인가로 나누어서 대답을 구해보는 것이 가격의 흐름을 이해하는 데 훨씬 유익합니다.

가격-가치 갭 모델

가격은 시장 참여자들 간의 합의된 환상이며, 시장 참여자들이 세상을 어떻게 인지하고 행동하는가에 따라 변한다고 말씀드렸습니다. 이제 가격의 변화를 어떻게 예측할 것인가에 대한 이야기를 슬슬 해봐야겠습니다. 가격의 변동을 예측하여 낮은 가격에 사서 비싼 가격에 팔아야 수익을 낼 수 있으니 말이지요. 이 책에서 가장 어려운 부분이니, 집중하시기 바랍니다.

가격의 변화를 예측하는 가장 흔한 모델로 '가격-가치 갭 모델'이 있습니다.[11] 6장에서 내재가치를 구하는 것이 얼마나 주관적인지는 한 번 다뤘습니다. 이번 장에서는 내재가치를 둘러싼 투자법의 전반적인 문제를 짚어보겠습니다.

내재가치를 중시하는 투자자들은 흔히 이런 표현을 합니다. '가격은 가치에 수렴한다.' 좀더 길게 표현해보자면 이렇습니다. '주식에는 내재된 가치가 있고, 그 가치를 잘 분석해서 가치보다 가격이 쌀 때 투자하면 언젠가는 가격이 가치에 수렴하게 되어 돈을 벌 수 있다.'

이 모델의 작동원리는 다음과 같습니다.

* 가정 1: 주식에는 내재가치가 존재한다.
* 가정 2: 가격이 가치와 차이 날 때가 있다.
* 가정 3: 장기적으로 가격은 가치에 수렴한다.

* 행동지침 1: 가치를 엄격하게 분석하라.
* 행동지침 2: 가격이 가치보다 충분히 쌀 때를 기다려서 매수하라.
* 행동지침 3: 가격이 가치에 도달하면 미련 없이 매도하라.

이 모델의 장점은 이러합니다.

① 매일매일의 가격 변동에 휘둘리지 않는다.

② 기업의 가치를 추정하는 데 들어가는 입력값은 펀더멘털한 데이터를 기반으로 한다. 즉, 객관적 실체를 바탕으로 미래의 가격을 예측한다.

쉽게 말해서, 1만 원짜리 티셔츠가 5,000원에 팔리고 있으면 싸니까 사면 된다는 것입니다. 1만 원짜리 티셔츠를 어제 5,000원에 샀는데 오늘 시장에 가봤더니 4,000원에 팔고 있다면, 어떻습니까? 어차피 나는 1만 원짜리를 5,000원에 사서 5,000원 이득을 봤으니까 그냥 무시해도 되고, 아니면 한 장을 더 사도 되겠지요. (이 모델을 따르지 않는) 다른 투자자들의 일반적인 행태는 5,000원에 샀던 티셔츠가 오늘 4,000원에 팔리니까 기겁해서 어제 샀던 티셔츠까지 팔아버리는 것과 유사합니다.

또는 반대로, 어제 5,000원에 산 티셔츠가 오늘 1만 원에 팔리고 있다면요? 1만 원짜리를 1만 원에 팔고 있으니 그냥 무시하면 됩니다. 다른 투자자들의 일반적인 행태는 5,000원짜리가 1만 원이 됐으니 필요 없는 티셔츠를 굳이 한 벌 더 사서 내일 1만 5,000원에 팔아먹으려고 하는 것과 같습니다.

어떤가요? 그럴싸한가요?

이런 투자법을 익히고 나면, 뭔가 남들과 다르게 여유 있고 철학적인 투자자가 될 것 같지요? (이 방법은 투자에 대해서 나름대로 깊이 있는 고민을 한다는 사람들이 널리 이야기하는 방법론입니다. '가치투자'라는 이름을 달고 있는 책을 아무거나 사서 읽어보면 이런 내용이 나옵니다.)

하지만 현실은 그렇게 돌아가지 않습니다. 이 방법은 이론적으로도, 실제로도 문제가 많거든요. 이론적인 문제부터 짚어봅시다.

- 가정 1: 주식에는 내재가치가 존재한다.

이 부분은 6장에서 이미 짚어봤습니다. 주식은 기업의 자기자본에 대한 소유권이기 때문에 분명 내재가치는 존재합니다. 이 명제는 일단은 참입니다. 문제는 내재가치 산정이 매우 주관적이고, 따라서 각 시장 참여자가 생각하는 내재가치의 범위는 보통의 상황에서 매우 넓을 수밖에 없다는 점입니다.[12]

- 가정 2: 가격이 가치와 차이 날 때가 있다.

내재가치가 주관적이기 때문에 당연히 어떤 가격이건 사람들이 생각하는 내재가치에는 차이가 있습니다. 가격과 가치 사이에는 괴리가 발생하지 않는다는 주장을 '효율적 시장 가설'이라고 합니다. 복잡하게 들어가면 어려워지니까 간단히 말씀드리겠습니다. 효율적 시장 가설이란, 가격에는 지금까지 나와 있는 '가치를 산출하기 위한 모든 정보'가 반영되어 있기 때문에 과거에 나온 정보를 활용해서는 초과수익을 낼 수 없다는 주장입니다. 이 주장이 참인지 거짓인지는 따지지 않겠습니다.

가격-가치 갭 모델을 사용하는 사람들은 '시장은 비효율적이다'라고 쉽게 가정합니다. 뭐, 거기까지는 좋습니다(시장의 효율성에 대한 논쟁은 언제나 순환논증을 포함하기 때문에 썩 유익하지 않습니다).

- 가정 3: 장기적으로 가격은 가치에 수렴한다.

문제는 바로 이것입니다. 일단 가치 산정이 주관적이라는 점만 생각해봐도 이 명제는 매우 이상합니다만, 그걸 제쳐두고서도 여전히 많이 이상합니다.

가정 2에서 시장은 비효율적이라고 했습니다. 근데 왜 가정 3에서는 시장이 효율적일 수 있다고 하는 걸까요? 시장이 내가 주식을 살 때까지는 비효율적으로 가격을 가치보다 싸게 매겨놨다가, 감사하게도 내가 주식을 산 다음에 느닷없이 효율적으로 작동해서 가격을 올려준다는 말인가요?

그게 어떻게 가능하죠?

이 질문에 대한 답이 바로, 앞서 제시한 행동지침들입니다. 가치 산정 과정은 주관적인데, 주관적이지 않도록 최대한 객관적으로 산출하라고 합니다. 가격과 가치가 왜 차이가 나는지 모르겠는데, 그냥 원래 차이가 나니까 그 차이를 확인해서 사라고 합니다. 그러고는 가격은 장기적으로 가치에 수렴하니까 마냥 기다리라고 합니다. 현재 왜 괴리가 있는지, 나중에는 왜 수렴하는지에 대해서는 아무런 단서를 제시하지 않습니다. 무책임합니다.

이런 방법론을 가지고 실제 시장에 뛰어들면 어떤 일이 벌어질까요?

우선 가치 산정은 어떻게든 합니다. 가치평가 방법론은 다양합니다. PER, PBR, PSR, DDM, RIM, DCF, EV/EBITDA 등 다양한 방법론을 공부하고 끼워 맞추면 누구나 자신이 생각하는 적정 가치를 계산해 낼 수는 있습니다. 문제는 그다음입니다.

가격이 가치에 수렴할 때까지 기다리라고 하는데, 얼마나 기다려야 할지 알 수가 없습니다. 1년 동안 주가가 20% 상승했다면 탁월한 수익률입니다. 그런데 10년 동안 20%가 상승했다면 연 복리 1.84%입니다. 모호합니다.

가격이 내가 생각한 가치에 수렴하지도 않습니다. A 주식의 현재 PER이 10인데 내가 보기에 15가 적정하다고 생각하여 10에 매수했다고 합시다. 일어나는 일은 두 가지입니다. PER 15에 도달했길래 팔았더니 30까지 가버리거나, 당최 가격이 오를 생각을 하지 않고 꾸물거립니다.

그나마 이런 상황은 양호합니다. 가격이 하락하면 어떻게 해야 하지요? 이 모델을 충실히 따른다면 더 사야 합니다. 왜냐고요? 더 싸졌으니까요. 기대수익률이 높아졌잖아요. PER 15가 적정한데 PER이 10이라면 기대수익률은 50%입니다. PER이 8까지 하락했다면 기대수익률은 87.5%입니다. 기대수익률이 더 높아졌는데 살 용기가 안 난다면, '행동지침 1'을 제대로 수행하지 않은 겁니다. 그럼 남들과 같은, '시세나 쫓아다니는 그저 그런' 투자자가 되는 거죠. 허허….

이 모델의 궁극적인 문제는 '반증 불가능하다'라는 점입니다. '적정 PER이 15다'라는 명제는 반증되지 않습니다. PER이 15를 스쳐 지나

갔다면 검증이 됐다고 할 수 있겠죠. 우리에게 필요한 건 '반증'입니다. '검증'이 아니라. PER이 10인 채로 또는 12이거나 8인 채로 10년간 유지됐다고 합시다. 그렇다고 해도 '적정 PER이 15다'라는 명제는 반증되지 않습니다. 반증되지 않는 명제를 참이라고 가정하고 행동하면, 어떤 학습도 할 수 없습니다.

가격이 하락했다는 건 무언가 일이 잘못되어간다는 뜻이고, 내가 틀렸을 가능성이 커졌다는 뜻입니다. 합리적인 의사결정의 관점에서 볼 때, 틀렸을 가능성이 커진다면 위험에 대한 노출을 줄여야겠지요. 이 모델에서는 내가 틀렸을 가능성이 커질 때마다 위험을 더 늘리라고 종용합니다. 아주 위험합니다. 가격이 하락할 때마다 주식을 더 사라고 하는데, 더 사면 어떤 일이 벌어질까요? 대주주가 되거나 파산하거나 둘 중 하나겠지요.

이런 수많은 모순 때문인지 이 모델을 추종하는 사람들은 행동지침 하나를 추가합니다.

• 행동지침 4: 확실히 눈에 보이는 가치를 추구하라.

불확실한 미래에 대한 예측은 어려우니, 당장 눈에 보이는 유형자산 또는 현금흐름이 꾸준히 창출되는 안정적인 사업 등에만 가치를 부여하겠다는 뜻입니다.

이건 그저 '취향'입니다. 그 취향 탓에 무형의 가치에 기반한 수많은 기회를 놓쳐버리고는, '나는 철학을 지켰어, 후후'라며 자신을 다독

이는 것이 이 모델을 추종하는 투자자들의 행태입니다. 취향을 존중할
수는 있습니다만, 일반론으로 승격시켜서 내가 따라야 할 원칙으로 삼
으려면 많은 허들을 통과해야 합니다.

백번 양보해서 이 모델이 다 맞는다고 칩시다. 그래도 큰 문제가 남
아 있습니다. 진짜 객관적인 어떤 가치가 존재하고, 모종의 이유로 지
금 괴리가 생겼고, 어제 내가 주식을 샀더니 감사하게도 오늘부터 가
치에 '수렴'하기 시작했다고 합시다. 일테면 1만 원짜리를 5,000원에
샀고, 오늘부터 사람들이 이 주식이 1만 원짜리였다는 걸 깨닫기 시작
했다는 얘기입니다.

사람들은 이 주식을 사서 어디까지 올릴 수 있을까요? 다시 말해서,
어느 가격까지 이 주식을 살 의사가 있을까요? 일단 1만 원은 아니겠
지요. 1만 원짜리를 1만 원에 사봤자 아무 수익이 안 나니까요.[13] 1만
원에 이 주식을 사줄 사람은 없으니, 모두가 1만 원이 되기 전에 먼저
팔려고 하겠지요. 그렇다면 예를 들어 9,000원에 팔고 싶다고 합시다.
그런데 9,000원에 주식을 사는 사람들은 1만 원에 누군가에게 팔기
위해서 사는 거잖아요? 그런데 1만 원에는 아무도 사지 않는다는 것
을 모두가 아니까 9,000원에 사지도 않습니다. 그럼 다시 9,000원에
아무도 사지 않을 것을 알기 때문에 더 낮은 가격에 팔고 싶을 테고,
그럼 8,000원에 주식을 팔려고 하겠지요. 이런 식으로 계속 생각해보
면, 가격은 5,000원에서 전혀 오르지 않는다는 결론이 나옵니다. 논리
학에서 '무한후퇴'라고 부르는 오류입니다.

가격은 가치에 수렴하지 않습니다. 스쳐 지나가거나, 영원히 도달하

지 않습니다.

•   제한적 합리성 모델

가격을 바라보는 우리의 관점은 '가격-가치 갭 모델'이 아니라 '제한
적 합리성 모델'로 바꾸어야 합니다. 인지심리학자 게리 클라인은《인
튜이션》에서 인간이 일상적으로 하는 의사결정 과정을 자세히 다룹
니다. 분석적 또는 합리적 의사결정이라고 부르는 의사결정 방법과 달
리, 인간이 하는 의사결정은 주로 직관과 습관에 의해 이루어집니다.
   이런 의사결정을 '자연주의 의사결정'이라고 하는데요. 마이클 모부
신의《통섭과 투자》에서 로버트 올슨 박사는 투자와 관련하여 의사결
정을 할 때 마주하는 조건으로 다음 다섯 가지를 듭니다.[14]

- 구조가 부실하고 복잡한 문제
- 불완전하고 모호하며 변화하는 정보
- 정의가 부실하고 변화하며 상충하는 목표들
- 시간 제약과 거액 투자에서 오는 스트레스
- 다수가 참여하는 의사결정

   투자의 세계에서 우리는 무슨 문제를 풀어야 하는지도 명확하게 정
의하지 못하고, 문제를 풀기 위해서 어떤 정보를 입수해야 하는지, 입

수한 정보를 어떻게 조합해야 하는지도 모릅니다. 필요한 정보가 무엇인지 안다 해도 그 정보를 입수하지 못하는 경우가 다반사입니다. 단기 목표와 장기 목표가 상충하여 단기 손실을 회피하기 위한 의사결정을 하다가 장기 수익을 훼손하는 경우도 많지요. 스트레스는 일상이고, 의사결정은 언제나 외부의 간섭과 잡음에 노출됩니다.

투자자는 각자의 주어진 환경에서 나름의 의사결정을 합니다. 이 의사결정은 합리성과는 거리가 멉니다. 각 투자자는 (대부분 잘못된 학습으로 이루어진) 원칙을 토대로 (턱없이 부족한 또는 쓸데없이 많은) 정보를 조합하여 의사결정을 합니다. 의사결정 이후 좋건 나쁘건 어떤 결과를 얻게 되고, 그 결과를 토대로 (또다시 잘못된) 새로운 학습을 하고 새로운 의사결정을 합니다.

이런 각 투자자가 만나서 이리저리 움직이는 것이 가격입니다. 가격에 대한 이런 관점을 저는 '제한적 합리성 모델'이라고 합니다. 이 모델의 작동원리는 다음과 같습니다.

- 가정 1: 각 투자자는 각자의 원칙을 가지고 있다.
- 가정 2: 각 투자자가 입수할 수 있는 정보는 제한적이다.
- 가정 3: 각 투자자는 제한된 정보와 불완전한 원칙을 바탕으로 의사결정을 한다.
- 가정 4: 각 투자자의 의사결정 결과는 다른 투자자의 의사결정에 영향을 미친다.

- 행동지침 1: 다른 투자자가 입수할 수 있는 정보의 범위를 추측한다.
- 행동지침 2: 다른 투자자가 사용하는 의사결정 원칙을 추측한다.
- 행동지침 3: 현재 이 주식을 관찰하는 사람들(오늘 매수한 사람, 오늘 매도한 사람, 과거에 매수해서 보유하고 있는 사람, 관심 있게 보지만 매수하지는 않은 사람)의 의사결정 근거를 추론한다.
- 행동지침 4: 시장 참여자들이 지금보다 더 낙관적으로 변했을 때 얼마나 더 높은 가격을 지불하고도 주식을 사려고 할지, 반대로 더 비관적으로 변했을 때 얼마나 더 낮은 가격에도 주식을 팔려고 할지 추론한다.
- 행동지침 5: 현재 가격 대비 위 4번의 상승 잠재력이 하락 잠재력보다 클 경우 매수하고 보유한다.
- 행동지침 6: 위 1~4번을 계속 업데이트한다. 5번을 만족하지 못할 경우 비중을 줄이거나 매도한다.

사람들은 때때로 세상을 과도하게 비관적으로 바라보거나 과도하게 낙관적으로 바라봅니다. 그런 현상을 단순히 비합리적이라고 치부할 수는 없습니다. 각자는 나름의 '제한적인' 합리성을 가지고 의사결정에 나섭니다. 그들의 의사결정 과정을 추론하고 앞으로의 모습을 예상하는 것이 가격 예측의 핵심입니다.

물론 모든 사람의 의사결정 과정을 일일이 추적하는 것은 불가능합니다. 다만 유사한 의사결정 행태를 그룹으로 묶어서 모델링할 수는 있습니다. 예를 들어 가치 추종자, 즉 가격-가치 갭 모델을 추종하는 사람들은 가격이 상승할수록 매도하고 싶어 안달이 납니다. 반면에 추세추종자, 즉 달리는 말에 올라타서 수익을 내고자 하는 사람들은 가격이 상승할수록 더 적극적으로 매수에 나섭니다.

높은 PER을 가진 인터넷 기업이 상장했다면, 가치 추종자가 이 기업을 어떻게 바라볼지는 별로 고려할 필요가 없습니다. 애초에 안 샀을 테니까요. 앞으로도 살 일이 없을 거고요(만약 주변에 가치 추종자가 이 주식을 매수하기 시작했다면, 고점의 신호로 보는 것도 좋습니다).

2018년 2월, 온라인 쇼핑몰을 제작하고 운영하는 플랫폼인 카페24가 상장했을 때 고평가 논란이 한참 일었습니다. 가격이 비싼 것 같다는 우려에도 불구하고 주가는 상장 첫날 공모가 5.7만 원 대비 49% 상승했고, 6월까지 3배 가까이 상승했습니다. 처음부터 부담스러운 가격이었기 때문에 '싼 주식'¹⁵을 쫓아다니는 사람들은 이 주식에 관심을 기울이지 않았습니다. 이 주식을 산 사람들이 보던 강력한 지표는 바로 캐나다에서 유사한 사업을 하는 대형 기업인 쇼피파이의 주가였습니다. 쇼피파이의 주가는 2016년부터 2018년 7월까지 8배 가까이 상승했고, 카페24의 '팬'들은 그 주가를 보면서 카페24에 대해서도 장밋빛 전망을 그렸습니다. 2018년 8월부터 쇼피파이의 주가가 부진하자 카페24의 주가도 흔들렸습니다. 2018년 2분기 대규모 적자 발표, 2019년 역성장으로 주가는 고점 대비 40% 수준으로 급락했습니다.

이 과정을 단순히 내재가치의 관점에서 '거품이 꺼진' 것으로 본다면 현실을 아주 좁은 관점으로만 해석하는 것입니다. 주가가 급락하기

전이나 급락한 다음이나 전통적인 관점에서 주가는 언제나 비쌌습니다. 단지 '비싸다'만 외치고 앉아 있으면 그 역동적인 움직임으로부터 어떤 기회도 찾을 수 없습니다.

CHAPTER 8
초과수익을
어떻게 낼 것인가?

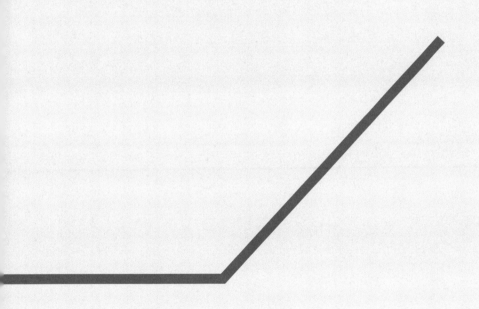

"사실관계가 바뀌면 나는 생각을 바꿉니다.
당신은 어떻게 하십니까?"
─ 존 메이너드 케인스

자, 이제 이 책의 핵심입니다. 남보다 나은 성과를 내기 위해서는 다음 질문에 대답할 수 있어야 합니다.

- 내 생각과 남들의 생각은 무엇이 다른가?
- 그 차이는 언제, 어떻게 메꿔지는가?
- 내가 틀렸음을 언제, 어떻게 알 수 있는가?
- 내가 틀렸을 때 무엇을 배울 수 있는가?

하나씩 짚어봅시다.

• 내 생각과 남들의 생각은 무엇이 다른가?

내 생각과 남들의 생각에 차이가 없다면 돈을 벌 수 없습니다. 모두가 코스피지수 2,200포인트가 적정하다고 생각하고 있고 저 또한 그렇게 생각한다면, 코스피지수는 2,200에 고정되어 있겠지요. 내가 2,200포인트에 사더라도 아무런 변화가 없습니다. 모두가 경기 침체가 올 것으로 생각하고 주식을 팔고 있는데 제가 다르게 생각하고 주식을 산다면, 거기서 일단 변화가 생기는 거죠.

사실 생각의 차이는 언제, 어디서나 존재합니다. 중요한 건 그 차이를 아느냐입니다. 사람은 의외로 자기가 무슨 생각을 하는지 잘 모릅니다. 3장에서 마이클 가자니가의 실험에 대해 말씀드렸죠. 우리의 두 뇌는 순식간에 생각을 끼워 맞춥니다. 우리는 그 생각이 진실이고 나의 자아이자 의지라고 생각하지만, 실제로는 그렇지 않습니다. 내 안의 '무의식적인 좀비'가 내 생각을 대부분 조종하고 있습니다. '답정너' 경향이 심한 사람도, 그 사람을 탓하기는 어렵습니다. 그저 좀비의 힘이 강해서, 자신도 무엇이 잘못됐는지 인식하지 못할 뿐입니다. 내 생각을 파악하기 위해서는 3장에서 말씀드린 것처럼, 기록하는 습관을 들여야 합니다. 내 생각을 글로 적어야 자신을 타자화하고 객관화할 수 있습니다. '내 생각이 맞는데 왜 남들은 이걸 수긍하지 못하는 거지?'라고 생각하다가도, 그 생각을 글로 적어 다시 읽어보면 설득력이 부족하다는 걸 알게 되는 경우가 많습니다.

남들의 생각은 어떻게 알 수 있을까요? 간단하게는 직접 물어보면 됩니다. A 주식에 대한 사람들의 생각이 궁금하면, A 주식을 보유하고 있는 사람에게 물어보면 됩니다. 또는 보유하고 있지 않은 사람에게 물어봐도 됩니다. 뉴스, 애널리스트 보고서, 증권 게시판 등에서도 다양한 의견을 얻을 수 있습니다. 여기서 조심해야 할 사항은 어떤 개인도 전체를 대변하지 않는다는 점입니다. 의견들을 그룹화하고, 추상화할 필요가 있습니다. A 주식을 선호하지 않는 사람은 가격이 비싸서일 수도 있고, 재무 구조가 부실해서일 수도 있고, 기관 투자자 보유 수량이 많아서일 수도 있고, 그저 차트 모양이 마음에 안 들어서일 수도 있습니다. 흥미롭게도, 누군가가 A 주식을 싫어하는 바로 그 이유로 다른 누군가는 A 주식을 선호하기도 합니다. 투자자들의 유형을 분류하려면 그만큼의 경험이 필요합니다.

2020년 초반부터 발생한 코로나19 사태와 관련하여, '패닉의 역설'이라고 이름 붙인 투자 아이디어를 살펴봅시다. 코로나바이러스감염증-19(COVID-19)라고 불리는 이 질병은 2019년 연말, '우한 폐렴'이라는 이름으로 중국 우한시에서 번지기 시작했습니다. 한국에서는 1월 20일에 최초로 확진자가 발생했습니다. 중국 바깥으로 질병이 퍼져나가면서 주식시장에서는 우려감이 점점 커졌습니다. 2월 초 · 중순까지만 하더라도 이게 얼마나 심각한 사태인지에 대해서는 의견이 분분했습니다. 주가는 1월 28일부터 월말까지 급락했다가 2월에 약간 회복됐고, 주춤주춤하다가 2월 21일부터 다시 급락했습니다. '급락'이라고 표현했지만, 이때까지만 하더라도 2,200포인트에서 2,100포인트대로 가라앉는 수준이었지요(지나고 나면 쉬워 보입니다만, 당시에는 이 정도의 하락도 꽤 무서웠습니다).

2월 20일은 한 자릿수를 유지하던 신규 확진자가 느닷없이 58명으로 튀어 오른 날이었습니다(최초로 사망자가 나온 날이기도 하고요). 대구의 모 종교집단에서 무더기로 감염이 되면서 나라 전체가 충격을 받았습니다. 신규 확진자는 오후 4시에 발표하는지라 2월 20일 확진자 수가 발표된 시점은 주식시장이 마감된 이후였고, 그 충격은 2월 21일부터 시장에 반영됐습니다.

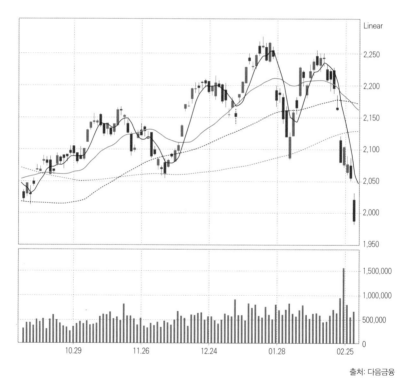

출처: 다음금융

〈그림 8-1〉 코로나19 사태와 코스피지수 1(2019.10.7.~2020.2.28)

2월 21일 저는 강남역에서 모임이 있어서 퇴근 후 지하철을 타고 모임 장소로 향했는데, 놀라운 광경을 목격했습니다. 제가 탄 칸에서 한 명도 빠짐없이 모든 승객이 마스크를 쓰고 있었습니다. 지금은 일상이 됐지만, 그때까지만 하더라도 이 사태를 민감하게 느끼는 일부만이 마스크를 썼습니다(저도 아내가 마스크를 쓰고 다니라고 안겨주어서 쓰고는 다녔지만, 내심 귀찮아하고 있었습니다).

여기서 우리는 무엇을 추론할 수 있을까요? 일단 전 국민이 충격에 빠졌다는 것을 알 수 있습니다. 이제 경제활동이 본격적으로 둔화되리라고 예측할 수도 있겠지요. 그리고 주가가 하락한 걸 보면 남들도 그렇게 예측하는 것 같습니다.

여기서 한 번 더 생각해봅시다. 주가가 하락한 이유는 경기가 둔화될 것이라는 전망 때문인데, 경기가 둔화되는 이유는 질병 때문이지요. 이번 코로나19 바이러스는 직접 접촉 또는 공기 중 전파를 통해 감염됩니다. 그런데 모두가 마스크를 썼어요. 그렇다면 **바이러스의 실제 감염은 이제부터 줄어들지 않을까요?** 지금까지는 사람들이 경각심을 가지고 있지 않았기 때문에 바이러스가 잘 퍼져나갔습니다. 하지만 사람들이 바이러스를 두려워하기 시작하면, 그때부터 바이러스가 퍼져나가는 속도는 둔화되겠죠. 바이러스 확산이 둔화되면 어떤 일이 벌어질까요? 사람들은 다시 경제활동을 시작하고, 경기 회복에 대한 기대감으로 주가는 상승하겠지요.

이 현상을 저는 '패닉의 역설'이라고 부르기로 했습니다. 패닉에 빠지지 않으면 바이러스는 확산되고, 패닉에 빠지면 바이러스의 확산이 둔화됩니다. 패닉에 빠졌기 때문에 주가가 하락했지만, 바로 그 때문에 이제야 경기 회복의 실마리를 잡을 수 있게 됐습니다. 즉, 주가 회복에 베팅할 기회가 생겼습니다.

●   그 차이는 언제, 어떻게 메꿔지는가?

생각의 차이를 포착하는 것은 투자 기회를 찾는 첫걸음에 지나지 않습니다. 대부분의 투자자는 이 함정에 빠집니다.

'내 생각엔 시장이 틀렸어. 그러니까 지금 사야 해.'

이 두 문장 사이에는 아주 중요한 질문이 들어가야 합니다. 그중 핵심은 한쪽이 틀렸다는 것을 어떻게 깨닫게 되는가입니다. 문장의 목적어에 집중하시기 바랍니다. '시장이 틀렸다는 것을' 어떻게 깨닫느냐가 아닙니다. '한쪽이 틀렸다는 것을' 어떻게 깨닫느냐입니다. 틀린 쪽이 시장일 수도 있고 나일 수도 있습니다. 내가 틀렸음을 인정하거나 시장이 틀렸음을 인정하고 포지션을 바꿀 때, 그 차이가 메꿔지겠지요.

일단 나는 내가 옳다고 믿을 테니, 시장이 틀렸을 거라고 가정하겠습니다. 여기서 끝나면 안 된다는 것이 이 질문이 던지고자 하는 메시지입니다. 내가 아무리 옳다고 한들, 남들이 알아주지 않으면 돈을 벌 수 없습니다. 앞으로 언제 어떤 이벤트가 벌어지고, 다른 사람들이 그 이벤트에 어떻게 반응할 것인가에 대한 시나리오를 작성해야 합니다. 또한 이벤트가 벌어지지 않는 것도 넓은 의미에서는 이벤트라고 볼 수 있습니다. 예를 들어 어떤 바이오회사가 올해 안에 새로운 약품의 임상 3상에 돌입할 것으로 투자자들이 기대하고 있는데, 연말이 다가오도록 아무 소식이 나오지 않으면 투자자들은 불안해하고 누군가는 주식을 팔 수도 있겠지요.

앞으로 벌어질 이벤트에 남들이 어떻게 반응할까를 추론하기 위해서는 지금 사람들이 무슨 생각을 하고 있는지를 넘어, 왜 그런 생각을 하는지 또한 파악해야 합니다. '내 생각과 남들의 생각에 차이가 있는데, 왜 남들은 나처럼 생각하지 않는 걸까?'에 답변해야 한다는 뜻입니다. 여기에 답변하기 위해서 사람의 두뇌가 작동하는 방식을 공부해야 합니다. 2장에서 뇌과학 이야기를 그렇게나 읊었던 이유가 바로 이것입니다.

패닉의 역설 시나리오로 돌아가 보겠습니다. 집단감염이 발생하면서 전 국민이 패닉에 빠졌고, 주가도 하락하고 경제활동도 둔화될 것이 명백해 보였습니다. 한 단계 더 나아가 보자면 패닉에 빠졌기 때문에 바이러스의 감염은 둔화될 것이고, 그러면 경기도 회복되고 그 기대감으로 주가도 회복될 수 있을 듯합니다. 여기까지가 첫 번째 질문에 대한 답변입니다.

두 번째 질문에 답해볼까요? 만약 2월 21일 '오늘'부터 실제 바이러스 감염이 둔화된다는 가설이 사실이라면, 이 사실을 다른 사람들이 언제 어떻게 확인할 수 있을까요?

당시 투자자들은 '신규 확진자 추이'를 매일매일 확인하고 있었습니다. 2015년 메르스, 2009년 신종플루, 2003년 사스 또는 더 멀리 스페인 독감 사례까지 참고하면서 어떤 패턴과 유사한지 파악하고자 하기도 했습니다. 당시 알고 있는 바로는 코로나19의 잠복기는 14일 이내, 평균 5일 정도라고 했습니다. 당시의 진단 기술로는 잠복기가 지나기 전에는 감염 여부를 확인할 수 없었으니, 일단 발병이 되어야 했습니다. 그리고 2월 20일의 신규 확진자 58명은 아마 시작일 것이고, 잠복기와 일별 진단 역량을 고려하면 앞으로 1주일 정도는 확진자 수가 빠르게 늘어날 것으로 추측할 수 있었습니다. 늘어난 실제 감염자 수를 데이터로 확인하는 기간이 그 정도일 테고, 우리가 패닉에 빠진 2월 21일부터 줄어든 실제 감염자 수를 확인하는 기간은 그 이후 1~2주, 즉 2월 28일부터 3월 6일 사이가 될 것으로 추측할 수 있습니다.

신규 확진자 데이터가 2~3일 정도 피크아웃, 즉 최고치를 지나 잦아드는 모습을 보이면 주식시장은 잠깐이나마 안정을 찾을 수 있을 것이고요. 그 이후는 모릅니다. 어디서 어떻게 또 퍼져나가서 충격을 줄지 알 수 없으니까요.

시나리오별로 잠재적인 다운사이드와 업사이드의 폭은 어떨까요? 2월 말(1,987.01포인트)을 기준으로 계산해봅시다. 2월 말 기준 코스피 PBR은 0.81배였습니다. 2019년 일본과의 무역 분쟁 때 0.81배까지 내려갔고, 금융위기 때 최저점이 0.77배였습니다. 금융위기 때는 금융 시스템이 붕괴한다는 우려가 컸습니다. 수출 의존도가 높은 한국은 당연히 큰 타격을 입을 것으로 전망되고 있었고요. 이번 사태도 시스템 리스크가 우려될 정도로 사태가 확산된다면 0.77배까지 내려갈 수 있겠지요. 그래봤자 4.9%의 추가 하락입니다.

업사이드를 보자면, 코스피의 ROE는 8% 수준으로 글로벌보다 자본 효율성이 낮습니다. 한국은 반도체가 이끄는 시장인데, 반도체는 1년여의 다운 사이클을 거치고 상승 사이클에 진입하던 중이었습니다.

① 반도체 상승 사이클에서 ROE 10%를 기대할 수는 있으니, 시장이 안정되어 PBR 1배까지 반등한다면 23.4%(2,453포인트)의 업사이드가 있다.

② 코로나19로 인하여 당장 경기가 회복되기는 어려우니, 그냥 전고점 수준만 회복한다면, 2,250포인트까지 13.2%의 업사이드가 있다.

시나리오 ①에서 업사이드와 다운사이드의 비율은 4.77배(23.4/4.9)입니다. 시나리오 ②에서는 2.69배(13.2/4.9)입니다. 경험적으로 이 값이 3배 이상이면 베팅해볼 만합니다.

이번에는 현재의 가격에서 승리 확률을 역산해볼까요? ①, ②번 시나리오의 평균 수익률인 18.4%와 안 좋은 시나리오에서의 수익률인 −4.9%를 중화해서 기대수익률이 0%가 나오게 하는 승리 확률은 21.2%입니다.[1] 시장 참여자들은 코로나19가 진정되고 시장이 원상 복구될 가능성을 21% 수준으로 매우 낮게 보고 있다는 뜻입니다. 직관적으로 그 확률이 대략 반반은 될 것 같으니, 시장이 상당히 부정적인 것 같습니다.

다음은 2월 말 기준으로 저희 펀드의 고객들에게 발송한 운용 보고서의 일부입니다.

**드디어 기다리던 기회가 왔습니다. (…) 역사적으로 전염병은 펀더멘털
에 2개 분기 이상 영향을 미치지 못했습니다. 각국 국민들의 적극적인
'자체 방역'으로 전염률은 곧 둔화될 것이고, 종국에는 '집단 면역'을 갖
추면서 안정될 것입니다. 공포 심리는 2008년 금융위기 때와 유사하게
심각한 국면이며, 멀쩡한 주식들이 헐값에 거래되고 있습니다. 드디어**

출처: 다음금융

〈그림 8-2〉 코로나19 사태와 코스피지수 2(2019.10.14~2020.3.5)

기다리던 기회가 왔습니다. 오늘 사는 주식이 내일 오를 거라고 기대할 수는 없지만, 1년을 놓고 보면 아주 높은 확률로 이기는 게임이 될 것입니다.

실제로 신규 확진자 수는 2월 29일 813명을 피크로, 3월 1일부터 감소했습니다. 주가는 빠르게 반등했습니다.

• 내가 틀렸음을 언제, 어떻게 알 수 있는가?

이 책 전반에 걸쳐서 반증 가능성에 대해 말씀드렸습니다. '내가 틀릴 수 있음을 인정하는 것'은 투자뿐만 아니라 인생을 살아가는 데 너무나 중요하다고 생각합니다. 그러나 단순히 '뭐, 틀릴 수도 있지'라고 받아들이는 것과 '언제, 어떤 경로로 틀렸음을 인지할 수 있게 되는가' 라는 질문을 던지는 것은 대단히 다릅니다. 틀릴 수 있으려면, 틀릴 수 있도록 시나리오를 설계해야 합니다.

'이 주식은 원래 2만 원짜리인데 1만 원으로 저평가되고 있는 거야' 라는 식의 명제가 대표적으로 반증 불가능한 명제입니다. 반증 가능한 형태의 명제는 이렇습니다.

'이 회사는 자동차를 판매한다. 이번에 신차를 출시했고, 다음 분기 판매량이 30만 대 정도 될 것으로 전망한다. 그 경우 영업이익에 1,000억 원가량을 기여할 수 있고, 전사 영업이익은 8,000억 원가량이 될 것 같다. 현재 컨센서스(시장의 지배적인 견해)는 7,300억 원이니 내가 시장보다 낙관적으로 전망하고 있다. 나의 판단이 맞을 경우 9.6% 어닝서프라이즈가 나오는 것이며, 이 회사는 과거 경험상 5월 말에 실적발표를 하기 때문에 5월 초인 현재 시점에서 1개월 이내에 실적을 확인할 수 있다.'

이렇게 아이디어를 구성한다면, 특정 시점에 특정 형태로 내가 '틀릴' 수 있게 됩니다. 판매량이 생각보다 적을 수도 있고, 판매량이 나왔지만 이익 기여도가 낮을 수도 있고, 신차가 동사 다른 차종의 판매량을 잡아먹어서(카니발 현상) 전사적으로 볼 때는 이익이 줄어들 수도 있습니다. 또는 이익이 예상대로 잘 나왔지만 주가가 오르지 않을 수도 있습니다. 주가가 오르지 않은 이유로는 사람들이 생각하는 실제 전망치가 컨센서스 수치보다 높았거나, 네이버, 카카오 등 소프트웨어 회사들에 주목하느라 자동차라는 전통 제조업에는 관심을 가지지 않았기 때문일 수도 있습니다. 또는 2분기는 잘 나왔지만 3분기 실적이 저조할 것이라는 새로운 전망이 등장해서일 수도 있지요.

패닉의 역설이라는 아이디어에서는 앞으로 2주 내에 신규 확진자 수 증가 추이가 꺾일 것으로 전망했습니다. 그 데이터는 매일 발표되니까, 내가 틀렸음을 어렵지 않게 확인할 수 있습니다. 실제로 확진자 수 증가 추이는 꺾였고, 주가는 일시적으로 반등했습니다.

문제는 그다음입니다. 3월 2일, 이탈리아의 신규 확진자가 566명으로, 한국의 476명을 처음으로 넘어섰습니다. 아시아 외 지역 중 꾸준한 증가세를 보이던 이란도 523명으로 훅 늘어났습니다. 미국도 20명으로, 크지 않은 수치이긴 하지만 최초로 두 자릿수가 나왔습니다. 3월 11일, 세계보건기구(WHO)는 코로나19 팬데믹을 선언했습니다. 이제 코로나19 사태는 아시아의 문제가 아니라 전 세계의 문제가 됐습니다. 주가는 지금까지의 하락은 '건강한 조정'으로 보일 정도로 미친 듯이 하락했습니다.

출처: 다음금융

〈그림 8-3〉 코로나19 사태와 코스피지수 3(2019.10.28.~2020.3.19)

호기로웠던 2월 말의 주장은 섣불렀던 것으로 드러났습니다. 저는 틀렸습니다.

• 내가 틀렸을 때 무엇을 배울 수 있는가?

틀렸음을 아는 것은 중요합니다. 그런데 더 중요한 것은 그다음입니다. 틀렸다는 것을 깨닫고 인정한 다음에는 어떻게 해야 하나요? '그래 역시 난 안 돼, 이 판을 떠나야겠어'라는 것도 나쁘지 않은 결론이기는 합니다. 더는 상처받지 않을 테니까요.

그러나 당시에 알 수 없었던 일 때문에 심하게 좌절하는 것 또한 확률적으로 좋은 선택은 아닙니다. 힌두교 경전 〈바가바드 기타〉에서는 '결과에 집착하지 마라'라는 말을 여러 번 강조합니다. 행동의 결과는 신의 뜻이지, 너의 것이 아니라고 합니다. 결과가 잘 나왔다고 자만해서도 안 되고, 결과가 못 나왔다고 좌절할 필요도 없습니다. 결과에 집착하면 행동에 집중하지 못해 반드시 일을 그르치게 됩니다. 행동하는 것이 중요하고, 올바른 행동을 함으로써 곧 나의 사명은 완수되는 것이고, 열반에 한 걸음 다가가는 것입니다.

투자 관점에서 이 조언을 재해석해보자면, 유리한 확률에 적절한 비중을 베팅하는 것으로 나의 의사결정은 완결되는 것이니 개별 의사결정의 결과에 집착할 필요가 없습니다. 내가 해야 할 일은 지속적으로 수익을 낼 수 있는 원칙의 집합을 계속 가다듬는 것입니다. 확률분포를 추론하고, 적절한 베팅 비율을 결정해야 합니다. 결과를 보면서 원칙과 아이디어를 계속 수정해나가야 하고요.

틀렸음을 알 수 있는 형태로 아이디어를 구성하는 이유는 궁극적으로 '좋은 피드백'을 하기 위해서입니다. 결과가 잘 나왔을 때는 내 원칙에서 무엇이 잘못됐는지 알기가 어렵습니다. 결과가 나쁘게 나왔을 때에야 사람은 반성을 하고 자신이 무엇을 잘못했는지 신경을 곤두세웁니다.

투자 원칙에는 정답이 없습니다. 계속 시도하고, 틀릴 때마다 뚝딱뚝딱 개선하는 피드백 고리를 순환시키는 과정 자체가 유일하게 제시할 수 있는 '올바른 원칙'입니다.

2월 말 기준 패닉의 역설은 3월 하순에는 일단 틀렸습니다. 무엇을 잘못 생각했을까요? 한국 시장에 국한해서는 패닉의 역설이 작동했지만, 전 세계 관점에서 보면 한국은 작은 하나의 지역일 뿐이었습니다. 중국에서 한국으로 코로나19가 퍼져나갔다면 미국으로, 유럽으로, 전 세계로 퍼져나갈 수 있다는 것도 당연히 추측했어야지요. 또는 어쩌면, 2월에 이미 글로벌 증시가 많이 하락해 있었기 때문에 전 세계로 바이러스가 퍼져나갈 수 있다는 전망이 이미 주가에 반영됐을 거라고 잘못 추론했을 수도 있습니다.

벌어진 일은 벌어진 일입니다. 사람들은 이미 상당한 공포감에 빠져 있었지만, 공포감의 한계를 예단하는 것은 무리였습니다. 툴툴 털고 일어나서 앞을 바라봐야 합니다.

패닉의 역설이라는 아이디어가 온전히 틀렸던 것은 아닙니다. 한국에 국한해서는 맞았습니다. 바이러스의 세계적 확산을 고려하지 못했던 게 실수였습니다. 이제 추론해야 할 것은 '신규로 전파된 지역에서도 패닉의 역설이 작동할 것인가? 미국 이외에 새로운 지역으로 바이러스가 전파될 경우 기존 지역에서 나타난 패닉의 역설을 무시하고 주가를 하락시킬 수 있을 것인가?'입니다.

설문조사 기관에서는 사람들의 마스크 착용률을 주기적으로 조사했습니다. 3월 이전까지는 아시아에서만 마스크를 쓰고 있었고, 3월 말부터는 드디어 이탈리아가 80% 마스크 착용률을 나타냈고, 기타 유럽 지역의 마스크 착용률도 차츰 올라가고 있었습니다.[2] 문화적인 차이, 무지, 편견 등 어떤 이유로건 마스크 착용률이 낮았던 서구에서도 눈앞의 확진자들을 보면서는 마스크를 쓸 수밖에 없었습니다. 즉, 서구에서도 패닉의 역설이 작동할 수 있다는 실마리를 잡았습니다.

미국은 세계 최강 경제국입니다. 미국에서 패닉의 역설이 작동하고 나면, 즉 사람들이 패닉 상태가 되고, 바이러스의 실제 감염이 피크아웃 하고, 이를 신규 확진자 수 증가 추이로 사람들이 확인하고 나면, 그다음 지역은 어디일까요? 아시아, 중동, 유럽, 미국을 다 돌았으니 이제 남은 지역은 인도, 남미, 아프리카, 호주 정도입니다. 이들 지역에서 산발적으로 신규 감염이 일어나더라도 전 세계 경제에 미치는 영향은 미국보다는 작습니다. 그럼 미국만 해결되면 '주가 측면에서는' 이 사태가 끝납니다.

그럼 그 시점은 언제일까요? 앞의 2번 질문으로 되돌아가서, 언제 어떤 경로로 사람들은 펀더멘털이 돌아서고 있음을 눈치챌까요? 당연히 첫 번째 근거는 신규 확진자 수 증가 추이가 되겠지요. 한국은 면적이 좁고 검사 역량이 갖춰졌기 때문에 집단감염 발발로부터 2주 이내에 신규 확진자 수 피크아웃을 볼 수 있었습니다. 미국은 국토 면적도 넓고, 인구밀도도 낮고, 진단 역량도 부족하고, 병원 접근성이 낮아서 한국보다는 훨씬 더 오랜 시간이 걸릴 것으로 추측해야 했습니다. 3월 말 시점에는 주마다 집단감염이 생기고 있었으니, 미국 전체 기준으로 신규 확진자 수 피크아웃은 그때로부터 2개월 정도로 잡아볼 수 있겠지요. 그럼 5~6월 즈음에는 데이터를 확인할 수 있으리라고 판단할 수 있었습니다.

여기에 더해서 새로운 변수가 있습니다. 미국은 미국입니다. 세계 최강대국 미국은 2월부터 엄청난 정책 패키지를 쏟아내고 있었습니다. 코로나도 코로나지만, 7장에서 언급한 대로 당시로서는 유가 급락이 더 직접적이고 심각하게 시스템 리스크를 불러올 수 있었습니다.[3]

미국은 금융위기 때보다 더욱 큰 규모로 빠르게 양적완화를 시행하여 시스템 리스크를 틀어막으려는 '의지'와 '역량'을 보여주고 있었습니다. 시스템을 유지하고자 하는 중앙은행의 의지와 역량은 매우 중요합니다. 우리의 화폐 시스템은 상당 부분 중앙 당국에 대한 신뢰에 기반하여 움직이기 때문입니다.[4]

혹자는 양적완화로는 경기를 부양할 수 없다, 재정정책을 왜 쓰지 않느냐라면서 우려를 표했습니다. 제가 이해하는 바로는, 양적완화는 경기부양책이 아니라 시스템 리스크 대응책입니다. 둘은 다릅니다. 경기는 사이클에 따라 약간의 침체를 용인할 수도 있지만, 시스템 붕괴는 용인할 수 없습니다. 그리고 어차피 락다운(lock down, 봉쇄)이 되어 경제가 멈춰 있는 상황에서 재정정책을 펼쳐봤자 경기 회복을 펌프질할 수는 없고, 아까운 정책 카드만 날리게 될 뿐입니다. 재정정책은 '못 쓰는' 게 아니라 '안 쓰고 아껴두고 있는' 것일 가능성이 컸습니다. 그리고 그것이 합리적인 선택이었을 가능성이 크고요. 재정정책을 쓰지 않는다는 게 정부에 대한 신뢰를 훼손할 이유는 아니었습니다.

3월 말 시점에 패닉의 역설은 글로벌 레벨에서 완연히 작동하고 있었습니다. 가격과 펀더멘털의 방향성이 이렇게나 극명하게 반대 방향인 경우는 일생에 몇 번 찾아보기 힘듭니다. 너무나 '쉬운' 시장이었지요.

펀더멘털은 어떤 형태로건 좋아지는 게 눈에 보였습니다. 신규 확진자 수가 줄어들건, 정부가 부양책을 쓰건 어떻게든 될 것입니다. 만약에 다 실패한다면요? 그래봤자 인류가 멸망할 정도의 사건은 아닙니다. 이미 항체는 나왔으니까요. 백신과 치료제를 개발하건, 개발을 못해서 자연면역이 되건 인류는 (최소한 이 건에서는) 살아남을 수 있습니다. 진짜로 만에 하나 인류가 생존하지 못한다면, 그때는 내가 주식을 들고 있건 팔았건 상관없기도 하고요.

주식들은 헐값에 널려 있었고, 사람들은 주식을 팔지 못해 난리였습니다(개인 투자자의 순매수가 많았지만, 외국인의 순매도가 훨씬 강했습니다. 이에 대해서는 5장에서 말씀드렸습니다). 왜 남들이 펀더멘털 개선을 보지 못하고 공포감에 휩싸여 있는지도 명확했습니다(5장에서 말씀드렸다시피, 외국인 기관 투자자는 안전자산 확보를 위해 유동성 좋은 신흥국 주식인 한국 주식을 내다 팔아야만 했습니다).

다운사이드와 업사이드의 폭을 다시 계산해봅시다. 일단 3월 19일

기준 코스피 PBR은 0.59배까지 하락했습니다. 앞에서 금융위기 수준인 0.81배가 하방을 만들어주지 않을까 하는 기대는 깨졌습니다. 0.59배는 2001년 9/11 테러와 2003년 카드채 사태 때의 0.6배보다도 더 낮은 수준입니다. 시장은 이 사건을 금융 시스템의 붕괴를 넘어선, 인류의 존속에 영향을 주는 사태로 인지하는 듯합니다.

이제 더는 하방을 논하는 것은 의미 없는 지경이 됐습니다. 이대로 금융 시스템이 붕괴하고 자본주의가 역사 속으로 사라진다면 주식의 가치는 그냥 0원이 될 것입니다. 네, 알겠습니다. 그렇지만 사태가 진정된다면 전혀 다른 결과를 얻겠지요. 업사이드의 폭은 앞서의 계산과 동일한 가정을 넣을 수 있습니다.

① PBR 1배까지 회복될 경우: 69.5%(1/0.59) 업사이드
② 전고점 2,200포인트까지 회복될 경우: 50.1%(2,200/1,457.64) 업사이드

이제 남은 건 인류가 멸망할 가능성이죠. 인류 멸망 가능성을 10%로 잡는다면, 3월 19일 시점에서 코스피를 매수하는 베팅의 기대수익률은 43.8%[(69.5%+50.1%)/2×0.9]입니다. 인류 멸망 가능성이 1%라면, 이 베팅의 기대수익률은 58.2%[(69.5%+50.1%)/2×0.99]입니다. 시장 전체에 대해서 이 정도로 높은 기대수익률이 나오는 경우는 일생에 몇 번 보기 힘듭니다. 이제는 다 함께 죽더라도 베팅에 나서야 하는 시기가 됐습니다.

시장에 반영된 패배 확률을 다시 역산해보면 37.4%가 나옵니다.[5] 시장은 인류가 멸망할 가능성을 무려 37%로 전망하고 있다는 뜻입니다. 코로나19로 인해 인류가 멸망할 가능성을 37%보다 더 높게 평가한다면 이 가격에도 주식을 팔아야겠지요. 이제는 정말 편안하게 주식을 살 때가 됐습니다.

다음은 3월 말 기준 운용 보고서에서 발췌한 내용입니다.

> **사람들이 패닉 상태가 될수록 전염병의 전염 속도는 늦춰집니다. 사회활동이 줄어들면서 경제지표와 기업실적은 나쁘게 나오겠지만, 그만큼 전염병 확산 속도는 늦춰지고, 우려하던 시스템 리스크의 가능성은 작아집니다. 주가는 패닉과 함께 급락해 있고, 펀더멘털은 좋아지는 쪽으로 움직입니다. 이 정도로 명확하게 가격과 펀더멘털의 방향성이 어긋나는 경우는 드물며, 아주 좋은 수익의 기회를 줍니다. 또한 이런 시장에도 적응하고 오히려 수혜를 보는 기업들도 있습니다. (…) 언제가 바닥일지는 알 수 없으나, 기다리면 반드시 벌 수 있다는 점은 확신을 갖고 말씀드릴 수 있습니다.**

강세장은 불안의 벽을 타고 올라갑니다. 3월 19일을 저점으로 주가는 반등했고, 반등하는 과정에서 논란은 계속됐습니다. 실업률, PMI 등 매크로 지표가 박살 날 텐데 주가가 오르겠느냐는 이야기는 예사였고요. 4월에 채권만기가 얼마 도래하는데 이게 롤오버가 안 된다더라는 '4월 위기설'도 있었죠(참고로 5월 위기설, 6월 위기설, 7월 위기설 모두 있습

〈그림 8-4〉 코로나19 사태와 코스피지수 4(2020.1.14.~2020.8.3)

니다. 검색해보세요. 재밌습니다). 4~5월에 1분기 실적이 나름대로 괜찮게 나오니까 이번에는 '2분기 실적이 진짜다, 조심해라' 하는 주장도 많았습니다. 2분기 실적이 나올 때쯤에는 매크로 지표도 반등해버렸습니다. 그리고 3월의 급락은 7월 들어서 모조리 회복했습니다. '패닉의 역설' 아이디어는 종료됐습니다. 이제는 새로운 국면이고, 새로운 의사결정을 해야 합니다.

2번 시나리오에서 기준으로 삼았던 2,200포인트에 도달했습니다.

이 시점에서 다시 업사이드와 다운사이드를 계산해보면 어떨까요? 2,200포인트를 회복한 시점에서 PBR은 0.91배입니다. PBR 1배까지는 9.9%의 상승 여력이 있습니다. 확진자 수가 다시 늘어난다거나, 경기 회복이 생각보다 더디다거나 등 모종의 이유로 주가가 다시 급락한다면요? 주가가 반등한 이유는 당장의 경기 개선보다는 미국의 양적완화, 앞으로의 경기부양책 기대감, 백신·치료제 개발 기대감 등 기대감의 역할이 컸습니다. 이 기대감이 꺾였다는 것은 다시 인류 멸망에 대한 두려움이 대두됐다는 뜻이겠지요. 그럼 다시 전저점인 1,457포인트까지 하락할 수 있다고 볼 수 있습니다. 다운사이드는 27.1%가 되겠네요. 업사이드/다운사이드 비율을 보자면 0.36(9.9/27.1)입니다. 대략 3배는 되어야 베팅할 가치가 있다고 말씀드렸었지요? 0.36배의 비율에서는 더는 베팅을 유지할 필요가 없습니다.

참고로 이 사례는 코스피 전체에 베팅한다고 했을 때의 의사결정만을 가정한 것입니다. 개별 주식에 대한 베팅은 또 다른 요소를 고려해야 합니다. 앞 문단에서 '더는 베팅을 유지할 필요가 없습니다'라고 한 얘기는 이제 고점에 도달했으니 모든 주식을 팔아야 한다는 의미가 아닙니다. 시장 전체로 봤을 때 이례적으로 편안했던 시기(아무 주식이나 대충 사도 돈을 버는 시기)가 있었고, 이제 그 시기가 지나갔으니 다시 개별 주식의 매력에 집중해야 한다는 뜻으로 받아들이면 좋겠습니다. 이쯤에서 2장 '사이클과 거짓 학습'을 다시 읽어보시길 권합니다. 3월 말부터 시작된 강세장을 경험한 투자자들은 무엇을 학습했을까요?

CHAPTER 9

나는 어떤 투자자인가

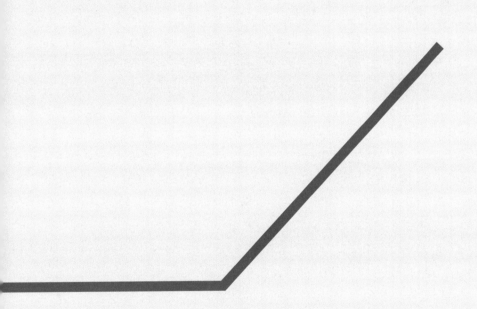

"투자자는 거대한 건초더미에서
작은 바늘을 찾겠다는 생각을 버려야 한다."
— 폴 새뮤얼슨

"인덱스 투자가 대다수 펀드 투자자가 취해야 할
포트폴리오의 핵심이어야 한다."
— 타일러 매디슨[1]

"수많은 투자자에게 가장 합리적인 주식투자법은
저비용 인덱스펀드에 투자하는 것이라고 생각한다."
— 워런 버핏

"투자의 성공 공식은 인덱스펀드를 통해 주식시장 전체를
소유하고 그다음에는 아무것도 하지 않는 것이다.
그 상태를 줄곧 유지하기만 하면 된다."
— 존 보글

방어적 투자자와 공격적 투자자

앞 두 장의 글을 쭉 읽다가 약간은 압도되는 느낌을 받았을시도 모르겠네요. '매매 한번 하는데 이렇게까지 고민해야 한다고?'라는 생각이 들 수도 있었을 테고요. 그렇습니다. 고민해야 합니다.

큰 고민 없이 쓱쓱 매매해서 돈을 벌 수는 있습니다. 하지만 그 방법이 지속 가능할지는 모르겠습니다. **단일시행에서 돈을 벌고 못 벌고는 중요하지 않습니다. 중요한 건 지속적으로 수익을 낼 수 있는 원칙의 집합을 찾아내는 것입니다.** 그러기 위해서는 끊임없이 고민하고, 부딪치고, 깨지고, 다시 고민하는 과정을 거쳐야 합니다.

이 책의 첫머리에서 주식투자에 관심 없는 삶이 훨씬 더 윤택하다고 말씀드렸지요. 주식으로 돈을 번다는 건 이렇게 힘든 것입니다. 주식이 쉽다고 호도하는 사람들을 경계해야 합니다. 주식투자로 돈 벌기 쉽다고 말하는 사람은 두 부류입니다. 세월의 검증을 거치지 않은 초보자이거나, 사람들을 주식시장으로 꾀어내서 자기 이득을 취하고자 하는 사람입니다. 이런 부류의 사람들은 언제나 존재하는데, 이런 사람들이 갑자기 많아지고 다른 사람들의 주목을 받을 때 시장은 위험해집니다.

그렇다면, 자신 없으면 아예 손을 떼라는 이야기인가요? 사실 "그렇습니다"라고 대답하고 싶은 심정이 굴뚝같지만, 다행히도 다른 검증된 대답을 드릴 수 있습니다.

벤저민 그레이엄은 《현명한 투자자》에서 '방어적 투자자'와 '공격적 투자자'를 구분했습니다. 사실 이 번역은 약간 모호한 면이 있습니다. 방어적 투자자의 원문은 'defensive investor'입니다. 'defensive'를 '방어적'이라고 번역하는 것에는 문제가 없습니다. 공격적 투자자의 원문은 'enterprising investor'입니다. 흔히 '공격적'이라고 번역하려면 'aggressive'나 'offensive'가 되어야 할 텐데, 그게 아니라 'enterprising'입니다. 'enterprising'은 '진취적인, 기업가적인, 모험심 있는' 정도로 번역할 수 있습니다. 〈스타 트렉〉에서 주인공들을 태우고 전 우주를 누비는 함선의 이름이 'USS 엔터프라이즈'인 점을 생각해보면 금방 와닿을 것으로 생각합니다.

공격적 투자자라 하면 '공격적'이라는 단어에서 느낄 수 있는, 리스크 추종 성향이 강하거나 고수익을 추구하는 투자자를 떠올리게 마련입니다. 'enterprising investor'는 그보다 좀더 포괄적인 뜻으로, 남보다 더 많은 노력을 쏟아부어서 남과 다른 성과를 내고자 노력하는 투자자를 지칭합니다. 방어적 투자자는 그와 반대로, 투자에 커다란 노력을 쏟을 의지가 없거나 여건이 안 되는데 그래도 남들만큼은 해야겠기에 투자를 안 할 수는 없는 사람들을 의미합니다.[2]

벤저민 그레이엄은 방어적 투자자에게 물가연동국채와 대형 우량주를 추천했습니다. 웬만해서는 크게 손해 보지 않으면서 전체 시장의 상승을 조금씩은 쫓아가는 포트폴리오를 권장한 것입니다. 다행히도 지금은 그레이엄이 《현명한 투자자》를 발간했던 1949년보다 기술이 월등히 발달했습니다(투자자의 전반적인 역량이나 원칙은 전혀 발달하지 않은 것 같아 안타깝지만요). 현시대에는 인덱스펀드와 ETF라는 훌륭한 상품이 있습니다. 신기술을 접목했다고 하는 대부분의 금융상품이 시장 불안정성을 높이고 결국 붕괴됐지만 ETF만큼은 예외입니다. ETF는 기술이 금융시장에 내려준 축복이라고 할 수 있습니다.[3]

미국 뉴욕증권거래소에는 'VT'라는 ETF가 상장되어 있습니다. 전체 명칭은 'Vanguard Total World Stock Index ETF'인데요. 인덱스펀드의 창시자인 존 보글의 뱅가드에서 만든, 전 세계 주식시장을 추종하는 ETF입니다. 무려 8,300개의 종목으로 구성되어 미국을 비롯한 선진국, 신흥국 등 전 세계 주식시장 시가총액의 98%를 커버하는 지수를 추적합니다. 유사한 ETF로 MSCI의 ACWI(All Country World Index)를 추종하는 블랙록의 'iShares MSCI ACWI ETF'가 있습니다. 수수료는 ACWI가 좀더 비싸고, VT가 좀더 신흥국 소형주를 커버한다고 합니다.

과거 그레이엄 시대의 방어적 투자자들은 '많이는 안 바라고 그냥 주식시장에서 남들 하는 만큼이라도 쫓아갔으면 좋겠어'라고 생각할 경우 수백, 수천 개의 주식을 직접 사야 했습니다. 그게 도저히 불가능하기 때문에 대형 우량주 몇 개만을 살 수밖에 없었고, 결국 아무리 방어적 투자자라고 해도 개별 주식을 선별하는 작업을 거쳐야 했습니다. 지금은 그저 VT나 ACWI를 사는 것만으로도 간단하게 전체 시장을 쫓아갈 수 있습니다.

　　더욱 흥미로운 사실은, 기관 투자자를 포함한 대다수의 시장 참여자가 이 지수를 이기지 못한다는 사실입니다. 주식투자를 하는 사람들에게 "연평균 기대수익률이 얼마입니까?"라고 물어보면 '10% 이상'이라고 답하는 사람들이 상당히 많습니다. 그러나 실제로 장기간 10% 이상을 달성하는 사람들은 거의 없습니다. VT나 ACWI는 장기간 8% 후반 정도의 수익률을 기록하고 있습니다. 만약 10% 이상의 수익률을 10년 넘게 꾸준히 낼 수 있다면, 조 단위 자산을 운용할 만한 펀드매니저로 주목받을 수 있습니다. 믿으세요, 진짜입니다(1장에서 비슷한 말씀을 드렸습니다).

　　조금 허무하지 않나요? 그 많은 열정과 노력, 정신적·물질적 고통을 감내하고서 초과수익을 내겠다고 뛰어드는 사람들이 시장평균만큼의 수익도 달성하기 어렵다는 사실이 말이지요. 반면에 욕심을 버리고 시장평균만큼의 수익이면 만족한다는 사람이라면 그것을 달성할 방법을 너무나 간단하게 찾을 수 있습니다.

　　앞서 8장의 제목이 '수익을 어떻게 낼 것인가'가 아니라 '초과수익을 어떻게 낼 것인가'여서 약간 의아하게 생각했을지도 모르겠군요. 그랬다면, 예리하십니다. '초과'수익을 내기 위해서는 너무나 많은 에너지를 소비해야 합니다. 그런데도 달성하기 어렵지요. 초과수익이 아니라 주식시장에서 남들이 하는 만큼의 평범한 수익만 따라가기를 원한다면, 앞의 논의에서 90% 이상은 신경 쓰지 않아도 됩니다.

윤택한 삶이란 어떤 것일까요? 최소한의 노력으로 먹고사는 일을 해결하고, 남는 시간을 사랑하는 사람과, 혹은 취미 생활을 하며 보낼 수 있는 삶 아닐까요?

우리는 왜 굳이 공격적 투자자가 되려 하는지, 주식시장에 뛰어들기 전에 스스로 질문을 던져야 합니다.

자산배분

자본주의는 개인에게 재화의 사적 소유권을 인정합니다. 자본주의 체제에서 개인은 자본의 형태로 가치를 소유하고, 타인과 교환할 수 있습니다. 개인이 배타적으로 소유권을 주장할 수 있는 재산을 '자산'이라고도 부르는데요, 이 자산을 어떤 형태로 소유할 것인지를 결정하는 것을 자산배분이라 합니다.

투자자들, 나아가 자본주의 시대를 살고 있는 모든 사람은 자산배분을 배워야 합니다. 투자를 '원금손실의 가능성을 무릅쓰고 불확실한 미래에 베팅하는 일'이라고 정의한다면 투자는 선택입니다. 위험 추구 성향이 낮은 사람 또는 자산을 그저 지키고만 싶은 사람은 굳이 이런 위험한 행위에 나설 필요가 없지요. 그러나 자산배분 관점에서는 내 자산을 어떤 형태로 보유해야 할지에 대해서, 자산을 가진 모든 사람은 의사결정을 해야 합니다. 아니, 이미 했습니다. 의식하지 못한 채로요.

위험 추구 성향이 낮은 사람들은 보통 예·적금을 선호합니다(부동산은 일단 논외로 합시다). 거주용 부동산을 제외한 대부분의 자산을 예금으로 보유한 사람은 어떤 선택을 한 것일까요? 투자 관점에서는 '위험한 투자를 안 한다'라는 선택을 한 것이지만, 자산배분 관점에서는 '원화 예금에 자산의 90%를 배분한다'라는 식의 선택을 한 것입니다.

'원화 예금 몰빵'은 정말 안전한 선택일까요? 예금은 은행에 내 돈을 빌려준 것입니다. 은행은 그 대가로 (아주 소액의) 이자를 줍니다. 여기에 어떤 리스크가 있을까요?

① 은행이 부실화되어 내 예금을 돌려받지 못할 수 있다.
② 이자가 인플레이션을 쫓아가지 못하여 구매력을 상실할 수 있다.
③ 원화가 약세가 되어서 해외의 생산품을 구입하거나 해외여행을 갈 때 더 큰 가격을 지불해야 할 수 있다.

워런 버핏은 투자를 '장래에 더 많은 구매력을 받으리라는 합리적인 기대에 따라 현재의 구매력을 남에게 이전하는 행위'라고 정의합니다. 즉, '장래에 더 많이 소비하려고 현재 소비를 포기하는 행위'입니다.[4] 이런 정의에서 위험이란 '예정 보유 기간에 투자자에게 발생할 구매력

손실 확률'입니다. 현금은 확정적으로 구매력을 잃어버리는 아주 위험한 자산입니다. 조금 문학적으로 표현해보자면, '아무것도 안 하는 것이 가장 위험한 선택'입니다.

6장에서 윌리엄 번스타인의 《현명한 자산배분 투자자》는 모든 성인이 읽어야 하는 책이라고 말씀드렸습니다. 이 책에서는 자산배분과 관련한 아주 중요한 통찰 몇 가지를 제시하는데요. 그중 하나는 이러합니다. 아무리 위험 추구 성향이 낮은 사람이라도, 자산에 주식을 조금이라도 섞으면 위험은 크게 높이지 않으면서 수익률은 유의미하게 높일 수 있습니다. 아무리 위험 추구 성향이 높은 사람이라도, 자산에 채권을 조금이라도 섞으면 수익률은 크게 낮추지 않으면서 위험은 유의미하게 낮출 수 있습니다(그 책 3장을 참고하시기 바랍니다).

《현명한 자산배분 투자자》의 또 다른 핵심 메시지는 '동적 자산배분'과 '정적 자산배분'의 구분입니다. 정적 자산배분은 리밸런싱 주기에 맞추어서 미리 정해놓은 비율대로 자산 비중을 기계적으로 조절하는 것입니다. 예를 들어, "나는 30대에는 주식 90%, 채권 10%를 보유하겠어. 그리고 40대가 되면 주식 60%, 채권 40%로 비율을 바꾸겠어. 리밸런싱은 매년 연말에 하겠어"라고 결정했다고 합시다. 아직 30대인 저는 작년 말에 주식 90%, 채권 10%로 포트폴리오를 구성했을 것입니다. 그리고 1년이 지나 올해 말이 되면, 올 한 해 주식시장이 좋았으면 주식 비율이 90%를 넘어가 있을 것이고, 주식시장이 좋지 않았으면 90% 미만으로 줄어들어 있겠지요. 연말이 되면 주식 : 채권의 비율을 다시 90 : 10으로 맞춰줍니다. 정해진 시기에 정해진 비율을 맞추는 매매를 딱 한 번만 하는 것이 정적 자산배분입니다.

동적 자산배분이란 시장 상황의 변화에 맞추어 배분 비율을 바꾸는 것입니다. "이번에 FOMC(미 연방공개시장위원회. FED 산하 기관으로 통화량과 금리를 결정함)에서 금리를 인하했고 위험자산 선호 현상이 강해질 것 같아. 그러니까 주식 배분 비율을 90%에서 95%로 늘려야겠어" 또는 "이번에 FOMC에서 금리를 인하하면서 주식시장이 많이 상승했는데, 조만간 금리가 상승 기조로 바뀔 것 같아. 그러니까 주식 배분 비율을 80%로 낮춰야겠어"라는 식의 의사결정을 지속적으로 하는 것이 동적 자산배분입니다.

넓은 의미에서는 투자자들이 일반적으로 하는 개별 주식 매매도 동적 자산배분에 속합니다. 시장 상황에 따라서 그때그때 좋아 보이는 주식을 계속 바꿔 끼운다면요. 동적 자산배분은 본질적으로 '마켓 타이밍'입니다. 시장 변화에 남들보다 좀더 빨리 대응하고, 남들이 나를 따라올 것이라는 기대감으로 매매하는 것이니까요. 그리고 마켓 타이밍은 불가능하다고 5장에서 말씀드렸습니다.[5]

《현명한 자산배분 투자자》를 읽고서는 "채권을 사라고 하던데 채권은 가격이 너무 올라서 못 사겠어요"라고 하는 사람도 있었습니다. 동적 자산배분과 정적 자산배분의 차이를 전혀 이해하지 못한 반응입니다. 정적 자산배분은 예상 가능한 평생 소득과 누리고 싶은 소비 수준을 고려하여 목표 수익률을 산출하고, 그에 따른 자산배분 비율과 리밸런싱 주기를 결정하고 그대로 지키는 것입니다.

공격적 투자자건 방어적 투자자건, 이 질문에 대답하는 과정을 반드시 거쳐야 합니다. 그러지 않고서는 내가 무엇을 하는지도 모른 채 길을 잃고 헤매기 마련입니다. 이 질문에 대한 대답에 따라서 공격적 투자자가 될 필요가 없는데 공격적 투자에 나서는 일을 방지할 수도 있고, 방어적 투자자로서는 도저히 원하는 자산 수준을 달성할 수 없기 때문에 반드시 공격적 투자로 성공을 거두어야 한다는 동기를 부여받을 수도 있습니다.

예측보다 노출

초과수익, 즉 남들보다 더 나은 성과를 내는 것이 인생에서 아주 중요한 요소는 아닐 수 있습니다. 자산관리는 그저 '지지 않을 정도'라면 충분할 수 있습니다. 자본시장에서 수많은 투자자는 남을 이기기 위해서 미래를 예측하고자 시도하지만, 그 시도는 대부분 실패로 돌아갑니다. 평범한 사람에게 중요한 것은 남을 이기는 것이 아니라 특별히 남에게 뒤지지 않는 것일 수 있습니다. 굳이 초과수익을 노리지 않는다면, 고민해야 할 사안은 예측(expectation)이 아니라 노출(exposure)입니다.

6장에서 '예측보다 노출'이라는 개념에 대해서 살짝 말씀드렸습니다. 예측은 말 그대로 특정 자산의 가격이 미래에 어떻게 될 것인가를 추정하는 것입니다. 노출이란 특정 자산군의 가격이 변동할 때 내 재산의 가치가 어떻게 변하는가와 관련이 있습니다. 내 재산이 대부분 주식으로 구성되어 있다면 전체 주식시장이 붕괴됐을 경우 내 재산도 크게 줄어들겠지요. 내 재산이 대부분 부동산이라면 부동산시장이 하락할 경우 재산이 줄어들 것입니다. 여기에 레버리지, 즉 빚을 많이 져서 부동산을 보유하고 있다면 레버리지가 없을 때에 비해 순자산(전체 자산에서 빚을 차감한 자산)이 변동하는 정도는 훨씬 클 것입니다.

재산에 부동산이 전혀 없다면 부동산이 다른 자산군을 초과해서 가격이 급등할 경우 나의 재산은 '상대적으로' 줄어들 것입니다. 재산에 주식이 전혀 없다면 마찬가지로 주식이 다른 자산군을 초과해서 급등할 경우에 나의 상대적인 재산 순위가 떨어지겠지요.

우리가 던져야 할 질문은 '주식으로 어떻게 돈을 벌 것이냐'가 아니라, '주식으로 남들이 다 돈을 벌 때 내가 상대적으로 가난해지지 않으려면 어떻게 해야 하느냐'일 수 있습니다. 첫 번째 질문은 주식으로 무언가 큰일을 해보려는 소수의 공격적 투자자가 던져야 할 질문입니다. 두 번째 질문은 모두가 던져야 할 질문입니다. "난 주식에 관심 없어" 하고 가만히 있다가, 상승장이 지속되면 남들보다 상대적으로 가난해졌음을 깨닫고 그제야 부랴부랴 주식시장에 뛰어들어서는 이른바 '막차'를 타게 될 가능성이 큽니다. 부동산도 마찬가지고요.

노출에는 크게 두 종류가 있습니다. 첫째는 자산군의 가격 상승에 정방향으로 노출되는 경우, 즉 자산군의 가격이 오르면 내 재산도 같이 증가하는 경우입니다. 대부분 이 경우에 해당합니다. 주식을 가지고 있는 경우 주가가 오르면 내 재산도 증가하지요. 부동산도 마찬가지고요. 둘째는 자산군의 가격이 하락할수록 내 재산이 증가하는 경우입니다. 금융시장이 발달할수록 이런 노출을 만들 기회가 더 많아지는

데요. 주식의 경우 공매도, 선물 매도, 풋옵션 매수 등의 방법이 있습니다. 각각 세부적으로 노출의 정도가 다르고 진입장벽이 다르긴 합니다만, 주식의 가격 하락으로부터 이득을 취한다는 공통점이 있습니다.

선물 매매는 원래 상품시장에서 발달한 개념입니다. 예를 들어, 빵을 만드는 업자에게는 원재료인 밀이 필요하지요. 밀을 계속 사 와야 하기 때문에 밀에 대한 '숏 포지션'이라고 부를 수 있습니다. 반대로 밀을 키워서 파는 농부들은 밀에 대해서 '롱 포지션'입니다. 문제는 밀 농사를 짓는 데에도 자본과 노동의 투자가 필요한데, 미래에 밀을 얼마의 가격에 팔 수 있을지 미리 알 수 없다는 점입니다. 제빵업자도 불확실성이 싫기는 마찬가지입니다. 원재료 가격이 안정되지 않으면 빵 가격이나 직원의 급여를 얼마로 책정해야 할지, 가게의 임차료를 얼마까지 부담할 수 있을지 예측하기가 어렵습니다. 이런 두 욕구가 만나서 선물시장이 형성됐습니다. 제빵업자와 농부가 만나서 미래의 특정 시점에 특정 가격으로 밀을 거래하자고 미리 약속을 합니다. 제빵업자는 밀 선물을 매수('선물 매수'란 미리 샀다는 의미)하고, 농부는 밀 선물을 매도합니다. 현재 시점에서 제빵업자는 밀에 대해 숏 포지션이기 때문에 선물을 매수하여 포지션을 헤지했습니다. 농부는 밀에 대해 롱 포지션이기 때문에 선물을 매도하여 포지션을 헤지했습니다.

파생상품에 대해 아주 간략히 설명해드렸는데요. 여기서 보듯이 파생상품은 과격한 매매를 통해 고위험 고수익을 추구하는 행위가 아니라 생업을 영위하는 데 불안정한 요소를 해결하기 위해, 즉 인생을 더 안정적으로 꾸리기 위해 만들어진 금융 거래 방식입니다.

주식을 공매도하거나 주식의 선물옵션 거래를 통해 돈을 벌기는 쉽지 않습니다. 자본시장이 망하지 않는 한 웬만하면 장기적으로 전체 시장은 우상향하게 마련이고, 주식시장의 하락으로부터 돈을 버는 포지션을 취한다는 것은 일단 어느 정도 확률적으로 불리한 게임을 하는 것입니다. 방어적 투자자의 리스크는 나에게 주식이 없는데 주식시장이 다 같이 상승하는 것이기 때문에, 대부분의 사람은 주식에 대해 굳이 숏 포지션으로 헤지할 필요가 없습니다. 약간의 롱 포지션이면 됩니다.

문제는 부동산입니다. 집은 의식주 중 하나로 인간이 살아가는 데 필수적인 요소입니다. 제빵업자에게 밀과 마찬가지로, 모든 **인간은 집에 대해 숏 포지션입니다**. 집은 언젠가 반드시 매수해서 포지션을 헤지해야 하는 자산군이라는 뜻이지요. 제가 처음 금융시장에 들어왔을 무렵 이른바 '주식쟁이들' 중에는 집을 사지 않고 그 돈으로 주식투자를 해서 돈을 벌겠다는 사람이 꽤 있었습니다. 그중 일부는 주식투자로 상당한 돈을 벌기도 했지만, 2015년부터 이어진 부동산시장의 랠리에 큰코다치고 말았습니다(현명하게도 번 돈의 일부를 빼서 부동산을 산 몇몇을 제외하고요). 이 사람들은 오히려 주식으로 더 크게 돈을 벌어야 겠다는 생각에 레버리지를 더 많이 써서 주식에 더 크게 투자하다가 2020년 3월에 크나큰 타격을 입었습니다(레버리지를 쓰지 않았다면 이후 3개월간 대부분의 손실을 복구했을 테지만요).

2017년 비트코인이 급등했을 때 주변 사람들의 반응은 매우 흥미로웠습니다. 암호화폐가 실제 화폐를 대체할 수 있느냐를 놓고 거의 매일 논쟁이 벌어졌습니다. 재밌는 건 암호화폐는 절대 화폐가 될 수 없다고 주장하는 쪽은 코인을 안 가지고 있었고, 코인으로 인하여 새로운 세상이 열릴 거라고 주장하는 쪽은 재산의 많은 부분을 코인에 쏟아붓고 있었다는 겁니다. 코인이 시대를 바꿀 것으로 판단하기 때문에 코인을 소유하고 있는 건지, 코인을 소유하고 있기 때문에 코인이 시대를 바꿀 거라고 주장하는 것인지는 알 수 없습니다. 반대 측의 주장도 마찬가지고요. 코인에 부정적이라 코인을 안 가지고 있을 수도 있지만, 코인을 안 가지고 있어서 코인에 부정적일 수도 있습니다.

현명한 사람들은 이렇게 질문합니다.

"비트코인이 앞으로 어떻게 될지는 모르겠어. 근데 만약에 진짜로 옹호하는 쪽의 주장이 맞아서 세상이 바뀐다면, 그리고 코인의 가격이 지금보다 10배 이상 오른다면, 코인을 하나도 들고 있지 않은 나는 어떻게 되지? 그때 스트레스받지 않으려면 얼마의 현금을 코인으로 바꾸어야 할까? 근데 만약에 반대하는 쪽의 주장이 맞아서, 진짜로 코인은 아무런 가치가 없는 것으로 드러나 코인의 가격이 0원이 될 수도 있잖아? 그렇다면 코인으로 바꾸어놓을 돈은 0원이 되어도 내 생계에 지장이 없을 정도의 금액이어야 하겠지?"

이렇게 질문한 사람은 적당한 금액의 코인을 보유하고 이 논쟁에서 손을 뗄 수 있었습니다. 이게 바로 중립 포지션입니다. 이 사람이 코인을 샀을 때의 가격 대비 코인 가격이 올랐건 내렸건 당사자에게는 별로 중요하지 않습니다. 중립 포지션이니까요. 중요한 건 스트레스가 줄었다는 것입니다.

미래는 불확실합니다. 불확실한 미래를 예측하고자 시도하는 일은 언제나 스트레스를 줍니다. 그리고 예측은 대부분 틀리기 때문에 고통도 안겨주죠. 노출 조절은 예측에서 오는 스트레스를 줄여줍니다. 윤택한 삶을 누리는 방법 중 중요한 한 가지는 쓸데없는 스트레스를 줄이는 것 아닐까요? 중립 포지션을 유지하면 스트레스를 덜 받습니다. 나는 어떤 자산군에 대해 숏 포지션인지 고민하고, 그 자산군에 약간의 롱 포지션을 취하는 것으로 자산관리의 많은 스트레스를 덜 수 있습니다.

더 깊이 알고 싶다면

3부는 투자에서 정말 중요한 질문을 다루어봤습니다. 앞의 2부가 불필요한 아이디어를 제거하는 과정이었다면, 이번 3부는 필요한 아이디어를 집어넣는 과정이었다고 볼 수 있습니다. 가격이란 무엇인가, 남보다 더 나은 성과를 내려면 어떻게 해야 하는가, 그리고 남보다 더 나은 성과를 굳이 내야 하는가라는 질문을 다루어봤습니다. 각각에 대해서 좀더 깊은 고민을 해보고 싶다면 다음 책들을 추천합니다.

- 《투자에 대한 생각》, 하워드 막스: 투자의 현인들이 추천하는 현인 하워드 막스의 책입니다. 투자에 약간의 경험이 쌓이고, 어느 정도 '안다'라고 느낄 즈음 읽어보면 풍부한 통찰을 얻을 수 있습니다. 그 전에 읽으면 그저 그런 뻔한 이야기로 들릴 수도 있습니다. 투자란 결국 싸게 사서 비싸게 파는 것이고, 그게 가능하기 위해서는 남들이 어떻게 생각하는지를 파악하는 '2차적 사고'의 중요성을 역설합니다. 참고로, 하워드 막스의 회사 오크트리 캐피털 홈페이지에서 〈하워드 막스 메모〉를 구독할 수 있습니다. 워런 버핏이 즐겨 읽는다고 하는 그 메모를 우리도 실시간으로 함께 읽어볼 수 있다니, 신나지 않나요?

- 《돈, 뜨겁게 사랑하고 차갑게 다루어라》, 앙드레 코스톨라니: 헝가리의 전설적인 투자자 앙드레 코스톨라니가 쓴 책입니다. 자본시장은 어떤 곳인지, 투자자라는 인간들은 어떤 유형이 있는지부터 시작해서 가격이란, 가격의 추세란 무엇인지 고찰해나가는 모습이 일품입니다. 옆집 할아버지 같은 편안한 태도로 아주 깊이 있는 이야기를 들려줍니다. '뻬따 꼼쁠리', '코스톨라니의 달걀(타원형의 달걀을 여섯 국면으로 나눠 주식시장의 순환을 설명한 모형)' 등만 이해해도 이제 초보자는 아니라고 할 수 있을

겁니다.

- **《이기는 패러다임》, 조지 소로스:** 현재는 '억만장자의 고백'이라고 제목이 바뀌어 출간되고 있습니다. '악명 높은' 헤지펀드 대부 조지 소로스가 쓴 책이라 별로 인기가 없습니다. 그의 재귀성 이론은 스스로도 자기가 무슨 말을 하는지 헷갈릴 정도로 난해하다고 합니다. 그런 만큼 이해하려고 시도해볼 가치가 있지 않을까요? 마치 '해적왕의 숨겨진 보물' 같은 느낌입니다.

- **《당신이 몰랐으면 하는 석유의 진실》, 레오나르도 마우게리:** 우연히 발견한 보석 같은 책입니다. 상당히 마이너합니다만, 거기에 담긴 통찰은 어마어마합니다. 글로벌 석유회사의 최고위 임원을 지낸 사람이 쓴, 석유의 가격 변동에 관한 생생한 기록입니다. 저자는 석유에 대한 이야기를 하고 있지만, 좀더 확장해서 생각해보면 가격이란 도대체 어떤 원리로 책정되는가에 대해서 아주 깊이 고찰할 수 있게 해줍니다. 앞서 소개한 조지 소로스의 재귀성 이론과 엮어서 생각해보면 아주아주 흥미롭습니다.

- **《3개의 질문으로 주식시장을 이기다》, 켄 피셔:** 조용히 지내다가 대박이 난 아버지 필립 피셔와 달리, 마케팅을 상당히 열심히 하는 아들 켄 피셔의 대표작입니다. 본문 중에도 잘난 척이 많이 섞여 있지만, 초과수익을 내기 위해 어떤 질문을 던져야 하는가에 대한 핵심적인 통찰을 던져주는 아주 귀중한 책입니다. 어려워도 반드시 읽어볼 가치가 있습니다.

- **《주식투자의 지혜》, 진강정:** 저에게는 현업에서 만난 스승님이 몇 분 계십니다. 제가 늘 가르침을 얻는 분께서 오래전 추천해주신 책입니다. 주가 차트를 보는 법에 대한 책인데, 여느 차트 책과 전혀 다릅니다. 세부적인 차트 기법을 설명하지 않고, 차트의 각 지점에서 어떤 투자자는 어떤 생각을 하고 있을까 하는 질문을 계속 던집니다. 앞서 소개한 여러 책, 그리고 1부에서 소개한 인간의 사고 과정을 집약하여 투자에 접목한 실전편이라고 볼 수 있습니다. 현재 절판돼서 구하기 어렵다는 점이 무척 아쉽습니다.

- **《모든 주식을 소유하라》, 존 보글:** 인덱스펀드의 창시자 존 보글의 대표작입니다. 원

서 제목은 'Common Sense Investing'인데 매우 의미심장합니다. 우리는 흔히 일반론과 특수론을 혼동합니다. 누군가에게만 적용할 수 있는 특수한 방법을 성공 공식인 양 포장해서 이야기하는 경우를 수도 없이 볼 수 있습니다. 존 보글의 주장은 상식에서 출발합니다. 액티브 매니저가 시장을 이길 수 없는 이유, 비용의 중요성 등 모두가 수긍할 수 있는 당연한 사실로부터 도출한 최선의 투자법은 '가장 적은 비용으로 전체 주식을 소유하는 것'입니다. 후반부의 자산배분에 대한 통찰도 간결하지만 훌륭합니다.

- **《현명한 자산배분 투자자》, 윌리엄 번스타인**: 우리는 보통 주식이면 주식, 부동산이면 부동산 등 개별 자산을 잘 고르는 방법을 공부하는 것으로 재테크 공부를 시작합니다. 하지만 그 이전에 자산배분의 중요성부터 공부해야 합니다. 자산배분에 대한 고민은 개별 자산을 잘 고르는 것보다 훨씬 중요한데도, 그 중요성은 훨씬 덜 알려져 있습니다. 윌리엄 번스타인의 이 책은 재산관리를 시작하는 모두가 읽어야 할 책입니다. 약간 어려운 감이 있는데, 쉬운 버전으로 김동주(김단테) 님의 《절대수익 투자법칙》을 읽으셔도 좋습니다.

PART 4

지속 가능한 성장을
위하여

CHAPTER 10
누구로부터 배울 것인가

"진정으로 주식시장의 한복판에서 승부를 걸어왔던 사람이라면
백이냐 흑이냐라는 이원론을 갖고
주가를 예측할 수 없다는 사실을 잘 알고 있다."

— 다부치 나오야[1]

전문가에 대한 환상

이제 헤어질 시간이 다가오고 있습니다. 이 책 한 권으로 주식시장을 바라보는 마음가짐의 모든 것을 배웠다고는 절대 말할 수 없습니다. 그래도 이 책에서 말씀드린 여러 내용이 어느 정도는 와닿았다면, 헤어질 시간을 아쉬워할 독자들도 몇 분은 계실 듯합니다. 앞으로의 분량은 그분들을 위한 것입니다. 앞으로 당신은 시장에서 많은 경험을 하고 지식을 쌓게 될 것입니다. 그 과정에서 누구로부터 무엇을 배워야 의미 있는 학습이 될 것인가에 대한 이야기를 해보고자 합니다.

우리 사회에는 '전문가'라는 집단이 있습니다. 몸이 아프면 의사를 찾아가고, 법률 자문이 필요하면 변호사에게 갑니다. 이웃집 할머니나 오래 알고 지낸 비전문가 친구보다 확실히 도움이 될 것입니다. 그러나 투자에 대한 자문이 필요할 때 투자 전문가를 찾아가는 것이 반드시 도움이 될지에 대해서는 아주 회의적입니다(금융상품의 종류나 구조가 궁금해서 금융상품을 세일즈하는 사람에게 찾아가는 것과는 다른 이야기입니다. '금융상품 판매 전문가'와 '투자 전문가'를 많은 사람이 혼동하기는 합니다만).

펀드매니저들은 대부분 시장을 이기지 못합니다. 왜냐하면 그들 자체가 시장이기 때문이지요. 펀드매니저들의 목적은 옆집 또는 옆자리에 앉은 펀드매니저보다 더 나은 성과를 내는 것입니다. 시장이 전반적으로 상승해봤자 동료 매니저들도 다 같이 돈을 버니까 의미가 없습니다. 이들이 하고자 하는 바는 오를 법한 주식을 옆자리(또는 옆집) 동료보다 더 빨리 사고, 주가가 하락하기 전에 더 빨리 빠져나오는 것입니다. 당연히 누군가는 이기고 누군가는 지겠지요. 펀드매니저 10명의 성과를 줄 세우면 5명은 상위 50%에, 5명은 하위 50%에 들 것입니다. 말할 필요도 없이 자명한 일입니다. 문제는 여기서 수수료와 세금, 슬리피지에 따른 거래 비용이 나가기 때문에 이들의 성과가 평균적으로 전체 시장보다 뒤진다는 것입니다.

벤저민 그레이엄은 1976년의 인터뷰에서 펀드매니저 집단이 절대로 시장을 이길 수 없다고 언급하면서 그 이유를 다음과 같이 설명했습니다.

전체로서의 시장 전문가 집단이 시장을 이긴다는 것은 자신들끼리 서로 이긴다는 또는 자기가 자기를 이긴다는 말인데 이것은 논리적으로 모순이다.

인덱스펀드의 창시자 존 보글이 쓴《모든 주식을 소유하라》를 보면 뮤추얼펀드의 장기 수익률을 조사한 자료가 나옵니다.[2] 1970년 당시 존재한 355개 펀드 중 2016년까지 S&P500지수를 1% 이상 초과한 펀드는 10개에 불과했습니다(2% 이상 초과수익을 낸 펀드는 단 2개였습니다). 35개의 펀드가 시장평균을 기록했고, 1% 이상 뒤진 펀드가 29개였습니다. 나머지 281개는요? **사라졌습니다.**

단기간에 높은 수익을 내는 매니저는 언제나 존재합니다. 그게 운이건 실력이건 간에요. 그리고 단기간에 좋은 성과를 낸 매니저는 주목받고, 언론과 시장이 득달같이 달려들어 좋은 성과를 낸 이유를 묻습니다. 누구건 이유는 있기 마련이고, 좋은 성과를 냈기 때문에 그 '이유'는 좋은 성과를 낸 원인이 되어 유행하게 됩니다. 그 이유라는 것이 '철저한 펀더멘털 분석'이건, '시장에 유연하게 대응하는 태도'건, '손절매 원칙을 확실히 지키는 것'이건, '비가 오는 날 주식을 사는 것'이건 상관없습니다. 듣기에 그럴싸한가가 중요합니다.

그리고 1, 2년이 지나면 그 펀드매니저는 자취를 감춥니다. 높은 확률로 '평균 회귀'가 일어납니다. 마이클 모부신은《운과 실력의 성공 방정식》에서 뮤추얼펀드 성과의 지속성에 대한 연구 결과를 공개했습니다. 2005년부터 2007년까지 초과수익을 낸 펀드와 2008년부터 2010년까지 초과수익을 낸 펀드의 상관관계를 보면 −0.15가 나옵니다.[3] 무려 '역의 상관관계'입니다. 3년간 좋은 성과를 낸 펀드에 대해서 '앞으로 3년 동안에도 좋은 성과를 기대할 수 있는가'라는 질문에, '상관관계가 없다'를 넘어 '더 안 좋은 성과가 나올 것으로 기대해야 한다'라는 답변을 할 수 있다는 뜻입니다.

마이클 모부신의 또 다른 책 《통섭과 투자》에서는 영역에 따라 전문가의 능력을 얼마나 신뢰할 수 있는지에 대해서도 언급합니다. 베스 아자르의 저술을 인용해 '원칙이 아닌 확률에 기반하며', '자유도가 높은(선택의 폭이 넓은)' 영역에서는 전문가의 능력이 집단적 판단 대비 열위에 있다고 주장합니다. 그 대표 사례로 주식시장을 들면서 투자 전문가 대다수의 의견에 대해 '참고할 만한 가치도 없다'고 말합니다.[4]

금융시장의 전문가들이 잘하는 게 딱 하나 있습니다. 이미 일어난 상황에 대한 설명이지요. 경제 뉴스의 시황 부문을 보면 이 점을 거의 매일 확인할 수 있습니다. 어느 날 중앙은행이 금리를 인하한 뒤 주식시장이 상승했다고 합시다. 그러면 시황에는 '금리 인하로 인하여 유동성 확대 기대감이 퍼지면서 주식시장이 상승했다'라는 내용이 나옵니다. 금리를 인하한 뒤 주식시장이 하락했다고 합시다. 그러면 시황란에 이런 뉴스가 나옵니다. '금리를 인하해야 할 정도로 경제가 취약하다는 점을 중앙은행이 확인시켜주었기 때문에 경기 침체에 대한 우려로 주식시장이 하락했다.' 아니면 이런 기사가 나오든가요. '금리 인하 기대감이 선반영됐다.' 실제로 어떤 이유로 시장이 상승하고 하락했는지는 매매를 실행한 개개인 모두에게 질문해봐야 알 수 있는 것 아닐까요?

이 바닥에 진정으로 전문가는 없습니다. 펀드매니저의 과반은 시장을 못 이기고, 이코노미스트는 경제 전망을 항상 틀립니다. 애널리스트는 '주가를 맞히는 사람'이라고 많이들 알고 있지만, 애초에 그분들의 역량은 주가를 맞히는 게 아니라 기업의 펀더멘털을 분석하고 이해하는 데 도움을 주는 것입니다. '썰을 잘 푸는 사람'은 수도 없이 많습니다만, 당신이 원하는 '예측을 믿고 맡길' 전문가는 극소수에 불과합니다. 그리고 그 극소수를 다른 사람들이 알아보기도 쉽지 않습니다. 언제나 그때그때 단기적으로 화려한 성과를 내는 사람이 있게 마련이고, 사람들은 거기에만 주목하니까요.

예측은 각자가 하는 것입니다. 다른 모든 사람의 수많은 예측은 그저 참고 자료일 뿐입니다. 그들의 '예측'을 따라갈 게 아니라, 예측의 '근거'를 검토하고 자신만의 예측을 해야 합니다. 어차피 예측은 틀립니다. 자신만의 예측이 있어야 틀린 다음에 배울 점이 생깁니다.

집단지성에 대한 환상

앞서 마이클 모부신의 연구 결과를 언급하면서 전문가의 판단이 집단적 판단보다 열위에 있다고 말씀드렸습니다. 집단적 판단의 우수성을 드러내는 사례는 많이 있습니다. 대표적으로 우주왕복선 챌린저호가 폭발했을 때 주식시장의 반응에 대한 연구가 있습니다. 1986년 1월 28일 우주왕복선 챌린저호는 이륙하고 72초 만에 폭발했습니다. 1998년 경제학자 마이클 멀로니와 해럴드 멀헤린이 당시 시장의 반응을 연구했는데요. 사고 직후, 사고의 원인이었던 'O형 고리'를 제조한 모튼 티오콜의 주가가 다른 우주왕복선 관련주보다 더욱 극심하게 하락했습니다. 시가총액 감소분 2억 달러는 나중에 회사가 그 사고로 입은 피해액과 거의 일치했습니다. 심지어 사고의 원인이 O형 고리였다는 것을 사람들이 알게 된 시점은 사고가 발생하고 6개월이 지나서였습니다만, 시장은 단 몇 분 만에 반응했습니다.

전문가의 전문성이 발휘되기 어려운 분야에서는 다수의 의사결정이 개인의 의사결정보다 대체로 뛰어나기는 합니다(사실 이 명제 자체가 순환논증적인 성격이 있습니다. 펀드매니저가 시장을 이기기 어렵다는 명제와 유사합니다). 개인이 집단을 이기기 어렵다는 가설은 예전부터 존재했고, 다양한 방향으로 발달해왔습니다.

전통적으로 강력한 가설은 '효율적 시장 가설'입니다. 7장에서 이 가설에 대해 설명해드렸지요. 시장이 효율적이다 또는 합리적이다 하는 얘기는 가치를 산출하는 데 필요한 정보가 이미 가격에 다 반영되어 있다, 즉 가격과 가치는 대부분의 경우 일치한다는 가설입니다. 가치를 변화시키는 새로운 정보가 시장에 나오면 아주 빠른 시간에 가격에 반영되어 그 갭을 없애버린다고 합니다. 방금 얘기한 챌린저호 사고 사례를 다시 떠올려보면 됩니다.

효율적 시장 가설은 얼핏 그럴싸하지만, 이 가설이 유명해진 이유는 사실 연구상의 편의를 위해서입니다. 시장이 효율적이라고 가정하지 않으면, 주식시장의 데이터를 기반으로 하는 수많은 연구가 무의미해집니다. 경제학에서 흔히 쓰는 '다른 모든 조건이 동일하다면'이라는 가정과 마찬가지로, '시장이 효율적이라면'이라는 가정을 해야만 가격을 이용한 연구에서 논리를 전개할 수 있습니다. 가격과 가치가 일치

하지 않는다, 인간이 자신의 능력으로 그 갭을 발견하여 초과수익을 낼 수 있다 등의 주장은 경제학 연구자들에게는 생계를 위협할 수 있는 굉장히 불편한 가정입니다(현재는 많이 달라졌습니다. 효율적 시장 가설의 '교주'로 불리는 유진 파마 교수도 초과수익의 가능성을 어느 정도 인정했고, 효율적 시장 가설의 본산이라고 할 수 있는 시카고대학교에서는 인간의 비합리성에 대한 연구로 노벨경제학상을 받은 리처드 탈러 교수를 영입하기도 했습니다).

최근 몇 년간 주목받고 있는 빅데이터 또는 딥러닝은 집단의 의사결정을 분석하는 것이 미래 예측에 도움이 된다는 가설을 전제합니다. 앞서 주식시장이 상승 또는 하락한 이유를 진정으로 알기 위해서는 모든 거래자를 찾아가서 물어봐야 하지 않겠냐고 말씀드렸습니다. 빅데이터는 말 그대로, 모든 사람을 찾아가서 물어보겠다는 시도입니다. 많은 데이터를 집어넣고 인간을 아득히 초월하는 연산 능력을 활용한 딥러닝으로 데이터 간의 관계를 찾아내다 보면 인간보다 우월한 의사결정을 할 수도 있겠지요.

집단의 의사결정이 잘 작동하려면 몇 가지 조건이 필요합니다. 의사결정에 필요한 정보가 고르게 분포되어야 하고, 의사결정에 편향이 없어야 하며, 의사결정 과정이 독립적으로 이루어져야 합니다. 주식시장에서는 각자가 취득할 수 있는 정보의 양이 다릅니다. 아무리 정보 습득 능력이 좋아졌다 한들, 그 정보를 취합하는 인간 개개인의 가용 시간과 연산 능력은 제한적이기 때문에 사람마다 차이가 있을 수밖에 없습니다. 또한 주식시장처럼 다양한 정보가 돌아다니고 돈을 베팅하는 곳에서는 합리적인 의사결정을 하기가 어렵고 편향이 많이 작동합니다. 따라서 집단의 의사결정이 나아지기 위해서는 각자의 의사결정이 서로의 편향을 상쇄해야 합니다.

7장에서 말씀드린 것처럼, 이 시장에는 재귀성이 아주 강력하게 작동합니다. 부정적 피드백이 상시 작동해주어야 서로의 편향을 상쇄할 수 있죠. 가끔 그런 일이 발생하기는 하지만, 많은 경우 피드백이 뒤섞일뿐더러 긍정적 피드백은 순환참조를 통해 서로의 편향과 잘못된 확신을 더욱 강화합니다. 적응적 시장 가설을 주장하는 앤드류 로 교수는 이런 상황을 멋진 비유로 표현했습니다.

체중계가 고장 났다면, 체중을 여러 번 잰다고 측정 결과가 정확해지진 않을 것이다.[5]

빅데이터 또는 딥러닝이 잘 작동하기 위한 조건은 '정답이 존재해야 한다'는 것입니다. '이 사진이 고양이 사진인가?'라는 질문에는 정답이 존재합니다. '체스 게임에서 승리하라'라는 과제는 '고양이 사진을 구분하라'라는 과제보다는 어렵지만, 룰이 명확하고 나와 상대방이 알고 있는 정보량이 동일합니다. 바둑도 마찬가지고요. 승리와 패배를 명확하게 구분할 수 있습니다.

5장에서 주식시장은 프랙탈이라고 말씀드렸습니다. 투자자들은 같은 장소에 모여 있지만 각자는 서로 다른 게임을 합니다. 나의 포트폴리오가 오늘 손실이 났을 수 있지만, 그렇다고 해서 나의 투자가 패배한 것은 아닙니다. 어제 산 주식이 오늘 올랐다고 이긴 것도 아니고요.

어떤 게임을 하느냐는 투자자가 정의하기 나름입니다.

통계적 분석 기법은 과거 데이터가 모집단 전체를 반영하고 있어야 잘 작동한다는 근본적인 한계를 지닙니다. 인간의 의사결정 과정을 밝히는 일은 아직 초보 단계에 머물러 있습니다. 주식시장의 과거 데이터는 앞으로 일어날 일 전체를 절대 예측해주지 못합니다. 감기 바이러스 따위가 글로벌 금융위기 때보다 시장에 더 큰 충격을 줄지에 대해서, 2019년까지의 데이터로는 도저히 추론하기 어려웠겠지요.

그렇다고 인간이 그렇게 추론할 수 있느냐고 하면, 그건 또 다른 이야기입니다. 여기서 하고자 했던 이야기는 집단지성이나 딥러닝 같은 참신한 기법에 기대는 것이 위험할 수 있다는 점을 알자는 것입니다. 거듭 말씀드리지만, 예측은 원래 어렵습니다. 기계의 예측력이 언젠가는 인간을 뛰어넘을 수 있겠지만, 그때가 오기 전까지는 불확실한 세상에 어떻게 대응할지 우리 스스로 답을 내려야 합니다.

신호와 소음[6]

신호와 소음을 구분하는 법에 대해서 많은 분이 물어보십니다. 제가 하는 대답은 늘 동일합니다. 신호와 소음을 구분하는 기준은 투자자 자신에게 달려 있다는 것입니다. 내가 어떤 아이디어로 투자했느냐에 따라, 동일한 뉴스가 신호일 수도 있고 소음일 수도 있습니다. 당장 1개월 안에 나올 수 있는 어떤 호재를 기대하고 주식을 샀는데 코로나19로 인해서 그 호재가 취소되거나 무의미해졌다면, 코로나19 사태는 나의 의사결정에 영향을 미치는 강력한 신호입니다. 만약 3년 이상을 바라보고 기업의 장기적인 성장에 베팅했는데 코로나19 사태가 터졌다면, 이 사태로 기업의 펀더멘털이 영향을 받지 않는 한 그로 인한 주가 하락은 무시해도 될 소음이거나 비중을 늘릴 좋은 기회입니다.

요즘 유튜브에서는 다양한 분들의 다양한 이야기를 들을 수 있습니다. 애널리스트 보고서를 다운로드할 수 있는 사이트들도 있습니다. 메신저 앱으로 공시정보나 뉴스를 실시간으로 받아볼 수도 있습니다. 온종일 투자업에 종사하는 기관 투자자들도 이 정보들을 모두 추적하기에는 무리가 있습니다. 취득할 수 있는 정보의 양 측면에서는 개인 투자자들이 기관 투자자보다 크게 불리하지 않다고 볼 수 있는 환경입니다. 다만 정보를 다루는 배경지식과 경험이 부족할 따름이지요.

유기체는 박테리아 시절부터 주변 환경의 변화를 민감하게 체크하고 행동 양식을 변화시켜왔습니다.[7] 외부 세상에서 무엇이 어떻게 돌아가고 있건, 그것은 모두 유기체 입장에서 정보입니다. 주식시장에서 미래에 대해 누가 뭐라고 예측하건, 그 예측 또한 정보로 받아들이면 됩니다. 남들의 예측이 맞았니 틀렸니 따지는 것은 나의 예측력 향상에 그다지 도움이 되지 않습니다.

우리가 흔히 '정보'라고 부르는 개념은 팩트, 해석, 전망 세 가지로 구분할 수 있습니다. 각각에 따라서 취급하는 방법도 달라집니다.

첫째, 팩트는 말 그대로 이 세상에서 일어나고 있는 '사실'에 대한 이야기입니다. FOMC에서 금리를 인상했다거나, 트럼프 대통령이 오늘 새벽에 어떤 트윗을 포스팅했다거나 하는 사건들이지요. 또는 FOMC의 권한이나 미국과 중동의 관계 등 이 세상을 이루는 구조에 대한 이야기일 수도 있습니다.

팩트는 참과 거짓만 구분하면 됩니다. 팩트로서의 정보는 참인 정보가 많을수록 의사결정에 도움이 되겠지요(어떤 가짜 뉴스가 돌아다니느냐에 따라 좋은 투자 기회를 발견할 수도 있습니다). 만약에 FOMC가 금리를 인하하고 시장이 급등했는데, 금리 인하 사실을 모른 채로 주식 매매에 나선다면 실수할 확률이 매우 높을 것입니다.

둘째는 해석입니다. FOMC가 금리를 인하했다고 합시다. 그 결정으로 주가가 오를 수도 있고 내릴 수도 있습니다(진짜예요). 이 현상을 이해하려면 일단은 금리 인하가 무엇을 의미하는지 알아야겠지요? 중앙은행이 하는 일(발권 구조와 목적 등)도 알아야겠고, FRB(미 연방준비제도이사회. FED 산하 기관으로 통화·금리정책을 수행함)가 다른 나라의 중앙은행과 어떻게 다른지(권한과 지배구조 등)도 알아야 할 겁니다. 금리를 낮추는 건 유동성을 늘려주기 위해서인데 유동성을 왜 늘려야 하는지, 지금 경제 상황이 중앙은행이 개입할 정도로 급박한 상황인지도 알아야 합니다. 금리 인하라는 단순한 '사실'을 넘어서서, 이 사실을 이해하는 데 도움을 주는 여러 설명이 있습니다. 이런 이야기들이 보통 유튜브에 나오는 콘텐츠들입니다.

해석 또한 팩트보다는 어렵지만, 취합하는 게 어렵지는 않습니다. 대부분의 콘텐츠에서는 그 해석을 이해하기 위한 배경지식을 함께 설명해줍니다. 다만, 하나의 사실에 대해서 해석이 여러 가지로 나뉠 수 있습니다. 저마다의 해석에 따르면 FOMC의 금리 인상이 과열된 경기를 진정시키기 위해서일 수도 있고, 달러 강세를 유도하기 위해서일 수도 있고, (음모론적으로는) 중국의 경제를 압박하여 미·중 분쟁을 유리하게 이끌어가기 위해서일 수도 있습니다.

어떤 해석이 옳으냐는 드러나지 않는 경우가 많습니다. 복잡계에서는 어떤 의사결정의 결과가 의도대로 되지 않는 경우가 대부분이거든요. 어떤 현상에 대해서 해석을 줄줄이 쏟아내는 장면이 전문가를 전문가다워 보이게 하지만, 그 또한 한 사람의 시장 참여자일 뿐입니다. '아, 이 사람은 이걸 이렇게 해석하는구나' 하고 참고하면 됩니다.

셋째는 많은 사람이 관심을 가지는, 전망 또는 예측이라고 부르는 것입니다. 이게 가장 조심해야 하는 영역입니다. 복잡계의 전문가는 의사와 다릅니다. 병이 나면 제가 치료하는 것보다 의사가 치료하는 게 백번 나은 결과를 가져오겠죠. 그러나 증시 전망은 전혀 다릅니다. 오늘 FOMC에서 금리를 올리면 내일 증시가 오를까요, 내릴까요? 3개월 후는요? 누군가는 맞히겠지만, 평균적으로는 틀린다고 봐야 합니다. 누가 주가 전망을 잘할지 선제적으로 맞히는 것은 불가능에 가깝습니다. 주가 급락이 있고 나면 급락을 예견한 사람이 예언자로 추앙받는 일이 매번 벌어집니다. 그러나 그 사람의 과거 이력을 보면 언제나 급락을 주장했던 경우가 절대다수입니다. 고장 난 시계도 하루에 두 번은 맞습니다.

그럼 어쩌란 말인가요? 팩트와 해석을 수집하는 이유는 결국 미래를 전망해서 베팅하기 위함 아닌가요? 음, 그럴 수도 있고 아닐 수도 있습니다.

"1년 후에 주가가 어떻게 될까요?"라는 질문은 대답하기 어렵습니다. 그러나 질문을 이렇게 바꾸어봅시다. "1년 후에 주가가 올라 있다면 어떤 이유로 어디까지 올라갈 수 있을까요? 어느 정도 가격대면 사람들이 비싸서 부담스러운 주가라고 느낄까요? 반대로, 1년 후에 주가가 내려가 있다면 어떤 이유로 어디까지 내려갈 수 있을까요? 어느 정도 가격대면 사람들이 '이건 너무 싼 거 아니냐'라고 생각할 수 있을까요?" 이런 종류의 질문에는 어느 정도 대답할 수 있습니다. 제가 계속 이야기하는 반증 가능성이 있는 형태의 대답을 제시할 수도 있고요.

물론 이 질문에 대답하는 과정이 쉽지는 않습니다. 여기서 다양한 콘텐츠를 활용할 수 있습니다. 유튜브 등에 출연해서 낙관론과 비관론을 주장하는 사람들이 많지요. 우리가 주목해야 할 점은 '누가 맞히느냐'가 아니라 '각각의 근거가 무엇이냐'입니다.

인간의 사고 과정에는 확증 편향이 개입됩니다. 먼저 정답을 정해놓고, 거기에 맞는 근거를 끼워 맞추는 거죠. 3장에서 말씀드렸다시피, 확증 편향은 역으로 이용할 수 있습니다. 내가 가격이 오를 것으로 생각한다면 반대로 하락할 것이라고 답을 정해놓고 그 근거를 찾아보고, 가격이 내려갈 것으로 생각한다면 상승했다고 일단 답을 정해놓고 그 근거를 찾아보는 방법이지요. 이 과정에서 상승론자와 하락론자의 근거를 동시에 활용할 수 있습니다.

그리고 시간이 지나면 결과는 실제 가격의 변화로 드러나게 마련입니다. 두 번째 종류의 정보인 '해석'은 누가 옳았는지 끝내 드러나지 않는 경우가 많습니다. '전망'은 타임라인과 진폭을 명확히 설정한다면 일단 누가 얼마나 맞혔는지는 드러납니다. 그러나 만약 **누군가가** 어떤 전망을 했을 때 그 근거를 '내가' 기록해두지 않았다면, '나에게' **쌓이는 역량은 없습니다.** 그저 다른 '예언가'를 계속 추종할 뿐이지요. 예언이 늘 맞을 수는 없습니다. 특정 예언가를 쫓아다니다가 그 사람이 틀리면 그다음에는 어떡할 건가요? 다른 예언가를 또 쫓아다니나요? 그런 식으로는 영원히 성장하지 못합니다.

CHAPTER 11
확률론적 사고

"불확실성은 우리가 생각했던 것보다 한층 본질적인 것이며,
세계는 불확실성의 안개에 둘러싸여 있다.
불확실성이 초래하는 불가사의한 효과 때문에 우리는
확실한 세계에서라면 필요 없는 새로운 사고방식을 갖춰야 한다."

— 다부치 나오야

운과 실력

우리는 운 또는 실력이라는 단어를 자주 사용합니다. 어떤 결과를 놓고 "그건 운이었을 뿐이야"라며 겸손한 태도(또는 남 탓)를 보이기도 하고, "그건 실력이야"라며 우쭐(또는 좌절)하기도 합니다. 운은 무엇이고 실력은 무엇일까요? 일상적으로 쓰는 단어지만, 그 정의를 명확히 하지는 않는 것 같습니다.

운과 실력에 대해서 조금 연구한 분들은 이렇게 대답합니다. 실력은 '기댓값'이고 운은 '편차'라고. 무슨 말인고 하니, 6개의 눈금이 있는 주사위를 생각해봅시다. 매번 주사위를 던질 때마다 1에서 6 사이의 어떤 값이 나옵니다. 그 평균값은 3.5입니다만, 3.5가 나오는 경우는 없죠. 언제나 3.5를 중심으로 덜 나오거나 더 나오거나 합니다. 눈금이 크게 나올수록 유리한 게임에서 만약 6이 나왔다면 '2.5만큼 운이 좋았다', 그리고 1이 나왔다면 '2.5만큼 운이 나빴다'라고 표현할 수 있을 것입니다.

여기서 그치면 안 되겠죠? 우리가 원하는 건 운의 영향을 줄이고 실력을 키우는 것이잖아요. 운을 편차, 실력을 기댓값이라고 정의한다면 열심히 실력을 키우고자 하는 우리는 어떻게 해야 할까요? 운의 영향을 줄이고 실력을 키운다는 말은 결과의 편차를 줄이고 기댓값을 높여야 한다는 것과 같습니다.

예를 들어 양궁을 연습한다고 해봅시다. 평균적으로 7점의 과녁을 맞히는 '실력'을 지니고 있다고 했을 때 5점을 맞혔으면 운이 나빴고, 9점을 맞혔으면 운이 좋았던 것이겠지요. 우리는 열심히 실력을 갈고 닦아서 편차 없이 10점을 계속 맞힐 수 있도록 노력해야겠습니다.

그런가요?

뭔가 석연치 않습니다.

주식투자는 양궁보다 주사위 게임에 가깝습니다. 주사위 게임에서 운의 영향을 줄일 수 있나요? 운이 편차라면, 편차를 줄여봤자 기댓값은 3.5로 변하지 않습니다. 1과 6이 나올 확률을 줄이고 3과 4가 나올 확률이 높아진다 한들, 크게 달라지는 건 없지 않은가요? 그럼, 손목의 스냅을 잘 연습해서 5나 6이 많이 나오도록 실력을 쌓을까요? 그건 애초에 게임의 룰을 바꾸려는 시도입니다. 주사위의 각 눈금이 나올 확률은 균일합니다. 시스템의 특성이죠. 나오는 눈금의 빈도를 바꾸고자 한다는 건 시스템의 특성을 바꾸겠다는 뜻인데, 시작부터 잘못된 접근일 수 있습니다.

각 눈금이 나올 빈도가 동일하고, 바꿀 수 없고, 우리는 그대로 받아들여야만 한다면 그저 운에 모든 것을 맡겨야 한다는 뜻일까요?

통제할 수 있는 영역과 통제할 수 없는 영역을 구분해야 합니다. 개별 시행의 결과에 무작위성이 얼마나 개입하느냐 하는 것은 시스템의 특성입니다. 시스템의 특성은 주어진 것이고, 한 명의 플레이어가 그 특성을 바꾸는 것은 거의 불가능합니다. 그러나 무작위성이 시스템에 개입함을 인정한다고 하더라도, 플레이어가 할 수 있는 것이 단지 운이 좋기를 비는 것뿐이라는 뜻은 아닙니다.

우리가 던져야 할 질문은 '어떻게 하면 운의 영향을 줄일 수 있을까?'나 '운이 좋아지게 하는 방법이 무엇인가?'가 아니라, '운이 크게 영향을 미치는 영역에서 실력이란 무엇인가?'입니다.

●   주사위 게임

'운이 크게 영향을 미치는 영역에서 실력이란 무엇인가?'라는 질문에는 대답이 가능하며, '실력을 늘리는 방법'에 대한 힌트도 얻을 수 있습니다. 다만 이해하기가 쉽지는 않습니다. 이해를 돕기 위해 다음의 몇 가지 주사위 게임[1]을 살펴봅시다.

① 주사위를 던지기 전에, 당신이 숫자를 하나 이야기합니다. 그리

고 주사위를 던져서 나온 눈금의 값보다 당신이 이야기한 숫자가 더 크면 1만 원을 받는다고 해봅시다. 어떤 숫자를 부르시겠습니까? 아마도 '6'을 부르겠지요? 제가 '2'를 불렀다고 합시다. 주사위를 던졌습니다. 눈금 '1'이 나왔습니다. 당신과 저는 둘 다 1만 원씩을 받았습니다. 같은 결과를 얻었지만, 분명히 무언가가 다릅니다.

무엇이 다르죠? 돈을 벌 확률이 달랐지요. '6'을 부른 당신은 6분의 5의 확률로 돈을 벌 수 있었고, '2'를 부른 저는 6분의 1의 확률로, 즉 주사위 눈금 '1'이 나와야만 돈을 벌 수 있었습니다. 쉽죠?

② 새로운 게임입니다. 주사위를 일단 던집니다. 던져서 나온 눈금의 값에 1만 원을 곱한 금액을 상금으로 받습니다. '1'이 나오면 1만 원, '2'가 나오면 2만 원, '6'이 나오면 6만 원을 받는 식입니다. 물론 공짜가 아닙니다. 게임을 할 때마다 참가비가 있습니다. 참가비가 얼마면 게임을 시도할 의사가 있으신가요? 참가비가 1,000원이면 대부분이 게임에 응할 것입니다. 참가비가 10만 원이면 아무도 게임에 응하지 않겠지요. 참가비가 1만 원이어도 누군가는 응할 테고, 2만 원 또는 3만 원이어도 누군가는 여전히 게임을 시도할 수 있습니다.

참가비가 3.5만 원 이상이라면, 웬만한 사람은 게임을 시도하지 않을 것입니다(아주 없지는 않습니다). 참가비가 3만 원일 때와 4만 원일 때는 명백하게 무언가가 다릅니다. 무엇이 다르지요? 참가비 3.5만 원을 기점으로 이익의 기댓값이 마이너스로 변합니다. 참가비가 3만 원일 때는 기댓값 5,000원, 3만 5,000원일 때는 기댓값이 0원, 4만 원일 때는 기댓값이 마이너스 5,000원입니다. 여기까지도 쉽죠?

③ ②와 유사한 두 게임 A와 B가 있습니다. 던져서 나오는 눈금의 값에 1만 원을 곱한 금액을 상금으로 받되, A는 참가비가 2만 원, B는 참가비가 3만 원입니다. 여기까지만 보면 A가 B보다 완전히 유리한 게임입니다. 그런데 A는 게임을 단 한 번만 할 수 있고, B는 백 번 할 수 있다고 해봅시다(물론 매번 참가비 3만 원을 내야 합니다). A를 딱 한 번만 하거나, B를 백 번 하거나 둘 중 하나를 골라야 한다면 어떨까요? B를 선택하는 사람이 많습니다. 더 불리한 게임인데도 B를 선택하는 이유는 무엇일까요?

참가비가 2만 원인 A 게임은 이익의 기댓값이 1.5만 원입니다. 돈을 버는 결과가 나올 확률은 3분의 2입니다. 참가비가 3만 원인 B 게임은 한 번만 한다면 기댓값 5,000원, 돈을 버는 결과가 나올 확률은 2분의 1입니다만, 백 번을 시도한다면 이 수치는 매우 달라집니다. 참가비 300만 원을 내고 상금 350만 원을 기대할 수 있으니 기댓값은 50만 원입니다. 그리고 돈을 버는 결과가 나올 확률은 99% 이상입니다(평균값 350, 표준편차 17.08, 2.9274σ의 확률은 0.9966).

시행 횟수를 늘렸을 뿐인데, 더 불리한 B 게임의 기댓값이 A 게임보다 더 상승했습니다. 신기하지요?

단순히 한 번의 시행에서 확률이 유리하다 해서 그 게임에 달려들면 안 됩니다. 확률분포는 가상의 분포, 즉 일어나지 않은 미래에 대한 예측입니다. 아무리 확률이 유리해도 한 번의 시행, 즉 '단일시행'에서는 손해를 볼 수 있습니다. 다수시행을 할 수 있는 구조여야 확률분포대로의 결과를 내 손에 쥘 가능성이 커집니다.

④ 다수시행을 할 수 있는 B 게임이 A 게임보다 완전히 우월할까요? 기댓값이 크고 이길 확률이 월등히 높은데도, B가 아닌 A를 선택한 사람은 비합리적인 선택을 한 것일까요? B 게임의 약점은 무엇일까요?

B는 최대손실 가능성이 A보다 큽니다. 0.17%의 확률로 B 게임에서도 손해를 봅니다. 이건 인생에서 일어날 수 있는 확률입니다. 2년 내내 게임을 한다면(730회 시도한다면) 하루 정도는 손해 보는 날이 있다는 뜻이지요. 정말정말 최악의 경우, 1이 백 번 나올 수도 있습니다. 그 경우 참가비 300만 원을 내고 상금 100만 원을 받으니까 200만 원 손해입니다. 만약 이 돈이 전 재산이거나 빌린 돈이라면요? 인생을 사는 데 애로사항이 생기겠지요.

다수시행을 할 수 있다고 하더라도, 큰 그림에서는 백 번짜리 한 번의 시행입니다. 우리는 어떤 게임을 하든 최대손실 금액을 고려해야 합니다. 최악의 경우가 발생했을 때 내 인생에 지장이 생긴다면, 즉 '다시는 게임에 참여할 수 없을 정도의 타격을 입는다면' 그 게임에는 참여하지 말아야 합니다.

⑤ 그럼 B 게임을 어떻게 바꾸면 A 게임보다 완전히 우월한 게임으로 만들 수 있을까요? B 게임을 할 수 있는 횟수를 늘린다고요? 에이,

그럼 최대손실 금액도 그 횟수에 비례해서 커지지 않겠습니까. 그러면 ④의 문제점이 반복될 뿐입니다.

매번 베팅할 때마다 베팅 금액을 바꿀 수 있다면 어떨까요? 참가비 3만 원일 때 '주사위 눈금 곱하기 1만 원'을 상금으로 받았는데요. 이 곱해지는 금액('배수'라고 합시다)이 참가비에 비례해서 변한다고 해봅시다. 예를 들어 참가비를 3,000원만 베팅하면 '눈금×1,000원'을, 30만 원을 베팅하면 '눈금×10만 원'을 상금으로 받는다면 어떨까요? 참가비와 배수의 비율이 일정하니까, 플레이어에게 딱히 유리해진 건 없습니다.

그러나 이 경우에는 게임이 불리하게 돌아갈 때, 즉 초반에 운이 나빠서 결과적으로 손해를 보고 끝날 가능성이 점점 커질 때는 참가비(베팅 금액)를 줄여서 손실한도를 줄일 수 있습니다. 예를 들어 처음 열 번에 3만 원씩 베팅(배수 1만 원)해서 30만 원을 썼는데 1만 계속 나왔다면, 20만 원을 손해 본 것입니다. 만약 오늘의 최대 손실한도가 100만 원이라면 남은 아흔 번당 손실 여력은 80만 원입니다. 그러면 열한 번째 시도부터는 1.5만 원씩만 베팅해봅시다. 상금의 배수는 1만 원에서 5,000원으로 줄어들었습니다. 그리고 이후 일흔 번 동안 정말 운이 없어서 1만 계속 나왔다면, 참가비 105만 원, 상금 35만 원을 받아서 70만 원을 추가로 손해 봤습니다. 이제 손실 여력이 10만 원밖에 안 남았습니다.

남은 스무 번의 게임은 3,000원씩만 베팅해서 배수가 1,000원이 되도록 조정합니다. 그랬는데 또 1이 스무 번 나왔습니다. 와, 이럴 수 있을까 싶을 정도로 최악입니다. 참가비 6만 원을 내고 상금 2만 원을 받았으니 추가로 4만 원 손실을 봤습니다. 최악의 경우를 가정했지만 6만 원이 남았네요. 94만 원을 잃은 건 가슴이 아프지만, 베팅 비율을 조정할 수 없어서 200만 원의 빚을 진 ④번보다는 나은 상황입니다(단 한 푼도 손해를 보면 안 된다고요? 그럼 애초에 게임을 시작하면 안 되지요).

확률분포 × 다수시행

이 주사위 게임들을 통해 운과 실력에 대한 새로운 통찰을 얻었으리라 믿습니다. 여러 종류의 게임을 말씀드렸지만, 어떤 게임에서도 '주사위의 각 눈금이 나올 확률이 동일하다'라는 기본 전제가 달라지지는 않았습니다. 모든 시행에서 여전히 무작위성의 지배를 받는 시스템입니다. 어떤 경우에도 인위적으로 높은 눈금이 나오도록 조절할 수 없습니다. 그런데도 의사결정의 차이는 분명히 존재합니다.

의사결정의 차이를 다시 정리해보자면 다음과 같습니다.

① 확률분포를 추론했는가?

확률분포를 추론하기 위해서는 게임의 룰을 알아야 합니다. 나에게 유리한 게임인지 아닌지도 모른 채로 베팅을 하는 것은 말 그대로 도박입니다. 운이 '좋아야만' 승리할 수 있습니다.

② 다수시행을 할 수 있는가?

확률분포를 추론한 것만으로는 부족합니다. 아무리 유리한 확률이라도 개별 시행에서는 손해를 볼 수 있습니다. 여러 번 시도할 수 있어야만 기댓값이라는 가상의 값을 '실제 결과'로서 손에 쥘 수 있습니다.

③ 최대 손실한도를 고려하여 베팅 금액을 조절하는가?

다수시행을 하다 보면 그때그때의 운에 따라 중간 결과가 달라집니다. 우리가 가장 조심해야 할 상황은 게임장에서 '강제로 쫓겨나는' 것입니다. 일단 살아남아야 다음 기회를 도모할 수 있습니다. 상황의 변화에 따라서 리스크에 노출되는 정도를 유연하게 조절할 수 있어야만 살아남을 수 있습니다. 어찌 보면 ③은 ②를 위한 보조 조건이라고 볼 수 있습니다. 베팅 금액을 조절할 수 있어야 진정한 의미의 다수시행이 가능하니까요. 게임장에 계속 발을 붙이고 있어야 이길 기회도 잡을 수 있지 않겠습니까.

운과 실력은 상충하는 개념이 아닙니다. 실력이 기댓값이고 운이 편차라는 정의는, 노력해서 단일시행의 기댓값과 편차를 바꿀 수 있는 경우에만 유용합니다. 의사가 병을 치료하고 농구선수가 골을 넣는 것 등이 그런 영역입니다. 단일시행의 기댓값과 편차를 바꾸기 어려운 주식시장에서는 쉽사리 통하지 않습니다. 전문가라는 사람들이 그다지 전문적이지 않은 것도 이 때문입니다. 이런 영역에서의 실력은 확률분포를 추론할 수 있느냐, 베팅 금액을 유연하게 조정하여 다수시행을 통해 확률분포대로의 기댓값을 실제 결괏값으로 끌어낼 수 있느냐에 달려 있습니다.

이 영역에서는 모든 단일시행에서 무작위성이 작동합니다. 즉 결괏값이 언제나 운이 좋거나 나쁘거나에 영향을 받습니다. 운은 여러 번의 시행으로 상쇄되어 사라집니다. 여기서 실력이란, 운이 좋아지게 하려는 시도가 아니라 운이 상쇄되는 구조를 짜는 일입니다. 주사위를 던지기 전에 이미 실력은 결정되어 있습니다. 내가 확률분포를 추론하고 리스크관리를 할 수 있는 상태에서 주사위를 던진다면, 나는 실력이 있는 사람입니다. 확률분포를 고민하지도 않고 리스크도 고려하지 않은 채 무작정 주사위를 던지는 사람은, 이미 실력이 없는 사람입니다. 주사위의 눈금이 1이 나오건 6이 나오건 전혀 중요하지 않습니다.

포커 게임의 권위자 데이비드 스클란스키는 《포커 이론(The Theory of Poker)》에서 이런 명제를 다음과 같이 우아하게 표현했습니다.

유리한 확률에서 베팅에 나선다면, 그 베팅의 결과로 이겼건 졌건 무언가를 얻었다. 마찬가지로, 불리한 확률에서 베팅에 나선다면, 그 베팅의 결과로 이겼건 졌건 무언가를 잃었다.

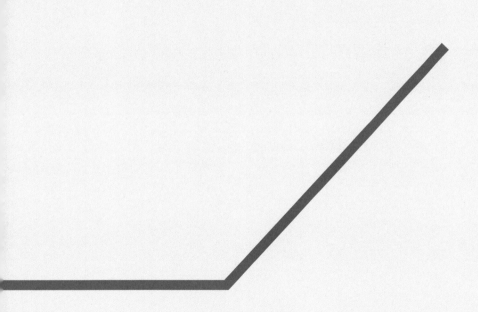

"인생에서 가장 해로운 중독 세 가지는
헤로인, 탄수화물, 월급이다."

— 나심 탈레브

현실 세계에서의 확률분포 추론

확률론적 사고는 무척 중요합니다. 세상은 불확실성으로 가득하고, 우리 두뇌는 인과관계를 만들어내는 데 익숙합니다. 확률론적으로 사고하지 않으면 단편적인 결과들만으로 잘못된 인과관계를 도출하고, 잘못된 의사결정을 할 가능성이 점점 커집니다. 확률분포를 추론하고 다수시행을 통해 지속적으로 유리한 게임으로 이끌어가다 보면 마침내 승리할 수 있습니다.

현실 세계에서 확률분포를 추론하는 일은 그리 간단하지 않습니다. 앞서 사례로 든 주사위 게임은 룰이 정해져 있습니다. 주사위의 여섯 면이 동일하게 나온다고 가정했고, 눈금값에 따라 내가 얻는 보상 또는 손실이 얼마인지가 명확합니다. 현실 세계는 어떤 눈금이 어떤 분포로 나올지, 눈금이 과연 6개이긴 한 건지부터 명확하지 않습니다. 룰이 명확하게 정해진 게임에서의 추론을 현실 세계의 추론에 그대로 적용하려는 오류를 '루딕 오류(Ludic fallacy)'라고 부릅니다. 실험실에서의 결괏값만 가지고 실제 현장에서 적용할 수 있는 제품을 만들어낼 수 없다는 것은 엔지니어라면 모두 알고 있습니다. 이론만 가지고 현실에서 돈을 벌 수는 없습니다. 현실 세계에서 엄밀한 의미의 '다수시행'은 불가능합니다.

현실 세계에서의 확률분포 추론, 즉 앞으로 어떤 일이 어떤 확률로 일어날 수 있을까에 대해서는 조심스럽게 한 걸음씩 생각해봐야 합니다. 어스워스 다모다란은 《내러티브 앤 넘버스》에서 스토리텔링의 신뢰성을 세 단계로 구분했습니다.

- 가능성(possible): 사건이 발생할 확률이 0보다 높은가.
- 타당성(plausible): 사건이 발생할 구체적인 시나리오를 구성할 수 있는가.
- 개연성(probable): 위 시나리오가 발생할 확률이 50% 이상인가.

구분법이 아주 명확하게 와닿지는 않지요? 반대로 각 단계를 통과하지 못하는 경우는 어떤 것인지를 생각해보면 좀더 이해하기 쉽습니다.

- 가능성을 통과하지 못한 경우(impossible): 현실계에서 일어날 수 없는 사건들입니다. 조금만 따져봐도 모순임을 알 수 있는 경우죠. 예

를 들어, 엄청나게 고성장을 할 것 같은 기업을 발견했다고 합시다. 이 기업의 영구 성장률(기업 가치평가에서 예측 가능 기간 이후 영구적인 기간의 성장률)을 전 세계 GDP 성장률보다 높다고 가정하는 것은, 가능성이 0입니다. 왜냐하면 이 회사가 정말로 무한히 성장을 지속하다 보면 결국 전 세계 시장을 장악할 것이고, 이 회사의 성장률이 곧 세계 GDP 성장률이 될 것입니다. 따라서 전 세계 GDP 성장률보다 이 회사의 영구 성장률을 높게 가정하는 것은 모순입니다. 또는 주식을 샀는데 (레버리지를 끼지 않은 경우) 수익률이 -100%를 넘어갈 수는 없습니다. 기본적인 룰에 대한 이해가 부족한 거죠.

• 타당성을 통과하지 못한 경우(implausible): 가능성이 없지는 않지만 웬만한 상식으로는 이해가 안 되는 경우입니다. 예를 들어 자동차를 만들던 회사가 갑자기 휴대폰을 만들겠다고 한 경우, 이 회사가 애플이나 삼성전자 수준으로 성장할 것이라고 기대하기는 무척 어렵겠지요. 2019년 전 세계 자동차 판매량은 약 7,500만 대였습니다. 과거 10년 동안 연평균 2% 정도의 느린 성장세를 보였습니다. 테슬라의 전기차가 2020년 현재 큰 인기를 누리고 있지만, 2030년 테슬라 자동차의 판매량이 8,000만 대가 될 거라는 가정은 어떤가요? 이 시나리오가 현실이 되려면 전 세계 내연기관차가 모두 전기차로 대체되어야 하고, 전기차 시장에서 테슬라의 점유율이 100%가 되어야 합니다. 가능성이 0%는 아니겠지만, 아무래도 있을 법하지 않습니다.

• 개연성을 통과하지 못한 경우(improbable): 시나리오 자체는 타당하나, 일어날 확률이 낮은 경우입니다. 진입장벽이 낮은 시장에서 운 좋게 초기에 진입하여 높은 이익과 고성장을 누리고 있는 회사에 대해서, 신규 업체들의 진입이 뻔히 눈에 보이는데도 높은 이익률을 계속 유지할 것이라고 가정하면 안 됩니다. 또는 어떤 업체가 현재 만들어 놓은 공장에서 70만 대의 자동차를 생산할 수 있고 앞으로 150만 대 이상 생산을 계획하고 있는데, 새로운 공장을 지을 때 설비투자 금액이 기존 공장의 절반 이하라고 한다면 어떨까요? 그동안 쌓인 비용 절감 노하우가 있어서 가능할 수도 있겠지만, 그 확률을 높게 부여할 수는 없겠지요.

복잡계에서의 실력이란 결국 의사결정의 질을 의미합니다. 좋은 의사결정을 위해서는 어떤 투자 대상에 대해서 앞으로 일어날 수 있는 다양한 시나리오를 구성하고, 각 시나리오의 논리 고리를 세분화해서 가능성·타당성·개연성을 따져봐야 합니다. 최종 단계인 개연성에서 확률을 정확히 숫자로 표현하는 것은 어렵지만, 가능성과 타당성 단계에서는 잘못된 의사결정을 상대적으로 쉽게 걸러낼 수 있습니다. 가능성과 타당성이 부족한 의사결정만 걸러내도 의사결정의 질은 유의미하게 높아질 수 있습니다.

젠센 부등식과 비대칭성

아무리 합리적으로 확률분포를 추론하려 해봐도, 사실 그 작업에는 한계가 있습니다. 우리가 사는 세상은 단 한 번의 세상일 뿐입니다. 동일한 상황에서의 반복시행, 즉 다수시행을 통해 확률분포의 기댓값을 실제 결괏값으로 만들어낼 수는 있지만, 현실 세계에서 완전한 반복시행은 불가능합니다. 특히 금융시장에서는요.

확률분포를 추론하는 방법으로는 크게 주관적 확신의 정도, 인과관계, 통계적 유의성이 있다고 말씀드렸습니다. 인과관계는 알기 어렵고, 통계적 유의성이 의미 있으려면 샘플이 모집단 전체를 잘 반영하고 있어야 하는데 그 또한 현실 세계에서는 어렵습니다. 결국 우리가 추론하는 확률분포란 주관적 확신의 정도에 지나지 않을 수 있습니다.

이런 맥락에서 나심 탈레브는 확률을 계산하는 것보다는 노출을 조절하는 것이 훨씬 더 승률 높은 포트폴리오라고 주장했습니다. '예측보다 노출'이라는 개념은 9장에서 말씀드렸는데요, 여기서는 이게 대체 무슨 소리인지 좀더 깊게 이야기해보겠습니다. 나심 탈레브는 《안티프래질》에서 바벨 전략을 통해 불확실성을 성장의 기회로 만드는 방법을 제시했습니다. 바벨 전략이란, 극단적으로 위험을 회피하는 선택과 극단적으로 위험을 추구하는 선택을 병행하는 것을 말합니다.

이 개념을 이해하기 위해서는 우선, 함수의 볼록성(convexity)과 젠센 부등식(Jensen's Inequality)을 이해해야 합니다. 볼록 함수란 〈그림 12-1〉과 같은 모양입니다.

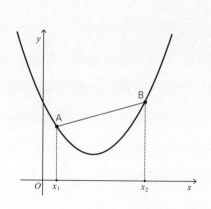

〈그림 12-1〉 볼록 함수

젠센 부등식은 함수가 볼록한 경우 임의의 두 지점 x1, x2에서 함수의 평균값[f(x1)과 f(x2)의 평균]이 평균의 함숫값[f((x1+x2)/2)]보다 크거나 같음을 의미합니다. 어렵죠?

쉽게 말해서 0을 넣었을 때의 함숫값이 10이고, 50을 넣었을 때의 함숫값이 20인데, 100을 넣었을 때의 함숫값이 (30이 아니라) 300이 되는 경우를 이야기합니다.

개인의 재산 분포가 대표적으로 볼록한 경우입니다. 우리나라 전 국민의 재산을 쭉 줄 세웠다고 했을 때, 가장 가난한 사람과 이건희 회장의 재산을 평균한 값은 상위 50%에 있는 사람의 재산보다 훨씬 많겠지요. 유튜브 구독자 수, 스포츠 스타나 연예인의 소득 등도 마찬가지입니다. 양극단에 있는 두 사람의 평균값이 중간에 있는 사람의 값보다 훨씬 크겠지요.

어떤 시스템이 볼록한 경우에는 모호하게 중간 정도의 시도를 하는 것보다는, 시도를 둘로 쪼개서 양극단의 시도를 했을 때 결괏값이 더 좋게 나옵니다.

반대로 오목한(concave) 경우는 어떨까요?

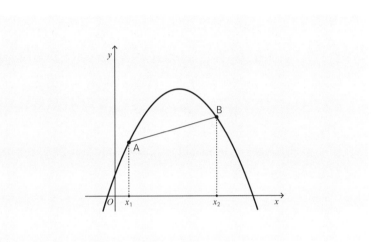

〈그림 12-2〉 오목 함수

여기서는 젠센 부등식이 반대로 작동합니다. 입력값으로 양극단값을 취할 경우의 결괏값이, 중간값을 취할 경우보다 낮게 나옵니다. 알기 쉽게 설명하자면, 운 좋게 좋은 결과가 여러 번 나왔더라도 한 번의 나쁜 결과로 그동안의 성과를 모두 날려버릴 수 있는 시스템입니다. 시스템이 오목한 경우에는 어떤 위험한 시도도 해서는 안 됩니다.

우리가 흔히 '안전자산'이라고 부르는 자산은 시간의 변화에 따른 가치의 변화가 〈그림 12-3〉과 같이 나타납니다.

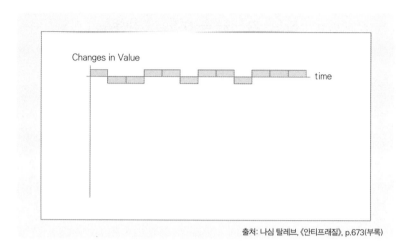

출처: 나심 탈레브, 《안티프래질》, p.673(부록)

〈그림 12-3〉 안전자산의 가치 변화

　이익이 날 때 조금의 이익이 나고, 손해를 가끔 보기도 하지만 전반적으로 안정적인 결과를 꾸준히 내놓는 자산입니다. 그러나 우리가 이런 안전자산이라고 착각하는 자산들의 실제 형태는 〈그림 12-4〉와 같습니다.

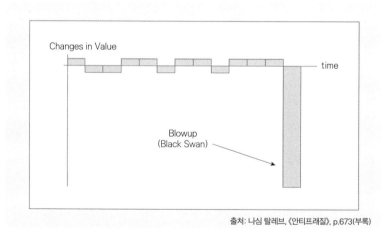

출처: 나심 탈레브, 《안티프래질》, p.673(부록)

〈그림 12-4〉 안전자산이라고 착각하는 자산의 실제 가치 변화

주사위의 눈금이 6이 나오면 모든 재산을 날리는 게임을 한다고 합시다. 처음 열 번의 시행에서 6이 한 번도 안 나올 확률은 16%나 됩니다. 이런 시스템에서 열 번 동안 6이 한 번도 나오지 않았다고 해서 6이 앞으로도 나오지 않을 거라고 믿고 베팅 금액을 늘리다가, 한 번 6이 나옴으로써 모든 재산을 날리는 것이 사람들이 보통 하는 행태입니다.

흔히 채권을 주식보다 안전하다고 생각합니다. 그러나 채권은 극단적인 상황, 즉 발행자가 파산하는 경우 모든 재산을 날립니다. 주식과 마찬가지지요. 좋은 상황에서는 어떤가요? 주식은 상당히 많은 이익을 얻을 수 있지만, 채권에서는 정해진 이자만을 받을 뿐입니다. 확률분포를 추론했을 때, 채권은 그래도 높은 확률로 원금 및 이자를 받을 수 있으니 주식보다 안전한 자산이라고 할 수 있을 겁니다. 그러나 확률분포를 추론할 수 있는 능력을 배제하고 극단값만을 취해보자면, (벌 때 못 벌고 잃을 때 크게 잃는) 채권보다 (잃을 때 잃더라도 벌 때 크게 버는) 주식이 더 좋은 자산입니다.

나심 탈레브는 볼록한 시스템에서는 '옵션'을 보유하는 쪽이 되어야 한다고 늘 강조합니다. 옵션 매수자는 초기에 비용을 지불하지만, 언젠가 한 번 크게 터질 수 있는 권리를 가집니다. 옵션 매도자는 의무를 집니다. 옵션을 매도할 때마다 소소하게 용돈을 벌지만, 작은 이득에 취해 있다가 극단적인 상황이 벌어졌을 때 그동안 번 돈을 모두 날립니다. 탈레브는 이와 더불어, 한 번에 모든 재산을 날릴 베팅은 절대로 하지 말아야 한다고 말합니다. 아무리 확률이 유리해 보이더라도 패배했을 경우 다시는 게임에 참가할 수 없다면, 그 게임은 피해야 합니다.

탈레브의 바벨 전략을 좀더 구체적인 포트폴리오로 이야기해보자면, 극단적인 안전자산으로서 미국 국채를 매입하고, 거기서 나오는 이자를 활용하여 극단적인 위험자산으로서 주식시장의 '외가격 풋옵션'을 매수하는 전략입니다. 세계 최강대국인 미국의 국채는 모든 채권 중에서 상대적으로 가장 안전한 자산일 것입니다. 그리고 있을 법하지 않은 주식시장의 급락에 꾸준히 베팅하다 보면 옵션 프리미엄만큼의 손실을 일상적으로 보겠지만, 긴 시간에 한 번 예측불허의 큰 충격, 즉 '블랙 스완'이 터졌을 때 큰 수익을 낼 수 있습니다.

물론 실행을 하려면 각 파생상품의 프리미엄이 적절한지 계산을 해야 하므로 실제로 각 투자자가 이것을 그대로 따라 하기는 어렵습니다. 다만 드리고 싶었던 말씀은, '미래가 불확실하다 하여 그 앞에 굴복하거나 외면하는 것만이 우리가 취할 수 있는 유일한 선택지는 아니다'라는 것입니다. 확률분포를 추론할 수 있는 경우에는 베팅 비율을 적절히 조절함으로써 확률의 기댓값을 실제 값으로 만들어낼 수 있습니다. 확률을 추론하기 어려운 경우에도, 시스템의 볼록성과 오목성에 따라서 극단값을 취하거나 회피하는 식으로 나에게 유리한 구조를 짤 수 있습니다.

불확실성은 시스템의 특징일 뿐입니다. 우리는 불확실성을 우리를 절망에 빠트리는 악마의 손짓으로 여길 수도 있고, 불길을 더욱더 타오르게 하는 바람으로 이용할 수도 있습니다.

인생의 바벨 전략

이제 책이 거의 끝나갑니다. 끝나는 마당이니 조금 주제넘은 이야기를 해볼까 합니다.

사실 재테크에서 남보다 뒤처지지 않으면 족하다는 생각을 가지고 계신 분이라면, 굳이 깊은 고민이 필요하지 않습니다. 9장에서 말씀드린 방어적 투자라면, 주식시장 전체를 사는 ETF(ACWI나 VT 등)와 국채를 적당히 섞은 포트폴리오에, 부동산을 원한다면 실물 부동산 또는 리츠, 리츠 ETF(VNQ나 VNQI 등)를 추가하면 됩니다. 마켓 타이밍을 노리지 않고 1년에 한 번 리밸런싱을 해주는 것만으로 재테크는 끝입니다. 이렇게만 해도 장기간을 놓고 보면 재테크에 열을 올리는 웬만한 사람들보다 나은 성과를 낼 것입니다(생존 편향에는 주의하세요. 주식에 투자하다 손실을 본 사람은 말이 없고, 적게라도 이익을 본 사람은 성과를 부풀려서 자랑하기 마련입니다. "내가 ○○ 종목으로 이번에 얼마 벌었어"라고 자랑하는 사람에게는 "전체 투자 기간의 연 환산 수익률이 얼마입니까?"라고 물어보세요. 아마 계산해본 적조차 없어 당황할 것입니다).

재테크에서 초과수익을 올리기 위해서 답 안 나오는 노력을 하는 것보다는, 적당히 방어적인 포트폴리오를 갖춰놓고 남는 시간에 삶을 윤택하게 보내는 것이 낫습니다. 어떤 삶이 윤택한 삶일까요? 각자의 대답이 당연히 있겠습니다만, 지금까지 금융시장에서 배운 바를 토대로 참고할 만한 이야기를 해보겠습니다.

확률분포 추론이 어려운 경우 시스템의 볼록성과 오목성에 따라서 위험을 다르게 짊어지라고 말씀드렸지요? 우리 인생에서는 어떤 시스템이 볼록하고 어떤 시스템이 오목할까요?

건강은 오목한 시스템입니다. 보통의 건강한 사람보다 더 많이 건강하다고 해서 할 수 있는 일이 대단히 많지는 않습니다('세계에서 가장 건강한 사람' 칭호를 획득한 사람이 '두 번째로 건강한 사람'보다 얼마나 더 많은 것을 해낼 수 있을까요?). 그러나 건강이 악화되면 아주 많은 것을 잃어버립니다. 따라서 건강을 유지하는 데 지나치게 많은 노력을 쏟는 것은 큰 의미가 없습니다. 건강을 해치는 행위를 피하는 것만으로도 충분할 수 있습니다(1장에서 말씀드린, 보약을 먹는 것보다 담배를 끊는 게 건강관리에 훨씬 유익하다는 점을 상기하시기 바랍니다).

사람들로부터 얻는 신뢰 역시 오목한 시스템입니다. 세상에서 가장 믿을 만한 사람이라고 해서 세상에서 두 번째로 믿을 만한 사람보다 무언가 대단히 뛰어난 건 아닙니다. 그러나 신뢰가 무너졌을 때의 타격은 어마어마합니다. 워런 버핏은 평판에 대해 이렇게 언급했습니다.

우리가 돈을 잃을 수는 있습니다. 심지어 많은 돈을 잃어도 됩니다. 그러나 평판을 잃을 수는 없습니다. 단 한 치도 잃어서는 안 됩니다. 우리는 모든 행위를 합법성만으로 평가해서는 안 됩니다. 똑똑하면서 비우호적인 기자가 우리에 대하여 쓴 기사가 중앙 일간지의 1면에 실려도 당당할 정도가 되어야 합니다.[1]

교육은 볼록한 시스템입니다. 교육비와 시간을 들이는 것 이외에 잃는 것은 없습니다. 지금 배워놓은 지식과 기술이 언제 어떻게 쓰일지는 누구도 알 수 없습니다. 긴박한 상황에서 아주 큰 일을 해낼 수도 있습니다.

커뮤니티 활동은 대표적인 볼록한 시스템입니다. 나심 탈레브는 파티에 가는 것은 언제나 환영이라고 했습니다. 들여야 하는 것은 택시비 정도이고, 좋은 사람들과 인연을 맺고 즐거운 시간을 보내다 보면 어디에도 비할 수 없는 만족감을 얻을 수 있죠. 재미가 없다면 금방 빠져나오면 그만이고요. 한국에서도 여가 활용을 장려하면서 다양한 커뮤니티 활동이 증가하고 있습니다. 폐쇄적인 문화로 인한 폐단이 참많다고 생각해왔는데, 다양한 커뮤니티가 증가하는 것은 아주 고무적인 현상입니다.

여행도 볼록한 시스템입니다. 여행 경비와 시간은 고정적으로 들어가는 비용인 반면, 만족도의 상한은 상당히 높습니다(뭐, 불만족스러운 여행이 될 수도 있지만요. 우리는 극단값에 대해서 이야기하는 중입니다). 다만, 여행자보험은 반드시 드는 게 좋습니다. 한순간의 실수로 사고가 발생해 즐거움을 모조리 상쇄해버릴 수도 있으니까요.

직장 생활은 어떨까요? 직장의 특징에 따라 다르게 볼 수 있을 겁니다. 편안하게 안정적으로 다닐 수 있는 직장은 오목합니다. 다니는 동안은 큰 걱정이 없지만 극단적인 상황, 즉 해고를 당하거나 직장이 망해버리는 상황이 벌어지면 큰 충격에 빠집니다. 편안하게 직장을 다녔기에 쌓아놓은 업무 능력도 부족할 테니 재취업의 가능성도 작고, 생활 수준을 상당히 낮추어야 할지도 모릅니다.

급여가 낮고 업무 강도가 높지만 성과에 대한 보상이 철저하고 승진 가능성이 큰 직장이라면 볼록합니다. 열심히 노력하고도 좋은 성과가 안 나올 수 있지만, 성실함이나 열정을 알아본 다른 사람으로부터 또 다른 좋은 자리를 소개받을 수도 있습니다.

탈레브의 전략을 곧이곧대로 따르자면, 최저생계만 보장받을 수 있는 수준에서 가능한 한 업사이드의 최대폭이 큰 직장을 선택하는 게 나을 것입니다. 그러나 그런 선택이 쉽지는 않습니다. 오히려 안정적인 직장을 구한 다음에 여가를 최대한 활용하여 업사이드가 큰 다른 취미 생활이나 부업을 하는 것이 나을 수도 있습니다.

확률론의 기초를 닦은 토머스 베이즈의 본업은 장로교 목사였습니다. 《인구론》으로 유명한 토머스 맬서스 역시 성직자가 본업이었습니다. 방적기를 발명한 에드먼드 카트라이트도 목사였습니다. 역시나 목사인 조지 가렛은 무엇을 발명했을까요? 잠수함을 발명했습니다. 이들은 모두 나심 탈레브가 인생에서 바벨 전략을 활용하는 방법을 이야기하며 예시로 든 사람들입니다.

안정적인 직장을 가진 사람들 모두가 부업으로 발명과 창업에 나서는 것 또한 어렵기는 마찬가지입니다. 그렇다면, 리스크를 짊어지고 창업에 뛰어든 사람들에게 한 발을 걸치는 것이 최선의 바벨 전략이 될 수도 있습니다. 어떻게 그렇게 하냐고요? 아시다시피, 자본주의 사회에서는 주식회사라는 제도가 있습니다. 창업가 또는 경영자의 능력과 정직함을 믿을 수 있다면, 그 회사의 주식을 소유함으로써 회사의 성장과 내 재산이 연동되도록 할 수 있습니다.

인생 이야기를 하다가 결국 주식 이야기로 돌아왔네요. 바벨 전략은 삶의 불확실성으로부터 나를 지키기 위한 훌륭한 전략입니다. 인생의 바벨 전략에서 주식은 아주 중요한 역할을 합니다. 주식은 자본주의 사회에서 무언가를 얻기 위해서도 필요하지만, 잃지 않기 위해서도 반드시 필요한 자산입니다.

주식투자의 세계에 발을 담근 당신, 앞날이 험난하겠지만 부디 무사히 뜻한 바 이루시기를 바라며 글을 마칩니다.

더 깊이 알고 싶다면

4부까지 읽느라 고생 많으셨습니다. 4부는 열린 결말입니다. 앞으로 부딪쳐나갈 삶에서 어떤 사고방식을 장착하고, 세상을 어떻게 바라보고 누구로부터 무엇을 어떻게 배울 것인가를 이야기해봤습니다. 앞으로의 여정에 튼실한 기초 체력이 되길 바라는 마음입니다. 확률론적 사고, 바벨 전략, 그리고 다양한 분야에서 지식을 습득하는 과정에 대하여 다음과 같은 책들이 도움을 줄 수 있으리라 생각합니다.

• 《운과 실력의 성공 방정식》, 마이클 모부신: 운과 실력, 일상생활에서 흔히 사용하지만 개념을 명확하게 정의하지 않는 용어들입니다. 무엇이 운이고 무엇이 실력인지를 판가름하지 않으면 우리는 결과를 제대로 피드백할 수 없고, 어떤 노력을 해야 하는지도 알 수 없습니다. 애초에 실력이 존재할 수 있는 영역인지 아닌지 질문을 던지는 것도 매우 중요합니다. 투자자이면서 학자인 마이클 모부신은 운과 실력이라는 개념을 수학적으로 집요하게 파고듭니다. 통계의 개념들이 나와서 살짝 어려울 수 있지만, 뚝심 있게 읽어보시기를 권합니다. 나심 탈레브의 책들보다는 훨씬 쉽고 친절합니다.

• 《확률론적 사고로 살아라》, 다부치 나오야: 절판되어 아쉬운 책 두 번째입니다. 확률론적 사고는 불확실한 세상을 살아가는 데 핵심적인 사고법입니다. 나심 탈레브의 《행운에 속지 마라》는 책 전반에 걸쳐 확률론적 사고를 다루고 있지만, 상당히 은유적으로 이야기를 풀어나가기 때문에 답답함을 느끼는 독자들이 많습니다. 여러분도 그랬다면 이 책이 어느 정도 사이다가 될 수 있습니다. 아주 깊이 들어가지는 않지만 사례를 들어가며 확률론적 사고가 무엇이며 왜 필요한지 차근차근 쉽게 설명합니다.

- 《**안티프래질**》, **나심 탈레브**: 저를 비롯하여 많은 사람이 '인생 책'이라고 언급하는 책입니다. 예측이 무의미한 세상에서 우리는 어떤 대비를 할 수 있을까요? 안티프래질은 불확실성을 피하는 것이 아니라 오히려 나를 더 성장시키는 도구로 활용할 수 있는 비법입니다. 그 전에 출간한 두 권의 책 《행운에 속지 마라》와 《블랙 스완》에서 던진 수많은 의문에 대해서 답을 주는 책입니다. 아무리 어렵게 느껴져도 두 번 이상 읽으시기를 권합니다.

- 《**금융시장으로 간 진화론**》, **앤드류 로**: 금융시장은 복잡계입니다. 각 시장 참여자들이 자신의 이익을 추구하며 그때그때 의사결정을 합니다. 의사결정의 기초 원칙, 패러다임들이 어떻게 흥망을 반복해왔는지 살펴봅니다. '인간은 비합리적이야'라고 단순히 치부하기보다는, 그런 비합리적 인간들이 어떻게 발버둥 치며 살아남으려고 노력해왔는지 발자취를 따라가봄으로써 새로운 통찰을 얻을 수 있습니다.

- 《**통섭과 투자**》, **마이클 모부신**: 금융 지식만 공부해서는 좋은 투자자가 될 수 없습니다. 투자란 결국 인간 행동의 집합이기에 인간에 대한 이해가 없이는 장기적으로 살아남기 어렵습니다. 다양한 지식을 섭렵하고 이어나가는 과정이 어떤 것인지, 우리에게 어떤 지식이 필요한지를 자상하게 설명해주는 책입니다. 이 책 하나가 정답이 될 수는 없겠지만, 공부의 방향을 잡는 데 좋은 가이드가 되리라 생각합니다.

•

에필로그

책으로 처음 인사드린 지 어느덧 12년이 지났습니다. 첫 책을 쓰기 시작하던 무렵은 학생이었고, 그사이에 기관투자자로서, 그리고 자산운용사의 창업자이자 대표로서 적지 않은 경험을 쌓았습니다.

투자 분야의 지식은 다른 분야와 달리 하나의 프레임워크로 통합되지 않았습니다. 전체를 관통하는 통일된 이론이 존재하지 않고, 산발적인 지식들이 지혜나 격언이라는 형태로 흩어져 있습니다. 2003년 처음 주식투자를 시작하며 많은 책을 읽었고, 그 책들에서 이야기하는 원칙들을 하나의 프레임워크로 모으고자 했습니다. 이 과정에서 많은 모순점들을 발견했고, 그 모순들은 2007년 기관투자자로 발을 들인 이후에도 해소되지 않았습니다. 오히려 깊어져만 갔습니다.

투자의 대가라는 분들이 이야기하는 격언들을 가능하면 모두 검증해보고자 하였고, 그 과정에서 많은 성공과 그보다 더 큰 실패를 경험했습니다. 어느 정도 '성공의 원칙'이 쌓였다 싶으면 여지없이 무너져 내렸고, 그 이후에야 실수를 반성하며 새로운 토대를 쌓아올릴 수 있었습니다. 다행히 새롭게 쌓아올린 원칙의 모음은 과거보다 더욱 굳건해졌지만, 이 또한 언제건 와르르 무너져 내릴 수 있다 생각합니다. 6장에서 인용한 버나드 바루크의 "나는 조언이 유용한지에 대해 정말 회의적이다"라는 말이 저에게는 의미심장하게 다가옵니다.

책 출간을 제안받았던 2020년 4월은 저에게도 너무나 고통스러운 시기였습니다. 투자자로서의 오랜 경험과 고민 덕분에 코로나 사태로 인한 시장의 급변동은 전혀 스트레스가 되지 않았지만, 사업가로서의 제 자질에 대해서는 아주 많은 의구심을 품고 있었습니다. 스스로 만족스럽지 않은 상태에서 감히 책을 써서 다른 사람들에게 조언을 해준다는 것이 가당키나 한가 하는 생각을 많이 했습니다.

'트레바리'라는 독서모임이 있습니다. 2015년부터 멤버로 활동했었고, 2018년부터는 몇몇 모임의 클럽장을 맡아서 운영하고 있습니다. 어차피 저는 종목추천이나 시장전망은 하지 않으니, 돈, 자본시장, 불확실성 등에 대해 같이 이야기해보자는 가벼운 마음으로 시작했는데, 생각보다 많은 분들이 재밌어하신 덕에 지금까지도 이어져오고 있습니다.

사람들은 제가 독서모임에 왜 이렇게 열을 올리는지 궁금해합니다. 저는 이렇게 대답합니다. "제가 배우는 게 많아서요."

불확실한 세상에서는 '안다'라는 착각이 가장 위험합니다. 독서모임에서 저는 비록 클럽장이라는 위치에 있기는 하지만, 함께하는 분들의 다양한 아이디어를 접하면서 저 스스로도 생각을 많이 정리할 수 있었습니다. 특히, 여러 사람들이 저지르는 실수담을 듣는 과정은 사람이 어떤 방식으로 세상을 바라보고 어떻게 의사결정을 하는가를 이해하는 데 큰 도움이 되었습니다.

이 책은 어찌 보면 저의 실수담이라고 볼 수도 있습니다. 주식쟁이들은 보통 자기가 세상을 좀 '안다'고 생각하는 경향이 있습니다. 트레바리에서의 경험은 제가 아는 게 거의 아무것도 없다는 깨달음을 주었습니다. 제가 시장을 경험하며 겪은 수많은 실수들, 지금도 저지르고 있는 많은 실수들을 돌이켜보면서, 어떻게 하면 실수를 줄일 수 있을까에 대한 고민을 함께 나누는 일은 의미 있다고 생각하여 출간을 마음먹기에 이르렀습니다.

나심 탈레브는 2016년 베이루트 아메리칸 대학 졸업식 축사에서, 본인은 타인의 조언을 듣지도 않고 타인에게 조언을 해주지도 않는다고 했습니다. 다만 황금률의 확장으로서, 조언에서의 '스킨 인 더 게임'을 이야기합니다. 조언을 해준다면 그 조언이 틀린 것으로 드러났을 때 본인도 피해를 입어야만 합니다. 그런 관점에서 저 또한, 제가 깊이 고민하고 지키고자 하는 이야기들만을 책에 실었습니다. 책의 내용을 지키지 않았을 때 저 스스로도 피해를 입습니다.

이쯤에서 한 가지 고백해야겠습니다. 책에 적었지만 제가 지키지 못한 조언이 딱 하나 있습니다. 마지막에 언급한 인생의 '바벨 전략'입니다. '안티프래질'해지기 위해서는 '프래질', 즉 '오목'한 영역에서는 어떤 위험에도 노출시키지 말고, '볼록'한 영역에서는 최대한의 리스크를 감수해야 합니다. 이 둘을 동시에 실행하는 게 '바벨 전략'이고 이 전략은 인생 전체로도 확장할 수 있습니다.

저는 2015년 '안티프래질'을 처음 읽었습니다. 그 책의 말미에는 '영웅'에 대한 이야기가 나옵니다. 스스로 '프래질'해짐으로써 사회를 '안티프래질'하게 만드는 사람이 영웅이고, 타인을 '프래질'하게 만듦으로써 스스로 '안티프래질'해지는 사람을 비겁한 사람이라 했습니다. 저는 이 내용에 고취되어 창업이라는 길을 선택했고, 잘 굴러가던 '안티프래질'한 제 삶을 '프래질'에 노출시켰습니다.

앞서 언급한 나심 탈레브의 축사에서 "성공하기 위해서는 취약점이 없어야 한다(Success requires absence of fragility)"라는 대목이 나옵니다. 약점이 있는 사람은 협상에서 불리한 자리에 서게 됩니다. 불리한 협상을 반복하다 보면 결국 실패하게 됩니다. 아무리 작더라도 하방을 확보하여 약점을 제거한 상태에서 하나씩 상방을 쌓아나가야 합니다.

하방이라 함은 상황에 따라 다릅니다. 얼마 전 만났던 1백만 이상의 구독자가 있는 유명 유튜버가 이렇게 말했습니다. 자신은 몰락해서 단칸방에서 살아도 상관없지만, 내 자식들에게는 절대로 그런 삶을 물려줄 수 없다고요. 저와 너무나 같은 심정이라서 깜짝 놀랐습니다. 저는 창업 시기를 전후로 아이가 둘 태어났습니다. 창업을 하겠다는 마음을 먹었을 때에는 아이를 키운다는 것이 어떤 느낌인지 전혀 알 수가 없었지요.

탄탄하게 펀드매니저의 길을 걸어가던 자신만만한 사람이, 사업가로 나서면서 그동안 얼마나 온실 속의 화초로 있었는지 깨달았습니다. 그와 동시에 가족을 엄청난 리스크에 노출시켰다는 사실도 뒤늦게 깨달았습니다. 취약점을 만들어냈을 때 인생 전체가 위태로워짐을 입증했으니, 역설적으로 '바벨 전략'이 얼마나 중요한지를 깨닫는 계기가 되었습니다. 그 뼈아픈 깨달음이 없었다면 '인생의 바벨 전략'이 책의 마지막을 장식하지도 않았을 것입니다.

인생의 바벨 전략이란 참 미묘합니다. 리스크, 프래질 등은 단지 돈만을 이야기하는 게 아닙니다. 주변에 나를 믿고 응원해주는 사람이 있다면, 일상적인 실패는 결국 극복 가능하다고 믿습니다. 이 책 또한 그렇게 지지해주는 사람들과, 가족 같은 친구들의 도움이 없었다면 애초에 빛을 보지 못했을 것입니다.

책을 제안해주시고 편집 과정에서 여러 도움을 주신 다산북스 유영의 윤서진 팀장님과 박경순 대표님 및 임직원 여러분께 먼저 감사의 말씀을 드립니다. 언제나 듬직하게 회사를 지켜주는 조주헌 이사님, 김샛별 이사님을 비롯한 저희 임직원 분들과 투자자 분들께도 너무나 감사합니다. 저에게 많은 가르침을 주시고 더 크게 성장할 바탕을 마련해주신 한국투자밸류자산운용 이채원 대표님과 배준범 본부장님 및 여러 직장동료분들께도 깊은 감사 말씀을 드립니다. 서울대투자연구회 '스믹(SMIC)'은 제가 투자의 세계에 첫발을 들일 수 있게 해준 인생의 스승입니다. 죽는 날까지 갚을 수 없는 빚을 지고 있습니다. 제 생에 트레바리라는 선물을 주시고, 언제나 믿고 응원해주시는 윤수영 대표님, 그리고 늘 함께하는 친구들에게도 깊은 감사 말씀을 전합니다. 트레바리에서 언제나 제 곁을 지켜주시고 조언을 아끼지 않는 장진영님, 신영진님, 그리고 트디클을 함께해주시는 최태현님과 파트너님들께도 늘 감사하다는 말씀을 드립니다. 트레바리 '돈돈'과 '국경', 그리고 별도 독서모임인 '에라모르겠다 마음의과학'을 함께하는 멤버분들께도 감사한 마음을 전합니다. 너무나 감사한 이름들이 많은데 일일이 적을 수 없어 송구할 따름입니다. '나는 왜 빠트렸어?'라는 생각이 드신다면 당신이 바로 그분입니다. 마지막으로, 이 모든 리스크를 언제나 함께해주는 저의 가족들에게 감사의 마음을 전합니다.

감사합니다. 사랑합니다.

2020년 10월 12일, 여의도 사무실에서
홍진채 올림

주석

※ 참고문헌이 이북일 경우 페이지를 표기하기 어려워 해당 내용을 찾을 수 있는 장의 제목을 기재하였습니다.

Chapter 1

1. 존 보글, 《모든 주식을 소유하라》, p.127. "The greatest Enemies of the Equity investor are Expenses and Emotions."

2. 버크셔 해서웨이 주주서한, 2005 (https://www.berkshirehathaway.com/letters/2005ltr.pdf), p.19. "For investors as a whole, returns decrease as motion increases." 존 보글, 《모든 주식을 소유하라》, p.37에는 다음과 같이 번역되어 있습니다. "투자 세계에서는 운동이 증가할수록 수익은 감소한다."

3. "To invest successfully does not require a stratospheric IQ, unusual business insights, or inside information. What's needed is a sound intellectual framework for making decisions and the ability to keep emotions from corroding the framework." 주로 인용되는 번역문은 다음과 같습니다. "성공하는 투자자가 되기 위해 비범한 통찰력이나 지성은 필요 없다. 사람들에게 필요한 것은 단순한 규율을 채택해 그것을 계속해서 지킬 수 있는 성격이다."

4. 나심 탈레브, 《안티프래질》, p.463

Chapter 2

1. 더글러스 호프스태터, 《사고의 본질》

2. 레이 커즈와일, 《마음의 탄생》, p.55의 그림에서 영감을 얻었습니다.

3. V.S. 라마찬드란, 《라마찬드란 박사의 두뇌 실험실》, 7장 왜 두뇌는 변명에 익숙

해졌을까?

4. 래리 영 · 브라이언 알렉산더, 《끌림의 과학》, 7장 사랑에 중독되다

5. 웬디 우드, 《해빗》, p.78

6. 안토니오 다마지오, 《느낌의 진화》, 8장 느낌의 구성

7. 나심 탈레브, 《행운에 속지 마라》, p.57

8. 조던 피터슨, 《12가지 인생의 법칙》, 1장 어깨를 펴고 똑바로 서라

9. 조너선 하이트, 《바른 마음》, 10장 군집 스위치: 나를 잊고 거대한 무엇에 빠져들게 만드는 능력

10. 래리 영 · 브라이언 알렉산더, 《끌림의 과학》, 7장 사랑에 중독되다

11. 최낙언, 《맛의 원리》, 2장 공감각, 감각은 홀로 작동하지 않는다

12. 대니얼 카너먼, 《생각에 관한 생각》, 1부 두 시스템

13. 조지프 르두, 《시냅스와 자아》, 8장 다시 찾아온 감정적 뇌

14. V. S. 라마찬드란, 《라마찬드란 박사의 두뇌 실험실》, 3장 최초의 성공적인 환상 사지 절단 수술

15. 같은 책, 4장 두뇌는 어떻게 세상을 보는가?

16. 같은 책, 12장 자아는 두뇌의 어디에 존재하는가?

17. 맥스 테그마크, 《맥스 테그마크의 라이프 3.0》, 8장 의식

Chapter 3

1. 워런 버핏, 《워런 버핏 바이블》, 1장 주식 투자

2. 리처드 파인만, 《과학이란 무엇인가?》, p.42

3. 게리 클라인, 《인튜이션》, 7장 보이지 않는 것을 보는 힘

4. 웬디 우드, 《해빗》, p.263

5. 로버트 코펠, 《투자와 비이성적 마인드》, 5장 시장은 정글이다

6. 게리 클라인, 《인튜이션》, 13장 왜 능력 있는 사람들이 잘못된 결정을 내리는가?

7. 사람들이 우산을 들고 길거리에 나왔기 때문에 비가 오는 것은 아니지요.

8. 강의실에서 누군가가 하품을 하면 옆 사람도 하품을 하는 경우가 종종 있습니다.

하품이 마치 '전염'되는 것처럼 보입니다. 그러나 사실은 강의실 안의 산소가 부족해져서 여러 사람이 차례차례 또는 동시에 하품을 하는 것입니다.

9. 쿠바 미사일 위기 때 미소 양국의 의사결정 과정이 얼마나 위태로웠는지 궁금하다면 그레이엄 앨리슨의 《결정의 본질》을 읽어보시기 바랍니다.

10. 박재철, 미래에셋증권, 2015.11.23 보고서, p.7

Chapter 4

1. J. 에드워드 루소 & 폴 J. H. 슈메이커, 《이기는 결정》, 2장 사고의 틀, 그 엄청난 위력

2. 물론 여기에는 영화적 과장이 포함되어 있습니다. 오클랜드 애슬레틱스는 만년 약체 팀도 아니었고, 스카우트팀이 무능하지도 않았고, 그 1년 만에 모든 극적인 변화가 있었던 것도 아닙니다. 참고: https://ppss.kr/archives/5593

3. 아마티아 센, 《자유로서의 발전》, 8장 여성의 행위주체성과 사회변화

Chapter 5

1. 이 예시가 와닿지 않는다면 신체 장기의 하나인 소장을 생각해봅시다. 소장의 길이는 대략 7미터 정도로, 인간의 키보다 훨씬 깁니다. 소장은 굵기가 대장보다 훨씬 가늘기 때문에 구불구불 접혀 복부 안에 자리할 수 있습니다.

2. 어스워스 다모다란, 《내러티브 앤 넘버스》, 13장 크게 가라! 거시 스토리

3. "Stock Prices have reached what looks like a permanently high plateau."

4. 군터 뒤크, 《호황 vs 불황》, 2장 불황 스트레스가 만드는 새로운 빈곤

5. 우라가미 구니오, 《주식시장 흐름 읽는 법》

6. 앙드레 코스톨라니, 《돈, 뜨겁게 사랑하고 차갑게 다루어라》, 7장 중기적으로 영향을 미치는 요소들

7. 벤저민 그레이엄, 《현명한 투자자》, p.151

8. 에밀 뒤르켐, 《자살론》, p.12

9. 원문은 다음과 같습니다. "The market ought to be irrelevant. If I could

convince you of this one thing, I'd feel this book had done its job." 1995
년 번역판의 번역은 다음과 같습니다. "장세 자체는 상관을 말아야 한다. 내
가 이 한 가지 사실을 독자에게 설득시킬 수 있다면 이 책은 소임을 다한 것이
다."(p.112) 2017년 개정판에서는 다음과 같이 번역되어 있습니다. "시장은 투
자와 아무 상관 없다. 이 한 가지만 당신이 제대로 이해한다면 이 책은 제값을 한
셈이다."(p.156)

10. 패닉의 역설에 대해서는 2020년 4월 17일 릴리즈된 〈삼프로TV〉에서 설명해드
    린 바 있습니다. https://www.youtube.com/watch?v=3jCkrDV1w6E

11. 실제로 안전자산의 역할을 해주는가는 별개의 문제입니다. 여기에 대해서는 〈
    아웃스탠딩〉에서 2020년 6월 11일에 발간한 저의 기고문 〈금은 정말 위기에
    투자하기 좋은 안전자산일까?〉를 참고하시면 됩니다. https://outstanding.kr/
    gold20200611/

Chapter 6

1. 2020년 2월 2일 자 〈경제의 신과함께〉에서 경제적 해자에 기반한 투자 기법
   을 언급한 바 있습니다(https://youtu.be/SpYDV35hCh0). 릴리즈 이후 페이
   스북에 보충 설명을 포스팅했습니다(https://www.facebook.com/100000
   502654029/posts/3346278772065512/?extid=W0AVE8NO521tLxkE&d=n).
   '솔진아빠'라는 블로거께서 수식을 활용하여 그 글을 다시 해석해주시기도 했습
   니다(https://blog.naver.com/ytm0802/221935087460). 조금 쉽게 풀어쓴 버
   전을 찾는다면 〈버핏클럽 issue 3〉에 쓴 기고문 중 프랜차이즈 투자를 설명한 부
   분을 보시면 됩니다.

2. "If you aren't willing to own a stock for ten years, don't even think about
   owning it for ten minutes."

3. "Our favorite holding period is forever."

4. "Sometimes the comments of shareholders or media imply that we will
   own certain stocks "forever." It is true that we own some stocks that

I have no intention of selling for as far as the eye can see (and we're talking 20/20 vision). But we have made no commitment that Berkshire will hold any of its marketable securities forever." Berkshire Hathaway 2016 letter, p.20

5. "Nevertheless, I can properly be criticized for merely clucking about nose-bleed valuations during the Bubble rather than acting on my views." Berkshire Hathaway 2004 letter, p.17

6. "Be fearful when others are greedy, and greedy when others are fearful."

7. "Trying to catch the bottom on a falling stock is like trying to catch a falling knife."

8. 에드윈 르페브르, 《어느 주식 투자자의 회상》, p.106

9. https://money.cnn.com/data/fear-and-greed/

10. 2020년 2월 11일 〈아웃스탠딩〉에서 발간한 저의 기고문 〈외부 충격에 대처하는 '현명한 투자자'의 자세 '예측보다 노출'〉에서 일부 발췌했습니다. https://outstanding.kr/shockinvestor20200211

11. "You don't have to be an expert on every company, or even many. You only have to be able to evaluate companies within your circle of competence. The size of that circle is not very important; knowing its boundaries, however, is vital."

12. 팻 도시, 《모닝스타 성공투자 5원칙》, p.33

13. J. 에드워드 루소 & 폴 J. H. 슈메이커, 《이기는 결정》, p.228

14. 같은 책, p.193

15. 워런 버핏, 《워런 버핏 바이블》, 13장 버크셔 경영 실적 보고. 원문은 2008년 주주서한입니다. "Long ago, Ben Graham taught me that "Price is what you pay; value is what you get." (https://www.berkshirehathaway.com/letters/2008ltr.pdf)

16. 워런 버핏, 《워런 버핏 바이블》, 5장 회계, 평가

17. "It is better to be approximately right than precisely wrong." 1993년 주주 서한(https://www.berkshirehathaway.com/letters/1993.html)

18. 어스워스 다모다란, 《내러티브 앤 넘버스》, 4장 숫자의 힘

19. 타인의 심리 추측에 대해서는 〈버핏클럽 issue 3〉에 제가 기고한 글을 참고하셔 도 좋습니다.

20. "The investor who says, "This time is different," when in fact it's virtually a repeat of an earlier situation, has uttered among the four most costly words in the annals of investing." 〈16 Rules for Investment Success〉의 11번째 법칙 '실수로부터 배우라'에 소개되어 있습니다.

21. 폴 볼커·교텐 토요오, 《달러의 부활》, p.266

22. 레이 달리오, 《원칙》, 1부 2장 한계를 넘어: 1967-1979

23. https://ko.wikipedia.org/wiki/%EC%B2%A0%ED%95%99

24. 애초에 가치주니 성장주니 하는 구분법 자체에 문제가 많습니다. 2020년 7월 발간된 〈버핏클럽 issue 3〉의 기고문 〈익숙한 투자 철학과의 결별〉에서 이 문제 를 다루었습니다.

Chapter 7

1. 조지 소로스, 《이기는 패러다임》, p.88('억만장자의 고백'이라는 제목으로 재출 간됨)

2. '재귀성'이라는 번역은 약간 모호하다고 생각합니다. 컴퓨터공학에서, 자기 자 신을 호출하는 함수를 '재귀 알고리즘'이라고 부르는데, 영어로 'recursive algorithm'입니다. 수학, 철학에서의 자기참조(self-referential) 개념과 유사합 니다. 소로스의 'reflexivity'는 인식 대상과 인식자가 서로를 반영하여 움직임 에 영향을 미친다는 뜻입니다. 그중 특수한 경우로 인식자가 자신에 대해서 숙 고하는 경우를 'self-reflexivity'라 하고, 이 경우 '재귀성'이라고 번역할 수도 있습니다. 즉, 재귀성은 'reflexivity'의 특수한 경우입니다. 소로스의 원뜻을 살 리자면 '반영성'이 더욱 적절한 번역입니다. 영화 이론에는 '자기반영성(self-

reflexivity)'이라는 용어가 있습니다. 그러나 조지 소로스의 이론으로 '재귀성'이라는 용어가 굳어졌으므로 이 책에서도 그 용어를 그대로 사용하겠습니다.

3. 조지 소로스, 《이기는 패러다임》, p.33

4. 5장에서 '바닥'에 대한 이야기를 하면서 이런 말씀을 드렸습니다. "차후에 벌어질 상황에 따라 얼마든지 틀릴 수 있는 명제라면, 어떤 시점에서도 '맞혔다'라고 주장할 수 없게 됩니다." 이런 명제를 어떤 명제라고 부르지요? 네, '반증 불가능한 명제'입니다. 반증 불가능성은 카를 포퍼 철학의 핵심 개념입니다. 그리고 조지 소로스는 카를 포퍼에게서 철학을 배웠습니다.

5. 조지 소로스, 《이기는 패러다임》, p.55

6. 행동경제학에서는 '동조 효과(conformity effect)'라고 합니다. 아주 쉬운 문제라도 주변 사람들이 (의도적으로) 틀리게 답하는 경우 자신의 오답률이 높아집니다. 솔로몬 애시의 실험을 찾아보시면 됩니다.

7. "Long ago, Ben Graham taught me that "Price is what you pay; value is what you get." Berkshire Hathaway 2008 letter, p.5

8. 레오나르도 마우게리, 《당신이 몰랐으면 하는 석유의 진실》, 9장 제1차 석유파동

9. 같은 책, 15장 21세기 첫 번째 석유 위기

10. 낮은 유가가 왜 위기가 되는지는 〈아웃스탠딩〉 2020년 4월 8일 자에 기고한 바 있습니다. https://outstanding.kr/oilrisk20200408/

11. 사실 저만 쓰는 용어입니다. 보통 '가치투자'라고 부르는데, 그 용어는 오해의 소지가 많기 때문에 피하고자 합니다.

12. 기업의 인수자가 나타나서 매수 가격을 제시하거나, 합병이 결정되어 교환 비율이 정해지거나 하는 등 이례적인 상황에서는 가격이 특정 지점으로 수렴하여 머무르기도 합니다.

13. 엄밀히 말하자면, 이론적으로는 자기자본비용만큼의 수익을 거둘 수 있습니다. 그러나 이는 다른 자산에 투자했을 때의 기회비용만큼을 벌어다 주는 것이기 때문에 경제적 부가가치가 없습니다.

14. 마이클 모부신, 《통섭과 투자》, 16장 자연주의적 의사결정

15. 내재가치보다 싼 주식이 아니라 단순히 시장평균 대비 저PER, 저PBR을 부여받는 주식을 이야기합니다. 둘은 구분할 필요가 있습니다. 전자는 '저평가 주식', 후자는 '저 멀티플 주식'이라고 부릅니다. 많은 사람이 둘을 동일시하는 오류를 범합니다.

Chapter 8

1. $1.18 \times 0.212 + 0.951 \times 0.788 = 0.999548$
2. https://www.statista.com/chart/21452/share-of-people-wearing-face-masks-per-country-covid-19/
3. 저유가가 왜 심각한 문제인지는 〈아웃스탠딩〉 2020년 4월 8일 자에서 다루었습니다. https://outstanding.kr/oilrisk20200408
4. 여기에 대해서는 〈아웃스탠딩〉 2020년 8월 6일 자에서 다루었습니다.
5. $1 - 1/1.598$

Chapter 9

1. 존 보글,《모든 주식을 소유하라》, p.107
2. 자본시장 전문 매체 스토코피디아(Stockopedia)의 정의도 이와 유사합니다. https://www.stockopedia.com/content/benjamin-graham-enterprising-investor-screen-how-does-it-work-56300/에서 방어적 투자자는 'those investors unable to devote much time to the process or inexperienced with investing', 공격적 투자자는 'with greater market experience and more time for portfolio management'으로 정의합니다. 다만 경험이 많더라도 시간이 부족하여 방어적인 투자를 하는 사람도 있을 테니, 저는 이 정의에 완전히 동의하지는 않습니다.
3. 영화 〈빅쇼트〉의 주인공 마이클 버리는 ETF가 대중화되면서 시장의 불안정을 키운다고 하는데, 저도 그 관점에 동의합니다. 다만 앞으로 말씀드릴 정적 자산배분 관점에서 방어적 투자자가 시장을 쫓아가기 위한 수단으로서의 ETF는 여전

히 유용합니다.

4. 워런 버핏, 《워런 버핏 바이블》, 1장 주식 투자. 원문은 2011 주주서한. "At Berkshire we take a more demanding approach, defining investing as the transfer to others of purchasing power now with the reasoned expectation of receiving more purchasing power — after taxes have been paid on nominal gains — in the future. More succinctly, investing is forgoing consumption now in order to have the ability to consume more at a later date."

5. 정적 자산배분 또한 궁극적으로는 자산의 장기적인 기대수익률을 추정하고 배분 비율을 결정해야 하니까 동적 자산배분과의 구분이 무의미하다고 주장할 수도 있습니다. 여기서의 구분은 사전에 정해진 시점에만 리밸런싱을 하는가, 시장 상황이 변화할 때마다 수시로 배분 비율을 바꾸는가를 기준으로 삼겠습니다.

Chapter 10

1. 다부치 나오야, 《확률론적 사고로 살아라》, p.11
2. 존 보글, 《모든 주식을 소유하라》, p.161
3. 마이클 모부신, 《운과 실력의 성공 방정식》, 6장 운을 과소평가하지 말라
4. 마이클 모부신, 《통섭과 투자》, 6장 전문가는 다를까?: 전문가들의 실제 능력
5. 앤드류 로, 《금융시장으로 간 진화론》, 2장 그렇게 똑똑한데 왜 부자가 못 됐습니까?
6. 〈아웃스탠딩〉 2020년 5월 13일 자 기고문의 일부를 발췌, 재구성했습니다. https://outstanding.kr/signalnoise20200513/
7. 안토니오 다마지오, 《느낌의 진화》, 4장 단세포생물에서 신경계와 마음으로

Chapter 11

1. 2019년 12월 29일 유튜브 〈신과함께〉에 출연하여 《행운에 속지 마라》라는 책을 소개하며 설명해드린 바 있습니다. https://youtu.be/nMJH0khvOJM

Chapter 12

1. 버크셔 해서웨이 경영진에게 보낸 편지. 2010.7.26. ""We can afford to lose money – even a lot of money. But we can't afford to lose reputation – even a shred of reputation." We must continue to measure every act against not only what is legal but also what we would be happy to have written about on the front page of a national newspaper in an article written by an unfriendly but intelligent reporter." 번역문은《워런 버핏 바이블》, 7장 버크셔의 기업문화

주식하는 마음

초판 1쇄 발행 2020년 10월 28일
초판 10쇄 발행 2024년 5월 24일

지은이 홍진채
펴낸이 김선식

부사장 김은영
콘텐츠사업본부장 박현미
콘텐츠사업9팀장 차혜린
콘텐츠사업9팀 강지유, 노현지, 최유진
편집관리팀 조세현, 김호주, 백설희
저작권팀 한승빈, 이슬, 윤제희
마케팅본부장 권장규
마케팅1팀 최혜령, 오서영, 문서희
채널1팀 박태준
미디어홍보본부장 정명찬
브랜드관리팀 안지혜, 오수미, 김은지, 이소영
지식교양팀 이수인, 엽아라, 김혜원, 석찬미, 백지은
크리에이티브팀 임유나, 박지수, 변승주, 김화정, 장세진, 박장미, 박주현
뉴미디어팀 김민정, 이지은, 홍수경, 서가을
재무관리팀 하미선, 윤이경, 김재경, 이보람, 임혜정
인사총무팀 강미숙, 지석배, 김혜진, 황종원
제작관리팀 이소현, 김소영, 김진경, 최완규, 이지우, 박예찬
물류관리팀 김형기, 김선민, 주정훈, 김선진, 한유현, 전태연, 양문현, 이민운

외부 스태프 교정교열 공순례 **디자인** 霖design 김희림
펴낸곳 다산북스 **출판등록** 2005년 12월 23일 제313-2005-00277호.
주소 경기도 파주시 회동길 490
전화 02-704-1724 **팩스** 02-703-2219 **이메일** dasanbooks@dasanbooks.com
홈페이지 www.dasanbooks.com **블로그** blog.naver.com/dasan_books
종이 아이피피 **인쇄** 상지사 **코팅 및 후가공** 제이오엘앤피 **제본** 상지사

ISBN 979-11-306-3203-2 [03320]

다산북스(DASANBOOKS)는 독자 여러분의 책에 관한 아이디어와 원고 투고를 기쁜 마음으로 기다리고 있습니다.
책 출간을 원하는 아이디어가 있으신 분은 다산북스 홈페이지 '투고원고'란으로 간단한 개요와 취지, 연락처 등을
보내주세요. 머뭇거리지 말고 문을 두드리세요.